프렌즈
테마여행
시리즈
001

유럽 축구 여행

정꽃보라·정꽃나래 지음

중앙books

축구를 계기로 쓰게 된 '런던 가이드북'을 시작으로 10년 동안 십여 권의 여행 가이드북을 집필했다. 20대를 일본에서 통으로 보낸 이력 때문인지 주로 일본 가이드북 집필을 제안받았고, 신인작가이다 보니 집필하고 싶은 곳보다는 '잘 아는 곳'을 쓰는 것이 먼저라 생각했기에 10여 년 동안 일본, 영국, 스페인 등 여행서 중심으로 집필했다. 요즘 표현으로 '빌드업'이 시작된 것.

여행작가 데뷔 10주년이 된 2025년, 잠시 숨을 고르는 시간과 함께 꼭 쓰고 싶었던 가이드북을 집필하게 되었다. 바로 '유럽 축구 여행 가이드북'. 이날만을 위해 지금까지 달려왔다고 해도 과언이 아니다.

축구를 빼놓고 나를 설명하기란 쉽지 않다. 비운의 고3이었던 2002년, 대한민국 축구 대표팀이 월드컵 첫 승을 거둔 한·일월드컵 폴란드전 직관이 인생의 터닝포인트가 되었다. 축구는 평생 안고 갈 나의 취미이자 내 삶 그 자체다.

이 책은 오로지 축구만을 바라보고 생각한 여행 가이드북이다. 먼 타지에서 활약하고 있는 우리 대한민국 선수들을 응원하는 마음에서 더욱 열심히 공들여 만들었다. 나와 비슷한 생각을 가진 분들이 이 책을 읽어준다면 더할 나위 없이 행복할 것 같고 앞으로 축구의 매력에 풍덩 빠질 준비가 된 분들이 읽어준다면 더욱 기쁠 것 같다.

2025년 9월,
포르투갈 벤피카 스타디움에서 정꽃보라

P.S. 도움 주신 축덕 동지분들 감사합니다.
- 리버풀, 마인츠 사진 제공 및 맨유 티켓팅 도움 | 정승원 @1120__hodge
- 아스널 사진 제공 | 이유나 @yuna.__.7
- 즈베즈다 사진 제공 | 강도윤 @cogugi
- 울버햄튼 멤버십 제공 | 이가은 @a0u0.a

HOW TO USE

이 책에 실린 정보는 2025년 9월까지 수집한 정보를 바탕으로 하고 있습니다. 저자가 발 빠르게 움직이며 취재한 최신의 정보를 담고자 노력했으나 일부 구단별 정보, 선수들의 이적에 따른 변동사항, 그리고 현지 물가나 교통 상황의 변화에 따라 찾아가는 법과 숙소 정보 등이 수시로 바뀔 수 있음을 알려드립니다. 이 점을 감안하여 여행 계획을 세우시기 바랍니다. 혹여 여행에 불편이 있더라도 양해 부탁드리며, 새로운 정보나 변경된 정보가 있다면 아래로 연락 주시기 바랍니다. 더 나은 정보를 위해 귀 기울이겠습니다.

저자 이메일 | 정꽃나래 jung.kon.narae@gmail.com, 정꽃보라 kobbora@gmail.com

PART 1 유럽 축구 알아보기

직관 여행을 떠나기 전 꼭 알아 둬야 하는 유럽 축구 정보를 소개합니다. 유럽 축구 리그, 축구 상식, 프로 직관러가 되기 위한 Q&A 및 미리 보고 가면 재미있는 OTT 콘텐츠까지 유럽 축구에 대한 A to Z를 세심하게 소개합니다.

PART 2 국가별 유럽 축구 살펴보기

영국, 스페인, 독일, 이탈리아, 프랑스, 기타 유럽 등 국가별로 나누어 대표 구단 정보를 소개합니다. 구단 기본 정보는 물론, 티켓팅 방법, 좌석 선택 팁, 추천 숙박 지역 등 직관 여행을 떠나기 전 준비해야 하는 방법과 현지에 도착하여 알고 있어야 하는 여행 정보를 꼼꼼하게 짚어줍니다.

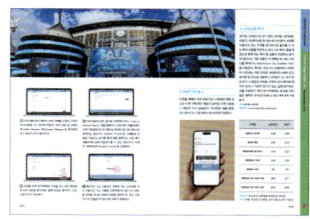

PART 3 유럽 축구 여행 준비하기

여행을 떠나기 전 꼭 알아두어야 하는 여행 준비 정보. 여권 발급부터 유심칩 등의 통신 수단 이용법, 여행에 유용한 애플리케이션까지 여행자에게 꼭 필요한 정보만 뽑아 쉽고 친절하게 설명합니다.

CONTENTS

프롤로그 PROLOGUE   002
일러두기 HOW TO USE   003

PART 1
유럽 축구 알아보기

유럽 축구 리그에 대해 알아보자	012
한눈에 보는 유럽 축구 지도	014
영국 연고지 클럽	016
런던 연고지 클럽	017
유럽 축구 리그에서 뛰는 한국인 선수들	018
알아두면 쓸모 있는 축구 단어장	020
'이것'만 알면 나도 프로 직관러!	026
주요 클럽의 훈련장 정보	038
축덕의 장바구니, 기념품 쇼핑	040
티켓 구매에 실패했다?	
아쉬워 말자! 펍에서 유럽 축구 즐기는 법	042
OTT로 배우는 유럽 축구	046

PART 2
국가별 유럽 축구 살펴보기

영국 UNITED KINGDOM

영국 국가 정보 및 도시 교통 정보   052

프리미어리그 빅6
PREMIER LEAGUE BIG 6   054
리버풀 FC   056
맨체스터 시티   066
맨체스터 유나이티드 FC   080
아스널 FC   092
첼시 FC   102
토트넘 홋스퍼 FC   112

코리안 리거
KOREAN PLAYERS IN EUROPE   124
뉴캐슬 유나이티드 FC   126
울버햄튼 원더러스 FC   130
스토크 시티 FC   136
버밍엄 시티 FC   142
스완지 시티 AFC   146
셀틱 FC   150

스페인 SPAIN

스페인 국가 정보 및 도시 교통 정보	**156**
FC 바르셀로나	**158**
레알 마드리드 CF	**170**
아틀레티코 마드리드	**182**
지로나 FC	**194**

독일 GERMANY

독일 국가 정보 및 도시 교통 정보	**202**
FC 바이에른 뮌헨	**204**
1. FSV 마인츠 05	**214**
FC 우니온 베를린	**220**
바이어 04 레버쿠젠	**224**
보루시아 도르트문트	**228**

이탈리아 ITALY

이탈리아 국가 정보 및 도시 교통 정보	**234**
FC 인테르나치오날레 밀라노	**236**
AC 밀란	**242**
유벤투스 FC	**246**
AS 로마	**252**
SSC 나폴리	**256**

프랑스 FRANCE

프랑스 국가 정보 및 도시 교통 정보	**262**
파리 생제르맹 FC	**264**
FC 낭트	**274**

기타 유럽 국가 OTHER EUROPEAN COUNTRIES

FC 미트윌란 (덴마크)	**280**
페예노르트 로테르담 (네덜란드)	**286**
KRC 헹크 (벨기에)	**290**
FK 츠르베나 즈베즈다 (세르비아)	**294**

PART 3
유럽 축구 여행 준비하기

여권과 비자 준비하기	**300**
여행 준비물	**301**
항공권 예약하기	**302**
숙소 예약하기	**304**
환전 및 카드 사용하기	**305**
통신 수단 이용하기	**306**
여행에 유용한 애플리케이션	**307**
사건, 사고 대처하기	**308**
세금 및 관세 환급	**309**
간단 여행 영어	**310**

유럽 축구 알아보기

EUROPEAN FOOTBALL TOUR

유럽 축구 리그에 대해 알아보자

영국 잉글랜드, 스페인, 독일, 이탈리아는 유럽 축구의 심장이라 할 수 있는 리그를 보유하고 있다. 오랜 전통을 자랑하는 명문 클럽들은 세계 최정상급 선수들이 펼치는 흥미진진한 경기로 지구촌 축구 팬들의 열광적인 지지를 받고 있다. 각 리그를 한눈에 파악해보자.

라리가 La Liga

- **창설 시기** | 1929년 스페인의 프로 축구 1부 리그로 출범
- **경기 방식** | 20개 클럽이 참가, 팀당 시즌 총 38경기
- **순위 결정 기준** | 승점, 상호 전적, 골득실 차, 다득점 순
- **승강 방식** | 시즌 종료 후 최하위 3팀은 2부 리그인 세군다 디비시온(Segunda División)으로 강등. 세군다 디비시온 상위 2팀은 자동 승격하며, 3~6위 팀 간 플레이오프를 통해 한 팀이 추가로 승격.
- **주요 팀** | 레알 마드리드 CF, FC 바르셀로나, 아틀레티코 마드리드, 지로나 FC

영국
UNITED KINGDOM

독일
GERMANY

스페인
SPAIN

유럽 축구 리그에 대해 알아보자

프리미어리그 Premier League

- **창설 시기** | 1992년 기존 1부 리그인 풋볼 리그 디비전 1에서 분리되어 설립
- **경기 방식** | 20개 클럽이 참가, 팀당 시즌 총 38경기
- **순위 결정 기준** | 승점, 골득실 차, 다득점, 상호 전적 순
- **승강 방식** | 시즌 종료 후 최하위 3팀은 2부 리그인 풋볼 리그 챔피언십(EFL)으로 강등. 챔피언십 상위 2팀은 자동 승격하며, 3~6위 팀 간 플레이오프를 통해 한 팀에 추가로 승격.
- **주요 팀** | 뉴캐슬 유나이티드 FC, 스완지 시티 AFC, 버밍엄 시티 FC, 셀틱 FC, 맨체스터 시티, 맨체스터 유나이티드 FC, 아스널 FC, 리버풀 FC, 첼시 FC, 토트넘 홋스퍼 FC

분데스리가 Bundesliga

- **창설 시기** | 1963년 독일의 프로 축구 1부 리그로 출범
- **경기 방식** | 18개 클럽이 참가, 팀당 시즌 총 34경기
- **순위 결정 기준** | 승점, 골득실 차, 다득점, 상호 전적 순
- **승강 방식** | 시즌 종료 후 최하위 2팀은 2부 리그인 2. 분데스리가 (2. Fußball-Bundesliga)로 강등, 2. 분데스리가 상위 2팀이 승격. 분데스리가 16위 팀은 승강 플레이오프를 통해 잔류 여부 결정.
- **주요 팀** | FC 바이에른 뮌헨, 1. FSV 마인츠 05, 보루시아 도르트문트, 바이어 04 레버쿠젠, FC 우니온 베를린

세리에 A Serie A

ITALIA
ITALY

- **창설 시기** | 1898년 창설, 현재 형태의 리그는 1929년에 도입
- **경기 방식** | 20개 클럽이 참가, 팀당 시즌 총 38경기
- **순위 결정 기준** | 승점, 상호 전적, 골득실 차, 다득점 순
- **승강 방식** | 시즌 종료 후 최하위 3팀은 2부 리그인 세리에 B(Serie B)로 강등, 세리에 B 상위 3팀이 승격.
- **주요 팀** | 유벤투스 FC, AC 밀란, FC 인테르나치오날레 밀라노, AS 로마, SSC 나폴리

EUROPEAN FOOTBALL TOUR

한눈에 보는 유럽 축구 지도

세계 수많은 팬을 열광케 하는 모든 축구 선수의 꿈의 무대, 유럽 프로축구 리그.
유럽 축구는 각국의 명문 구단들이 모여 치열한 경쟁과 전통을 이어온 무대다.
이 지도를 통해 대표 구단들의 위치를 짚어보며 유럽 축구의 지리적 맥락을 쉽게 익혀보자.

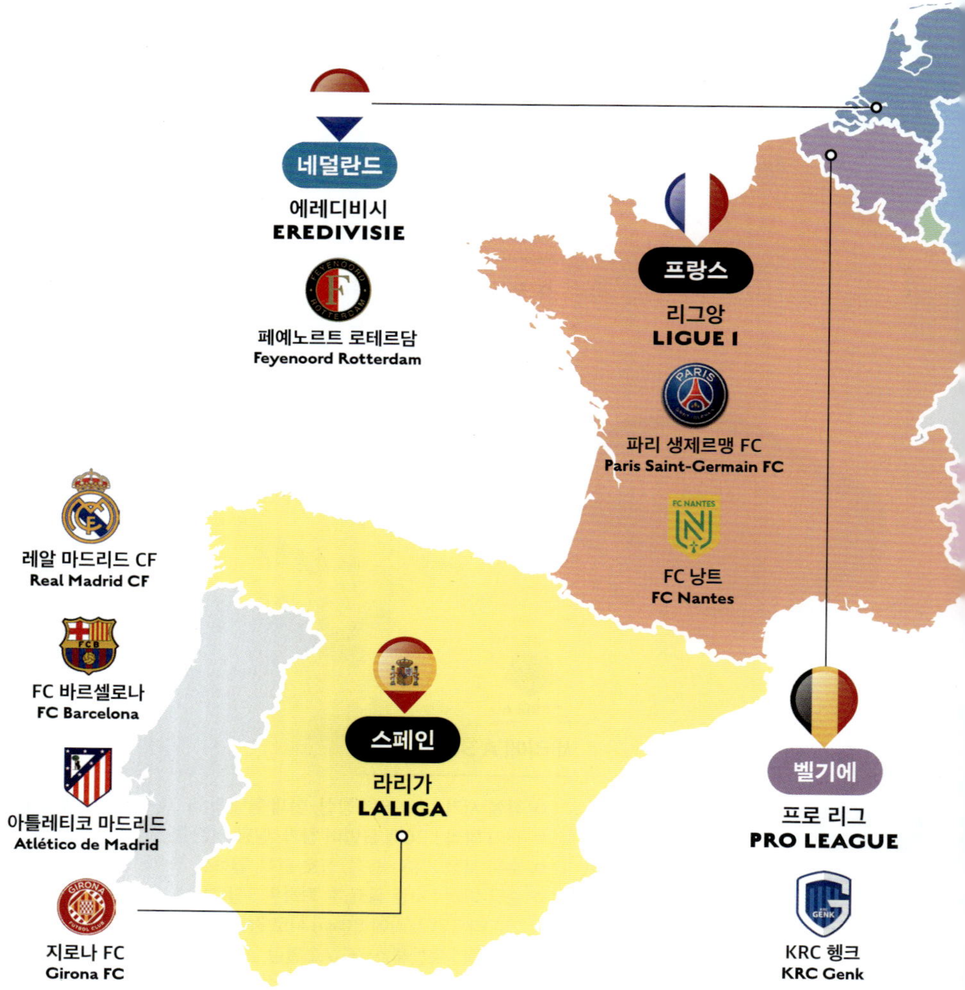

네덜란드
에레디비시
EREDIVISIE

페예노르트 로테르담
Feyenoord Rotterdam

프랑스
리그앙
LIGUE 1

파리 생제르맹 FC
Paris Saint-Germain FC

FC 낭트
FC Nantes

레알 마드리드 CF
Real Madrid CF

FC 바르셀로나
FC Barcelona

아틀레티코 마드리드
Atlético de Madrid

스페인
라리가
LALIGA

벨기에
프로 리그
PRO LEAGUE

KRC 헹크
KRC Genk

지로나 FC
Girona FC

한눈에 보는 유럽 축구 지도

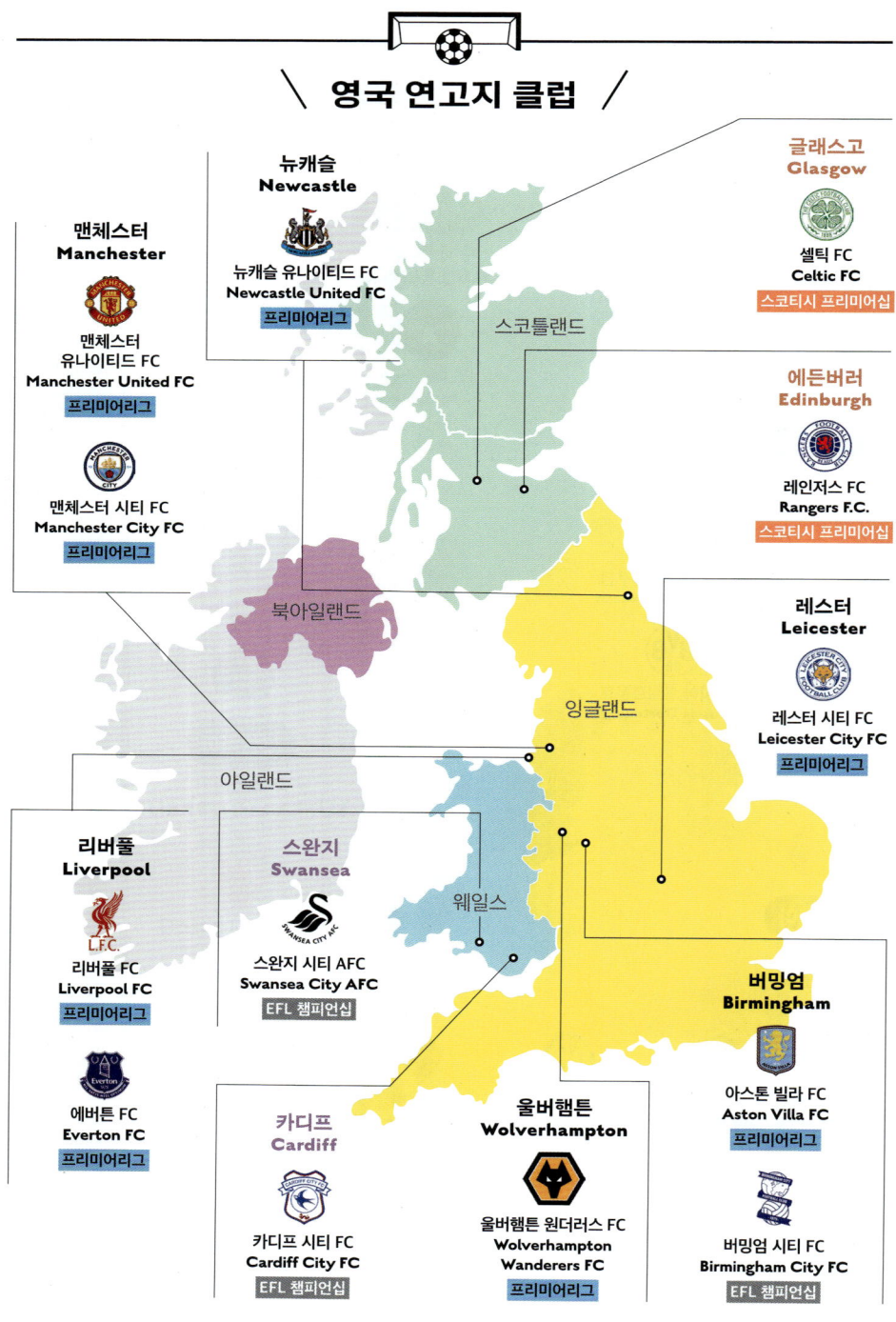

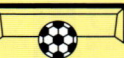

런던 연고지 클럽

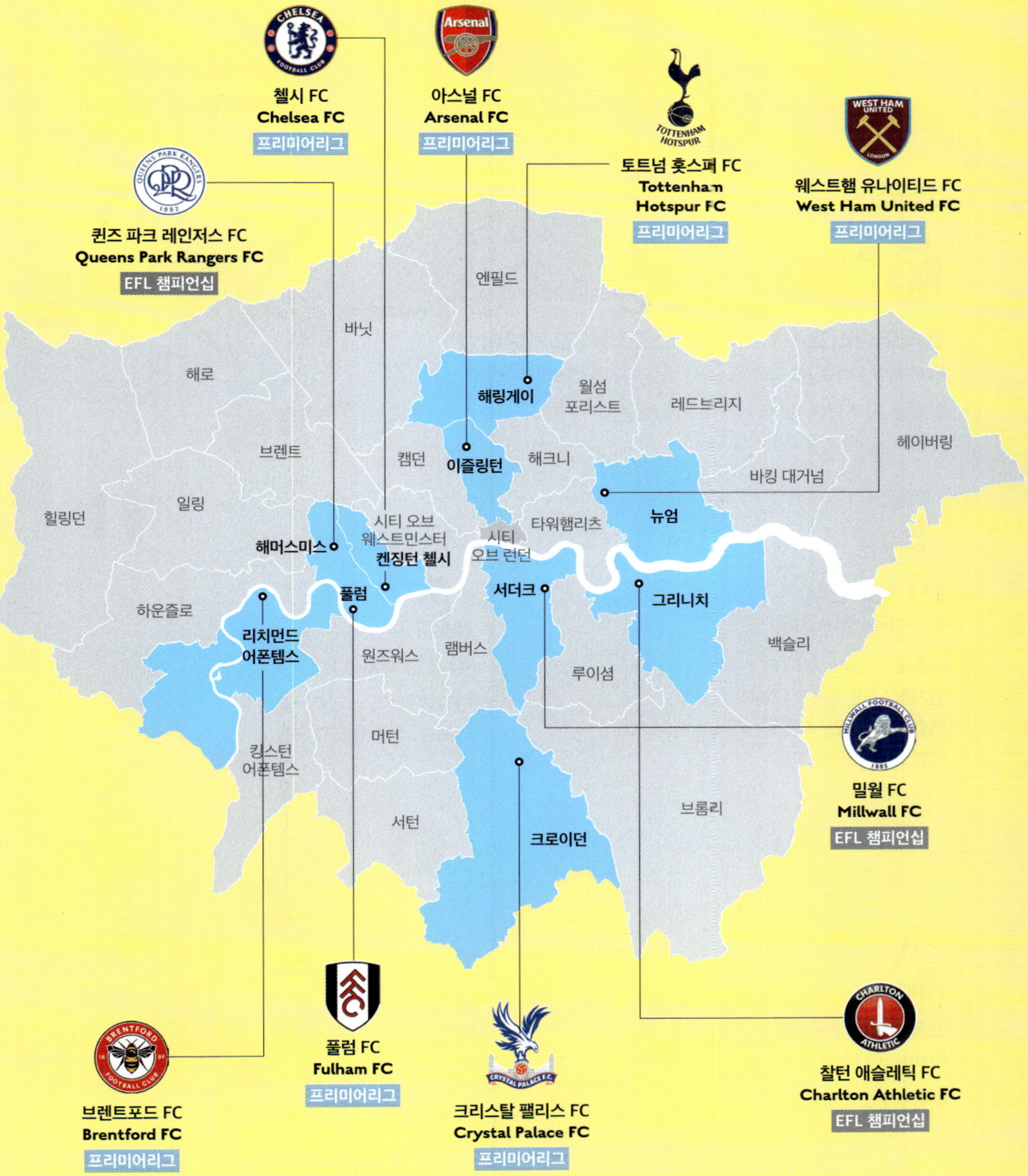
첼시 FC
Chelsea FC
프리미어리그
아스널 FC
Arsenal FC
프리미어리그
토트넘 홋스퍼 FC
Tottenham Hotspur FC
프리미어리그
웨스트햄 유나이티드 FC
West Ham United FC
프리미어리그
퀸즈 파크 레인저스 FC
Queens Park Rangers FC
EFL 챔피언십
엔필드
바닛
해로
해링게이
월섬 포리스트
레드브리지
헤이버링
브렌트
캠던
이즐링턴
해크니
바킹 대거넘
힐링던
일링
해머스미스
시티 오브 웨스트민스터
켄징턴 첼시
시티 오브 런던
타워햄리츠
뉴엄
하운즐로
풀럼
서더크
그리니치
리치먼드 어폰템스
원즈워스
램버스
루이셤
백슬리
머턴
킹스턴 어폰템스
서턴
크로이던
브롬리
밀월 FC
Millwall FC
EFL 챔피언십
풀럼 FC
Fulham FC
프리미어리그
크리스탈 팰리스 FC
Crystal Palace FC
프리미어리그
브렌트포드 FC
Brentford FC
프리미어리그
찰턴 애슬레틱 FC
Charlton Athletic FC
EFL 챔피언십

EUROPEAN FOOTBALL TOUR

유럽 축구 리그에서 뛰는 한국인 선수들

한국 선수들은 유럽 무대에서 꾸준히 존재감을 넓혀가며 각 리그에서 주목받는 활약을 이어가고 있다. 한국 축구가 유럽 전역에 걸쳐 어떤 발자취를 남기고 있는지 한눈에 확인해보자.

영국

프리미어리그 Premier League

황희찬 울버햄튼 원더러스 FC
박승수 뉴캐슬 유나이티드 FC

스코티시 프리미어십 Scottish Premiership

양현준 셀틱 FC

EFL 챔피언십 EFL Championship

배준호 스토크 시티 FC
엄지성 스완지 시티 AFC
백승호, 이금민, 지소연 버밍엄 시티 FC
양민혁 포츠머스 FC

프랑스

리그앙 Ligue 1

이강인 파리 생제르맹 FC
권혁규, 홍현석 FC 낭트

포르투갈

프리메이라 리가 Primeira Liga

이현주 FC 아로카

스페인

라리가2 LA LIGA 2

김민수 안도라 FC

유럽 축구 리그에서 뛰는 한국인 선수들

덴마크

수페르리가 Superliga

조규성, 이한범 FC 미트윌란

네덜란드

에레디비시 Eredivisie

황인범 페예노르트 로테르담

벨기에

프로 리그 Pro League

오현규 KRC 헹크

독일

분데스리가 Bundesliga

김민재 FC 바이에른 뮌헨
이재성 1. FSV 마인츠 05
정우영 FC 우니온 베를린
옌스 카스트로프 보루시아 묀헨글라트바흐

2. 분데스리가 2. Bundesliga

김지수 FC 카이저슬라우테른

오스트리아

분데스리가 Bundesliga

이태석, 이강희 FK 아우스트리아 빈

세르비아

세르비아 수페르리가 Serbian SuperLiga

설영우 FK 츠르베나 즈베즈다

스위스

스위스 슈퍼 리그 Swiss Super League

이영준 그라스호퍼 클럽 취리히

EUROPEAN FOOTBALL TOUR

알아두면 쓸모 있는
축구 단어장

01

어드밴티지 Advantage
공격자가 반칙을 당하더라도 플레이를 이어가는 게 유리하다고 판단한 경우, 주심이 공격의 흐름을 끊지 않고 그대로 경기를 진행시키는 것을 의미한다. 다만 일정 시간 내에 기대했던 공격 찬스가 나지 않았을 경우에는 곧바로 파울을 선언한다.

03

발롱도르
Ballon d'Or

프랑스어로 '황금구'를 의미하는 단어로, 1956년 프랑스 축구 전문지 '프랑스 풋볼(France Football)'이 창설한 '올해의 축구선수상'이다. 전 세계 언론인의 투표로 후보 30인 중 최종 1인을 선발하는 방식으로 진행된다. 본래는 유럽 축구 기자의 투표를 통해 유럽에서 뛰는 유럽 국적 선수만을 대상으로 선정되었으나 1995년부터 유럽 외 국적 선수로 대상을 넓혔으며 2007년부터는 소속팀도 유럽에 국한되지 않게 되었다. 역대 최다 수상자는 8회 수상한 아르헨티나의 영웅 리오넬 메시이며, 그의 라이벌 크리스티아누 호날두는 두 번째로 많은 5회 수상자다.

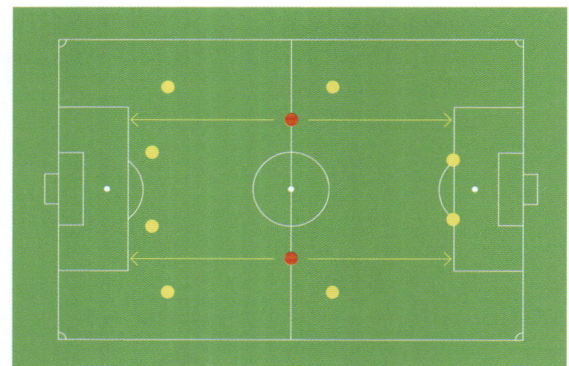

02

박스 투 박스
BOX-TO-BOX

자기 진영 페널티 박스부터 상대 진영 페널티 박스까지의 공간을 말한다. 박스 투 박스 미드필더는 경기장 양 끝을 오가며 팀이 볼을 소유하고 있을 때는 공격에 가담하고 그렇지 않을 때는 수비를 지원하는 미드필더를 일컫는다. 활동 반경이 넓고 활동량이 왕성하며 공격과 수비 모두 능하다.

알아두면 쓸모 있는 축구 단어장

04 포메이션 Formation

선발 선수 11명의 대형을 의미한다. 각 선수의 능력과 특징을 고려해 배치한다. 가장 기본적인 포메이션으로 수비수 4, 미드필더 4, 공격수 2명을 배치한 4-4-2가 있다.

05 킥 오프 Kick Off

경기 전·후반의 시작 또는 득점 후 경기 재개를 위해 공을 차는 것을 뜻한다. 키커는 피치 정중앙의 센터 마크에 공을 두고 대기하다가 주심이 휘슬을 불어야 공을 찰 수 있다. 공을 차기 직전까지 키커 외 모든 선수는 반드시 자기 팀 진영에 있어야 하며 센터 서클 안에 키커의 상대팀 선수는 들어와 있을 수 없다.

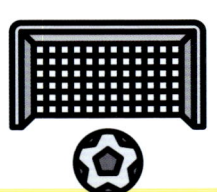

06 더비 Derby

기본적으로 같은 지역을 연고지로 두고 있는 두 팀이 맞붙는 경기를 말하지만 최근에는 라이벌 팀 간의 경기도 포함한다. 레알 마드리드를 기준으로 전자는 아틀레티코 마드리드와의 데르비 마드릴레뇨(Derbi Madrileño), 후자는 FC 바르셀로나와의 엘 클라시코(El Clásico)를 들 수 있다.

07 클린 시트 Clean Sheet

무실점으로 끝난 경기를 일컫는다. 0-0 무승부 경기도 포함한다. 골키퍼와 수비수를 평가하는 지표로도 사용된다.

08 고트 GOAT

'Greatest of All Time'의 약자로 역대 최고의 선수를 뜻한다. 미국 스포츠 업계에서 널리 사용되는 단어였으나 최근 들어 축구 선수를 칭송하는 수식어로 쓰이기 시작했다. 시대를 대표했던 펠레, 마라도나, 메시, 호날두 등이 이에 걸맞은 선수라 할 수 있다.

EUROPEAN FOOTBALL TOUR

09 스쿼드 Squad
1군에 등록된 선수 명단.

10 티키타카 Tiquitaca
짧은 패스를 빠르게 주고받으며 볼 점유율을 높여 나가면서 공격을 전개하고 경기를 지배해가는 전술이다. 스페인어로 탁구공이 왔다 갔다 하는 모습에서 유래했다. 현 맨체스터 시티의 감독인 펩 과르디올라가 예전에 이끌었던 FC 바르셀로나의 축구 스타일과 2010년 남아공 월드컵 당시 스페인을 우승으로 이끈 델 보스케 감독의 전술을 묘사할 때 쓰이면서 널리 알려지게 되었다.

11 라인업 Lineup
경기에 출전하는 선발과 교체 선수 명단.

12 트레블 Treble
한 클럽이 단일 시즌 동안 메이저 축구 대회 3곳에서 우승해 3관왕을 기록한 것을 의미한다. 보통 자국의 1부 리그, 자국 최상위 컵 대회(FA컵), 유럽 최상위 컵 대회(UEFA 챔피언스리그)를 모두 석권하는 것을 가리킨다. 역대 9개 클럽만이 11회 달성한 것이 전부이며 최근에는 2024/25 시즌에 기록한 파리 생제르맹이 있다.

13 엠오엠 MOM
Man Of the Match(맨 오브 더 매치)의 약자로, 한 경기에서 가장 뛰어나게 활약했거나 인상에 남은 선수에게 주어지는 상을 말한다. 경기마다 선출되며, 보통은 이긴 팀 선수에게 수여되나 간혹 진 팀 선수에게 주어지는 경우도 있다.

14 롱 사이드 · 숏 사이드 Long Side · Short Side
숏 사이드는 골라인 쪽 골대 뒤 좌석을 말하며, 롱 사이드는 반대로 경기장 기다란 터치라인 뒤에 있는 좌석을 뜻한다.

알아두면 쓸모 있는 축구 단어장

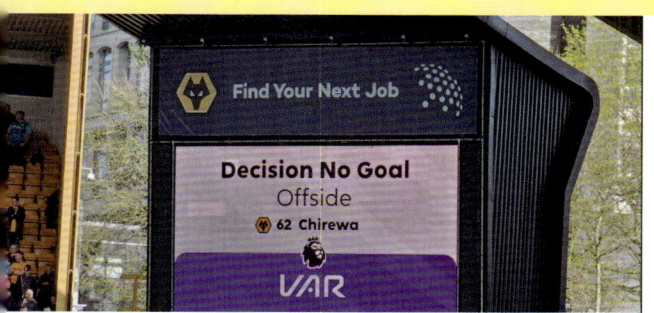

15 브이에이알 VAR

'Video Assistant Referee'의 약자로 비디오 보조 심판을 의미한다. 필드 위 심판들의 잘못된 판정을 막기 위한 시스템으로, 경기 결과를 좌우할 만한 결정적인 장면에서 올바른 판정을 내릴 수 있도록 주심을 서포트하는 역할이다. VAR실에서 다양한 앵글로 경기 영상을 지켜보며 명백한 오심이라 판단했을 경우, 인이어를 통해 주심에게 비디오 판독을 제안한다. 오심은 주로 득점 장면, 페널티킥 선언, 퇴장 판정 등에서 나온다. 주심이 양손으로 네모 박스를 그린 후 영상을 반복 재생하며 체크하는 '온 필드 리뷰'를 거쳐 최종 판정을 내린다. 단, 비디오 판독으로 결정된 판정은 번복이 불가능하다.

17 오프 더 볼·온 더 볼 Off the ball · On the ball

오프 더 볼은 선수가 공을 가지고 있지 않은 상황에서의 모든 움직임, 온 더 볼은 공을 가지고 있거나 공을 터치하며 플레이하는 움직임을 의미한다.

18 캡틴 Captain

팀의 리더 역할을 맡는 주장. 경기 중 팀원들을 이끌고 심판과 소통하는 중요한 역할을 한다.

16 찬트 Chant

경기장에서 팬들이 선수나 팀을 응원하기 위해 반복적으로 외치는 구호나 노래.

19 크랙 Crack

혼자 힘으로 경기 흐름을 바꿀 수 있는 탁월한 선수. 팀이 어려움을 겪을 때 해결사 역할을 하는 영향력 있는 선수를 칭한다.

20 원 클럽 맨 One-Club Man

프로 데뷔부터 은퇴까지 오직 한 팀에서만 뛴 선수. 대표적으로 푸욜, 토티, 긱스, 캐러거, 말디니 등이 있다. 반대 개념으로 팀을 자주 옮기는 선수를 가리켜 저니맨(Journeyman)이라고 부른다.

23 저지 Jersey

일반적으로 유니폼 상의를 이르는 단어. 참고로 축구 머플러는 '스카프(scarf)'라고 표현한다.

21 FA 커뮤니티실드 The FA Community Shield

프리미어리그 우승팀과 FA컵 우승팀이 맞붙는 단판전으로 잉글랜드 축구 리그 시즌의 개막을 알리는 상징적인 대회다. 90분간 승부를 가리며, 무승부라면 승부차기로 승리를 결정 짓는다.

22 티포 Tifo

서포터스들이 관중석에 펼치는 대규모의 응원 퍼포먼스를 뜻한다. 카드 섹션, 대형 걸개, 깃발 등 시각적으로 팀에 대한 사랑과 열정을 표현한다.

알아두면 쓸모 있는 축구 단어장

24 웸블리 Wembley

영국 런던에 위치하는 역사와 상징성을 지닌 대형 축구 경기장이다. 잉글랜드 축구 국가대표팀의 홈구장이며, FA컵이나 EFL컵 결승전 등 주요 경기의 개최 지로 사용된다.

25 스쿠데토 Scudetto

'작은 방패'를 뜻하는 이탈리아어로, 이탈리아 축구 1부 리그인 세리에 아 우승팀에게 주어지는 명예로운 상징이다. 우승을 차지한 팀은 다음 시즌 내내 이탈리아 국기가 새겨진 방패 모양의 엠블럼을 유니폼에 달고 경기에 임할 수 있는 영광을 누린다.

26 세트피스 Set-Piece

경기 중 반칙이나 공이 경기장 밖으로 나갔을 때 정해진 위치에서 정지된 공을 차는 상황. 미리 약속된 공격 전술을 통해 득점을 노리며, 코너킥, 프리킥, 페널티킥이 이에 해당된다.

EUROPEAN FOOTBALL TOUR

'이것'만 알면
나도 프로 직관러!

01 예매 단계

Q1 영어를 못해도 유럽 축구 직관 여행 가능할까요?

A 영어나 해당 국가의 언어를 하지 못하더라도 유럽 축구 직관 여행을 할 수 있다. 간단한 영어 단어나 문장만으로도 대부분의 상황은 알아들을 수 있으며, 말이 서로 통하지 않더라도 보디 랭귀지로도 얼마든지 의사소통이 가능하다. 디테일한 상황 설명이 필요한 경우 구글이나 파파고 등의 음성 번역기를 이용하면 더욱 수월하게 소통할 수 있다.

Q2 유럽 축구 직관 여행의 평균 비용은?

A 항공권과 숙박을 비롯해 비행기, 기차, 버스 등 현지 이동편은 일정이 정해지자마자 바로 예약을 진행하는 것이 가장 저렴하게 구매할 수 있는 방법이다. 날짜가 가까워질수록 점점 가격이 상승하는 시스템이므로 빨리 예약할수록 비용을 절약할 수 있다. 출국 전 SIM카드 구매나 여행자 보험 가입도 잊지 말고 진행하자. 대략의 비용은 아래 내용을 참고하자.

티켓(경기당)

멤버십 포함 15만~30만 원
(호스피탈리티(P.31) 패키지일 경우 100만 원선)

항공권

직항 120만~200만 원, 경유 80만~110만 원

숙박(1박)

호텔 15만~50만 원, 호스텔 3만~10만 원, 한인 민박 5만~15만 원

현지 체류 비용

1일 10만 원
(숙박과 티켓을 제외한 교통비, 식비 등)

'이것'만 알면 나도 프로 직관러!

Q3 성인과 어린이는 티켓 가격이 다르나요?

A **클럽마다 다르다.** 나이와 상관없이 가격이 동일한 클럽이 있는가 하면 연령별 가격차등제를 실시하거나 청소년에 한해 기간 한정 할인 프로모션을 개최하는 클럽도 있다. 티켓 구매 시 가격 정보에 구체적인 가격이 기재되어 있으므로 꼼꼼하게 확인하도록 하자. 단, 경기장에 입장하는 모든 관중은 반드시 티켓을 소지해야 한다. 일부 클럽은 영유아 무료입장의 혜택이 있으나 좌석을 따로 배정하지는 않는다. 참고로 관중 연령과 관련해 거의 모든 클럽이 '미성년자는 반드시 성인과 동반 입장해야 한다'는 사항을 규정하고 있으니 유의하자.

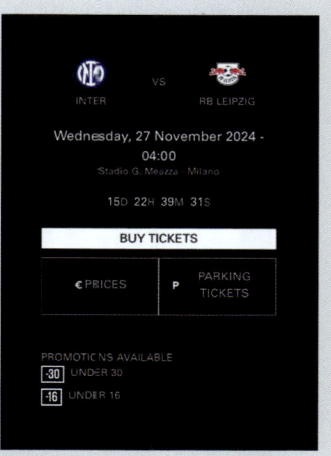

Q4 현지 서포터처럼 즐기고 싶어요. 응원석은 따로 있나요?

A 기본적으로 홈팀과 원정팀을 위한 **응원석은 마련되어 있다.** 보통 홈팀 응원석은 골대 바로 뒤 구역인 곳이 많다. 원정석은 경기장마다 제각각이나 홈팀 응원석과는 멀리 떨어져 있는 경우가 대다수다. 홈팀 응원석은 다른 구역보다 비교적 가격이 저렴하며, 열정적으로 응원하는 서포터가 주를 이루기 때문에 대부분 서서 관전한다. 또한 선착순으로 좌석이 배정되는 경기장도 있어 원하는 좌석을 선점하고자 일찍 입장하는 관중이 많다. 내내 서서 관전해야 하는 점이 부담스럽거나 확실한 시야 확보를 원한다면 다른 구역을 예매하자. 다만 응원석 자체의 인기가 높아 티켓을 구하기 쉽지 않은 클럽이 많은 점을 인지하고 예매하도록 하자.

EUROPEAN FOOTBALL TOUR

넓은 시야로 경기 전체의 흐름을 보고 싶다면?
➡ 롱 사이드의 위층

선수의 움직임을 눈앞에서 지켜보고 싶다면?
➡ 아래층 앞 열

Q5 추천하는 구역이 있나요?

A 관전 스타일에 따라 추천 구역이 달라진다.

저층이냐 고층이냐에 따라 달라지는
➡ 시야 차이 비교

현지 팬과 응원하며 경기장 열기를 흠뻑 느끼고 싶다면?
➡ 숏 사이드 골대 바로 뒤

선수들이 입장하는 모습을 가까이서 보고 싶다면?
➡ 메인 스탠드 앞 열

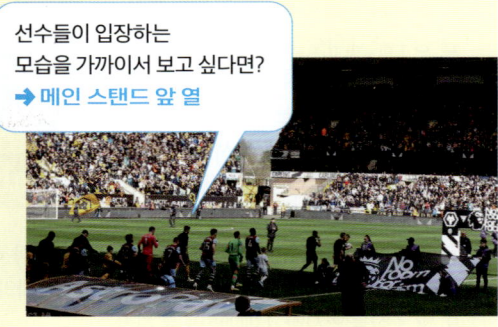

'이것'만 알면 나도 프로 직관러!

Q6 티켓 예매 시 수수료가 있나요?

A 수수료가 있다. 클럽 공식 티켓 사이트를 통해 예매 시 간혹 수수료가 무료인 경우가 있으나 대부분 수수료가 부과된다. 금액은 클럽마다 다르며 보통 £2~5(영국), €2~5(유럽) 선이다. 매표소에서 직접 현장 구매 시에도 수수료는 동일하게 적용된다.

Q7 구매한 티켓을 환불하고 싶은데 가능한가요?

A 클럽마다 티켓 환불에 관한 규정이 다르나 보통 환불 불가인 경우가 많다. 일부 클럽은 티켓을 취소할 수 있거나 티켓 소지자의 명의를 변경해 타인에게 양도할 수 있다. 클럽 공식 티켓 사이트의 티켓 정보에 취소 기능이 없다면 FAQ를 참고하거나 이메일로 직접 문의하면 정확한 정보를 확인할 수 있다.

Q8 평일에도 경기가 있을까요?

A 물론 평일에도 경기는 치러진다. 유럽의 클럽 대항전의 경우, 챔피언스리그는 화·수요일, 유로파리그와 컨퍼런스리그는 수·목요일에 열린다. 각 리그의 FA컵이나 리그컵 대회 경기 역시 마찬가지로 평일에 개최된다. 만일 경기 일정이 변경되었을 경우, 리그 경기 또한 월요일이나 금요일 등 평일에 열리기도 한다.

Q9 응원하는 팀의 원정석을 구하지 못해 상대팀 홈 좌석을 구했어요. 괜찮을까요?

A 상대팀 존중하는 마음이 우선시되어야 하고 표면적으로라도 홈팀을 응원하는 모습을 보이는 것이 중요한 관전 매너다. 모든 축구 클럽의 경기 관전에 관한 규정에 따르면 원칙적으로 홈팀 좌석은 홈팀을 응원하는 관중을 위해 마련되어 있다. 원정팀 응원석을 구하지 못해 부득이하게 홈팀 관중 사이에서 경기를 관전해야 한다면 원정팀의 유니폼을 착용하거나 아이템을 눈에 띄게 지니는 행동은 물론이고 원정팀 선수의 이름을 우호적으로 부르거나 응원 구호를 외치는 등 홈팀 서포터스를 도발할 만한 일은 삼가는 것이 좋다. 이러한 일을 벌였을 때 최악의 경우 보안 요원에게 적발되어 즉시 경기장을 퇴장해야 하는 일이 발생할 수 있으니 주의가 필요하다.

Q10 날짜가 미정인 경기는 왜 그런 걸까요?

A 클럽 공식 홈페이지에서 날짜가 여러 개로 표기된 경기는 아직 경기일이 확정되지 않았음을 의미한다. 스페인, 이탈리아, 프랑스 리그의 일정을 확인할 때 경기일이 미정인 경우를 본 적이 있을 것이다. 곧 공지할 예정이라는 의미의 'TBA(To Be Announced)'가 후보 날짜와 함께 표기되어 있다. 보통 연속 3일(예를 들어 금~일요일) 또는 연속 2일이 명시되며, 추후 이 중 하루가 경기일로 결정된다. 정확한 경기일은 홈페이지를 통해 공지되지만 클럽마다 발표일이 다르므로 주기적인 확인이 필요하다. 영국 리그 역시 컵 대회나 TV 중계 등으로 인해 날짜가 확정되지 않은 경기가 존재하기도 한다. 이러한 다양한 변수를 염두에 두고 계획을 세우도록 하자.

Q11 경기 날짜가 갑자기 바뀌었어요. 어떻게 된 일이죠?

A 여러 사정으로 인해 날짜가 바뀌기도 한다. 경기를 관전하려던 팀 또는 상대팀이 FA컵 등 리그 외 클럽 대항전의 결선 토너먼트에 진출했을 경우, 리그 일정이 조정되면서 경기 날짜가 갑작스럽게 변경되는 상황이 발생한다. 컵 대회 경기는 보통 정규 리그와 동시에 진행되는데, 경기일이 겹칠 경우 컵 대회를 우선으로 한다. 빠르면 수일 후로 변경되나 경기일과 다음 경기일 사이를 최소 48시간은 비워야 한다는 프리미어리그의 규정에 따라 한 달 뒤로 대폭 늦어질 수도 있다. 이러한 상황은 리그 상위권 클럽이라면 시즌 후반으로 갈수록 빈번하게 일어난다. 그러므로 일정을 넉넉히 잡아두거나 연기될 가능성이 있는 시기를 피할 것을 권한다. 특히 FA컵 8강전과 4강전이 진행되는 3~4월의 프리미어리그 경기 일정은 변동 가능성이 높다. 또한 대중교통 파업 예고에 따른 교통 마비를 피하고자 경기일을 하루이틀 앞당기거나 뒤로 미루는 경우도 있다. 원래는 토요일이었던 리그 경기가 일요일로 변경되거나 때로는 금요일 밤이나 월요일 밤으로 변경될 수도 있다. 경기장에 제시간에 도착하지 못하는 인원이 다수 생기고 귀가 시 어려움이 발생할 수도 있어 이를 방지하고자 변경하는 것이다. 이러한 상황에 대비해 경기일 전후로 최소 3일은 해당 지역에 머무는 것이 좋다.

'이것'만 알면 나도 프로 직관러!

Q12 티켓 예매에 실패했어요. 다른 방법이 있을까요?

A 크게 세 가지 방법이 있다.

① 호스피탈리티(Hospitality)

가장 확실하게 좋은 좌석을 확보할 수 있으며 식사 및 음료 제공 혜택도 주어지는 '호스피탈리티 티켓(Hospitality)'이라면 일반 티켓보다 비교적 구할 수 있는 확률이 높아 권장하는 방법이다. 멤버십 가입이 필요 없어 절차적인 번거로움이 적고 클럽 공식 티켓 사이트를 통해 정식으로 판매되는 티켓이므로 안심할 수 있다. 다만 일반 티켓보다 꽤나 고가로 책정되어 있는 데다 식사 장소와 내용에 따라 가격이 천차만별이고 상대팀이 인기 클럽이거나 라이벌팀이라면 가격이 더욱 뛰어오른다. 일반 티켓에 비해 적게는 2배, 많게는 10배 이상 차이가 나기도 한다.

② 온라인 여행 플랫폼

마이리얼트립, 트리플, 클룩(Klook) 등 국내외 온라인 여행 플랫폼에서의 티켓 구매 대행 서비스는 정식으로 계약하여 판매하기 때문에 믿고 구매할 수 있다. 하나하나 가격을 알아봐야 하는 수고스러움 없이 손쉽게 티켓을 예매할 수 있으며 2장 이상의 연석을 구하기도 수월한 편이다. 단, 공식 예매 사이트를 통해 직접 예매하는 것보다 가격이 훨씬 비싼 것이 단점이다. 또한 한국인에게 수요가 있는 클럽에 한해 판매가 이루어지고, 각 클럽의 모든 경기를 판매하지 않기 때문에 선택의 폭이 좁다. 게다가 이미 지정된 좌석 중에서 골라야 하므로 좌석 선택도 제한적이다.

③ 외국 암표 사이트

스텁허브(StubHub), 비아고고(ViaGogo), 라이브풋볼티켓(live football tickets), 풋볼티켓넷(FootballTicketNet) 등 암표 사이트라 할 수 있는 티켓 중개 플랫폼을 통한 티켓 구매는 사실상 최후의 수단으로 봐야 한다. 비공식적인 루트이기 때문에 순전히 '운'에 맡겨야 하는 위험 부담이 있다. 양심적인 판매자를 만난다면 순조롭게 직관할 수 있지만 그렇지 않을 경우 최악의 상황인 '직관 실패'로 이어져 여행 자체에 큰 타격을 줄 수 있다. 단, 스텁허브는 티켓 문제로 경기장에 입장하지 못한 경우 대체 티켓을 발급하거나 클럽 측 매표소에서 발행한 증명서를 제출하면 100% 환불을 받을 수 있으니 참고하자.

Q13 유럽 입국 시 비자가 필요한가요?

A 여태까지는 무비자로 입국 가능했으나 2026년부터 영국과 일부 유럽 국가 입국 시 사전 여행 승인 시스템을 신청해 허가를 받아야 한다.

① 영국 ETA
(잉글랜드, 웨일스, 스코틀랜드, 북아일랜드)

2025년 1월 8일부터 미성년자를 포함해 영국에 무비자로 입국하거나 환승 방문하는 외국인이 대상으로, 입국 심사를 통과하지 않고 공항 내에서 다른 항공기를 갈아타는 환승의 경우에도 반드시 ETA 허가를 취득해야 한다. 수수료는 £10이며, 유효기간은 2년이다.
홈페이지 gov.uk

② 유럽 ETIAS (네덜란드, 덴마크, 독일, 벨기에, 스페인, 이탈리아, 프랑스)

2026년 하반기 시행 예정(정확한 시행 일자 미정)인 유럽 여행 정보 및 승인 시스템으로, 상기 유럽 국가를 무비자로 입국할 경우 반드시 ETIAS 허가를 취득해야 한다. 최대 90일간 체류 가능하며 유효 기간은 3년이다.

③ 세르비아
대한민국 국민은 무비자로 180일 이내 90일 동안 체류할 수 있다.

Q14 해외 웹사이트의 한국어 번역이 가능한가요?

A 구글 크롬, 네이버 웨일, 삼성 갤럭시 인터넷, 아이폰 사파리 등 인터넷 브라우저 모두 한국어 번역 기능을 제공하고 있다. 데스크톱과 스마트폰 환경 어디서든 외국어로 된 웹사이트를 한국어로 번역하여 확인할 수 있다. 데스크톱 웹페이지의 경우 오른쪽 버튼을 눌러 '번역'을 클릭하면 한국어로 번역된 사이트를 볼 수 있다. 스마트폰 웹페이지는 갤럭시 인터넷의 경우 우측 하단 삼(三)자 아이콘을 눌러 '번역기'를 클릭하면 되고 아이폰 사파리는 좌측 하단 아이콘을 눌러 '웹사이트 번역'을 클릭하면 된다.

'이것'만 알면 나도 프로 직관러!

02 현지에서

Q1 경기장에는 언제 도착해야 하나요?

A 경기장마다 개장 시간이 다르지만 최소한 킥 오프 한 시간 전에는 입장하도록 하자. 경기 시작 30~45분 전에는 선수들이 그라운드로 나와 몸을 푸는 워밍업 시간을 가지며, 10분 전에는 선수들이 입장하기 때문에 한 시간 전에는 착석하는 것이 좋다. 보통 경기장은 수만 명을 수용하므로 경기 당일은 평소보다 유동인구가 몇 배는 늘어나게 된다. 경기장 주변 교통 상황이나 입장 시 실시하는 보안 검사 등으로 인해 착석까지 꽤나 많은 시간이 소요될 수 있어 여유를 가지고 움직일 필요가 있다. 경기장 안팎에 자리하는 공식 스토어에서 유니폼이나 기념품을 구매할 예정이라면 킥 오프 두세 시간 전 도착을 권한다. 경기장 매점 역시 개장 직후가 가장 한산한 편이라 대기 시간 없이 즐길 수 있다.

Q2 공항에서 바로 경기장으로 가고 싶어요. 가능한 일정일까요?

A <u>불가능한 건 아니나 권장하지는 않는다.</u> 가능하면 경기일 하루 이틀 전에는 경기장이 있는 지역에 도착하는 것이 좋다. 날씨나 기체 결함 등 다양한 이유로 비행기의 지연과 연착이 일어날 수 있어 제시간에 공항에 도착한다는 보장을 할 수 없기 때문이다. 또한 비행기 도착 시간이 맞물려 입국 심사가 지체될 수 있으며, 맡긴 수하물을 수령하기까지 다소 시간이 소요되는 등 예상치 못한 변수가 발생하기도 한다. 공항에서 경기장까지의 교통 상황도 무시할 수 없다. 경기장 주변 교통체증은 물론, 갑작스러운 교통 파업으로 인해 대중교통 이용이 어려운 경우가 있다. 우버와 같은 모바일 배차 서비스를 이용해 이동하기도 쉽지 않아 여러모로 어려움에 직면하게 된다. 짐 보관소를 운영하지 않는 경기장도 있으므로 캐리어 가방 등 짐 관리도 여간 어려운 일이 아니다. 고대하던 경기를 놓치는 최악의 상황을 겪지 않도록 넉넉하게 일정을 잡고 움직이자.

Q3 경기 당일 티켓을 구매할 수 있나요?

A 구매할 수 있는 클럽이 있지만 그다지 많지는 않다. 특히 프리미어리그 빅6(리버풀 FC, 맨체스터 시티 FC, 맨체스터 유나이티드 FC, 아스널 FC, 첼시 FC, 토트넘 훗스퍼 FC), 레알 마드리드 CF, FC 바르셀로나, FC 바이에른 뮌헨 등 인기 최강의 클럽이나 전통적인 라이벌 간의 더비 매치일 경우 당일 티켓을 구할 확률이 낮아진다. 상대팀이 인기 클럽일수록 그 확률은 더욱 더 희박하다고 봐야 한다. 간혹 평일에 치러지는 약팀과의 컵 대회 경기는 당일까지 티켓이 남아 있을 수 있으나 반드시 구매 가능하다고는 할 수 없다. 다른 리그 역시 순위 다툼이 치열해지는 시즌 후반으로 갈수록 티켓 구하기는 점점 더 어려워진다. 되도록 티켓을 구한 다음 직관을 결정하는 것이 위험 부담이 작다. 당일 티켓 판매 여부에 관해 경기일 수일 전 클럽에 직접 문의해보는 것도 좋다. 만일 경기 당일 현지에 있다면 경기장 매표소를 직접 방문해보는 것도 하나의 방법이다.

Q4 경기장에서 반드시 유니폼을 입어야 할까요?

A 경기장에서 반드시 유니폼을 입어야 한다는 규칙은 없다. 경기를 보러 온 현지인조차 일반적인 옷차림의 관중이 상당수 눈에 띌 정도. 유니폼을 갖춰 입으면 열혈 서포터스가 된 기분으로 경기에 더욱 몰입할 수 있겠지만 덥석 지갑을 열 만큼의 가격대가 아니므로 부담스럽다면 무리해서 살 필요는 없다. 응원도구 없이 경기를 지켜보는 게 아쉬운 마음이 든다면 팀명이나 로고가 새겨진 머플러를 추천한다. 경기장 내 공식 스토어 또는 경기장 밖 노점에서 손쉽게 구할 수 있는 것도 장점이다. 머플러를 몸에 두르거나 휘두르는 것만으로도 충분히 서포터 기분을 낼 수 있다. 다만 경기 일자와 대전하는 상대팀의 명칭이 함께 새겨진 머플러(하프 앤 하프 스카프)를 직접 착용하거나 손에 들고 응원하는 모습을 현지 팬들은 그다지 반기지 않는다고. 한국인 선수가 뛰는 팀이라면 태극기도 멋진 응원도구가 될 수 있다.

'이것'만 알면 나도 프로 직관러!

Q5 보고 싶은 선수가 경기에 출전하는지 궁금해요.

A 킥 오프 한 시간 전 선발 명단과 후보 선수가 발표된다. 각 클럽 공식 소셜미디어(인스타그램, X 등) 계정을 체크하거나 보다 체계적인 데이터를 기반으로 실시간 정보를 업데이트하는 축구 미디어 '풋몹(FotMob)'에서 선수 명단을 확인할 수 있다. 킥 오프 한 시간 전에 경기장을 입장했다면 전광판으로 명단을 공개하므로 이를 통해 확인이 가능하다. 하지만 선수의 부상은 한치 앞을 내다볼 수 없다. 경기 도중 부상을 당하기도 하고 지난 경기까지 멀쩡히 뛰다가 훈련 중 갑작스러운 부상으로 인해 결장하는 일이 일어나기도 한다. 주전이라면 선발 출전할 가능성이 높으나 주전이라도 감독의 전술에 따라 선발에서 제외되기도 하며 피로 누적으로 인해 교체 출전할 수도 있다. 모든 변수를 감안하고 직관을 계획해야 한다.

Q6 여름과 겨울 직관의 복장 관련 필수 아이템을 알려주세요.

A 휴대용 선풍기, 부채, 모자, 선글라스, 머플러, 장갑, 핫팩 등. 유럽의 축구 리그는 여름에 시즌이 시작되어 이듬해 봄에 마무리되는 추춘제를 실시하고 있다. 한국만큼 무더위가 심하지 않지만 낮 경기를 관전하여 두 시간 이상 햇볕을 쬐면 더위를 느낄 수밖에 없다. 스페인이나 이탈리아 등 남유럽 국가의 8~9월 경기는 밤에도 극심한 더위를 느낄 수 있어 대비가 필요하다. 휴대용 선풍기나 부채를 필히 지참하도록 하며 낮 경기를 관전할 경우, 햇볕을 가릴 수 있는 모자나 선글라스도 챙기고 자외선 차단제를 수시로 바르며 일광 화상을 예방하도록 하자. 유럽의 겨울은 한국만큼 추운 편은 아니나 마찬가지로 두 시간 이상 외부에 노출되면 체온이 떨어져 극심한 추위를 느끼게 된다. 체온 유지를 위해 핫팩, 장갑, 머플러로 무장하고 두꺼운 겉옷을 착용하도록 한다. 유니폼 차림으로 관전하고 싶다면 얇은 옷을 여러 벌 겹쳐 입으면 어느 정도 방한에 효과적이다. 영국은 여름이라도 낮과 밤의 기온 차가 클 수 있으니 밤 경기라면 얇은 겉옷이나 긴소매 셔츠를 챙겨가자.

Q7 경기 당일의 흐름을 알고 싶어요.

A 예시를 참고해 대략적인 일정을 세워보자.

- **킥 오프 120분 전**
  경기장 도착, 공식 스토어에서 쇼핑

- **킥 오프 90분 전**
  보안 검사 및 티켓 확인 후 입장

- **킥 오프 80분 전**
  매점 이용

- **킥 오프 60분 전**
  착석 전 기념 촬영

- **킥 오프 45분 전**
  좌석에서 선수들 워밍업 지켜보기

- **킥 오프 5분 전**
  선수 입장

- **킥 오프**

Q8 선수들의 라커룸을 구경하고 싶어요.

A 각 경기장에서 유료로 진행하는 스타디움 투어에 참가해보자. 라커룸을 비롯해 경기 전후 미디어와의 인터뷰를 진행하는 프레스 룸, 선수들이 입장하는 터널, 교체 선수들과 코치진이 앉는 벤치, 구내식당 등 평소 선수들이 이용하는 시설을 투어를 통해 직접 둘러볼 수 있다. 구단의 역사가 담긴 물품이 전시된 박물관도 운영하는 클럽이 많아 볼거리가 풍성하다. 보통 60~120분간 실시되며, 온라인 예약이 가능한 클럽이 대부분이다. 경기를 관전할 때와는 또 다른 경험을 즐기고자 한다면 적극 추천한다.

'이것'만 알면 나도 프로 직관러!

Q9 선수들의 사인을 받고 싶어요. 어떻게 해야 하나요?

A 경기장에서 경기를 관전할 때 선수들에게 사인을 받을 수 있는 확률은 거의 희박하다. 일부 클럽은 경기 전후 출퇴근길에 팬서비스가 이루어지기도 하나 세계적으로 엄청난 팬을 거느린 인기 클럽은 불가능하다고 볼 수 있다. 일부 인기 클럽 팬은 사인을 받고자 클럽 훈련장에 직접 찾아가기도 한다. 다만 훈련 일정이 제각각인데다 출퇴근하는 선수들과 마주치더라도 사인을 받지 못하는 일이 부지기수다. 훈련장의 위치는 경기장보다 접근성이 떨어져 시내에서 다소 먼 거리에 위치한다. 이동만으로도 시간이 걸리고 선수를 만날 수 있는 정확한 시간대를 추측하기 어려워 하루를 쏟아부어도 별 성과 없이 돌아가는 일도 허다하다. 그럼에도 선수들을 가까이서 볼 수 있다는 기대감에 여전히 찾아가는 이들이 있기는 하다. 간혹 선수들의 사인을 받는 행운을 거머쥐는 팬들도 있기 때문. 다만 모든 이에게 그러한 행운이 찾아온다는 보장이 없어 쉽사리 권하지는 않는다.

Q10 축구 박물관이 있나요? 일반인도 관람할 수 있나요?

A 박물관은 축구 종주국인 영국 맨체스터에 있으며 일반인도 관람 가능하다. 축구의 역사와 문화적 가치를 집대성한 국립 박물관은 축구의 도시이자 맨체스터 유나이티드와 맨체스터 시티라는 두 세계적 명문 구단의 연고지인 맨체스터에 자리하고 있다. 축구 규칙 원본, 1966년 월드컵 결승전 공, 마라도나의 유니폼 등 4만 점 이상의 유물을 관람할 수 있으며, 페널티킥 체험과 VR 프로그램을 통해 축구를 직접 체험할 수 있다.

EUROPEAN FOOTBALL TOUR

주요 클럽의 훈련장 정보

영국	토트넘 홋스퍼 FC	**Tottenham Hotspur Football Club Training Ground** Hotspur Way, Whitewebbs Ln, Enfield EN2 9AP
	울버햄튼 원더러스 FC	**Sir Jack Hayward Training Ground** Compton Park, Wolverhampton WV3 9BF
	맨체스터 유나이티드 FC	**Carrington Training Centre** Carrington, Manchester M31 4BH
	맨체스터 시티 FC	**Manchester City Joie Stadium** North Gate, Etihad Campus, 400 Ashton New Rd, Manchester M11 4TQ
	리버풀 FC	**Melwood Training Ground Liverpool** Deysbrook Ln, Melwood Dr, Liverpool L12 8SY
	아스널 FC	**Arsenal Training Ground** (Sobha Realty Training Centre) Bell Ln, London Colney, Shenley, Radlett AL2 1DR
	첼시 FC	**Chelsea FC Cobham Training Ground** 64 Stoke Rd, Stoke D'Abernon, Cobham KT11 3PT
	뉴캐슬 유나이티드 FC	**Newcastle United Training Ground** Newcastle upon Tyne, NE12 9SF
	스토크 시티 FC	**Clayton Wood, Stoke City FC Training Ground and Academy** Clayton Wood, Rosetree Avenue, Trent Vale, Stoke-on-Trent, ST4 6NB
	버밍엄 시티 FC	**Wast Hills Training Ground** 9el, 300 Redhill Rd, King's Norton, Birmingham B38 9EL
	스완지 시티 AFC	**Swansea City AFC Training Ground Fairwood** Upper Killay, Swansea SA2 7JX
	셀틱 FC	**Celtic Lennoxtown Training Ground** Celtic Training Ground

주요 클럽의 훈련장 정보

국가	클럽	훈련장
스페인	레알 마드리드 CF	**Valdebebas** Av. de las Fuerzas Armadas, 400, 402 28055 Ciudad Deportiva del Real, Madrid
스페인	FC 바르셀로나	**Ciutat Esportiva Joan Gamper** Avinguda Onze De Setembre, s/n, 08970 Sant Joan Despí, Barcelona
스페인	아틀레티코 마드리드	**Ciudad Deportiva Atlético de Madrid** C. Cerro del Espino, s/n, Pabellón 2, 28221 Majadahonda, Madrid
스페인	지로나 FC	**Girona Football Academy by PUMA** Camí de la Massana, s/n, 17180 Girona
독일	FC 바이에른 뮌헨	**FC Bayern Training Center** Säbener Str. 51-57, 81547 München
독일	바이어 04 레버쿠젠	**Trainingsgelände Bayer 04 Leverkusen** Bismarckstraße 122-124, 51373 Leverkusen
이탈리아	유벤투스 FC	**Juventus Training Center** (Vinovo) Via Stupinigi, 182, 10048 Garino TO
이탈리아	AC 밀란	**Milanello Sports Center** Via Milanello, 25, 21040 Carnago VA
이탈리아	FC 인테르나치오날레 밀라노	**BPER Training Centre in Memory of Angelo Moratt** Viale dello Sport, 22070 Appiano Gentile CO
이탈리아	AS 로마	**Fulvio Bernardini Training Center** Piazzale Dino Viola, 1, 00128 Roma RM
프랑스	파리 생제르맹 FC	**Campus Du Paris-Saint-Germain** 100 Rue du Grand Paris, 78300 Poissy
네덜란드	페예노르트 로테르담	**Varkenoord** Olympiaweg 280, 3078 HT Rotterdam
덴마크	FC 미트윌란	① **Boldklubben Herning Fremad** Ringkøbingvej 66, 7400 Herning ② **FCM Training Ground** Hagelskærvej 33, 7430 Ikast

EUROPEAN FOOTBALL TOUR

축덕의 장바구니, 기념품 쇼핑

레알 마드리드 CF
리버시블 비니

직관의 즐거움은 경기를 관전하는 것에서 끝나지 않는다. 좋아하는 선수의 이름이 새겨진 유니폼이 최고의 기념품이 된 지금, 공식 스토어에 들러 쇼핑을 즐기는 것 또한 하나의 필수코스로 자리 잡았다. 축구 직관을 추억할 다양한 상품 가운데 일상생활에서도 쓰이면서 두고두고 기억할 수 있는 기념품을 소개한다.

레알 마드리드 CF
키링

레알 마드리드 CF
록밴드 오아시스
노엘이 디자인한 유니폼

첼시 FC
홈앤어웨이
아기 배냇슈트

셀틱 FC
트랙톱

FC 바이에른 뮌헨
김민재 머그컵

파리 생제르맹 FC
이강인 인형

리버풀 FC
강아지 옷

축덕의 장바구니, 기념품 쇼핑

토트넘 홋스퍼 FC
비니

아틀레티코 마드리드
발매트

FC 바르셀로나
맨투맨 티셔츠

유벤투스 FC
슬리퍼

AC 밀란
마그넷

울버햄튼
원더러스 FC
입는 담요

맨체스터
유나이티드 FC
패션 브랜드 폴 스미스와
합작해 만든 수첩

아스널 FC
토트백

스토크 시티 FC
배준호 텀블러

1. FSV 마인츠 05
오리장난감

티켓 구매에 실패했다?
아쉬워 말자! 펍에서 유럽 축구 즐기는 법

영국은 술을 사랑하는 민족답게 펍 문화가 발달한 나라다. 펍(PUB)은 'Public House'의 약자로, 영국의 음식과 문화, 성향을 파악할 수 있음은 물론 현지인과의 커뮤니케이션도 쉽게 나눌 수 있고 덤으로 축구까지 다 함께 보며 즐길 수 있는 곳이다. 정말이지 영국 문화를 느끼기에 가장 최적의 장소가 아닐까 싶다. 또한 보고싶은 경기 티켓을 구하지 못해 못내 아쉬운 마음을 달래기에도 좋다. 열렬히 응원하는 현지인 틈에서 간접적으로나마 분위기에 취할 수 있기 때문이다. 펍은 다른 유럽 국가에서도 흔히 만나볼 수 있으니 시간 여유가 있다면 체험해보자.

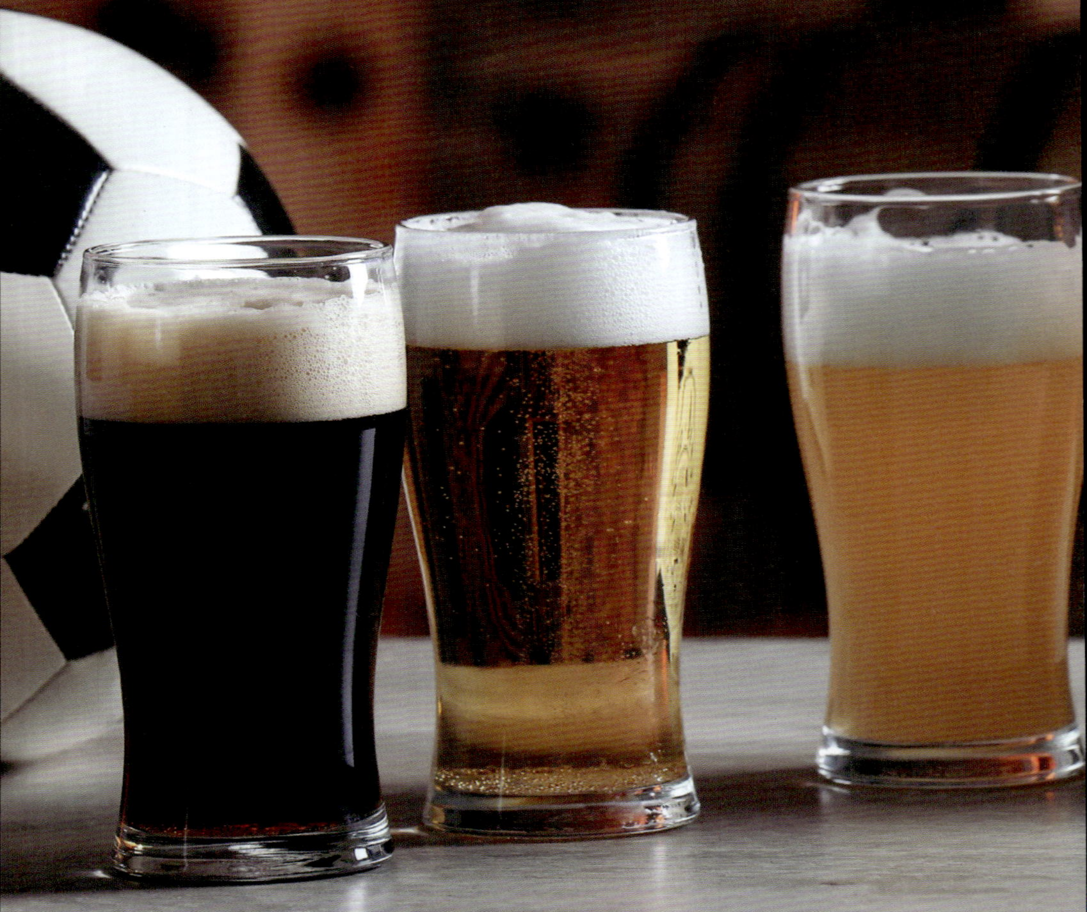

보고싶은 경기를 중계하는 펍 찾기 '팬조(FANZO)'

구글맵에서 키워드 'pub'을 입력하여 현 위치에서 가장 가까운 펍을 찾는 방법도 있지만 보고 싶은 경기를 볼 수 있을지는 직접 가보지 않는 이상 확인할 방법이 없다. 이럴 땐 '팬조(FANZO)'를 활용하자. 팬조는 보고 싶은 경기의 'Find Venues'를 누르면 현재 위치 기준 해당 경기를 보여주는 가장 가까운 위치의 펍 또는 스포츠바를 찾아주는 서비스다.

홈페이지
www.fanzo.com/en

미리 알아보는 영국 맥주

펍에서 판매하고 있는 맥주는 크게 네 가지로 나뉜다. 칼스버그(Carlsberg), 하이네켄(Heineken), 스텔라(Stella) 등 흔히 맛볼 수 있는 수입 맥주 대부분을 차지하는 라거(Lager)는 차갑게 마시는 탄산이 강한 황금 색깔의 맥주를 말한다.
영국 전통 맥주인 에일(Ale)은 상온 상태에서 미지근하게 마시며 진한 주황색깔을 띈다. 몰트와 홉의 맛이 강하여 거품이 거의 생기지 않는 것이 특징이며 런던드라이드(London Pride)와 테틀리(Tetley's)가 대표적이다. 인디아 페일 에일(India Pa e Ale)의 준말인 IPA는 일반 맥주보다 홉을 많이 넣어 쓴맛이 강하며 알코올 도수도 높다. 브루독(BrewDog)이 유명하다. 스타우트(Stout)는 영국식 흑맥주로 알코올이 보통 맥주보다 강하며, 기네스(Guinness)와 머피(Murphys)가 유명하다. 맥주 이외에도 사과 주스에 알코올을 넣어 만든 사이다(Cicer)와 각종 과일을 넣어서 만든 칵테일 핌즈(Pimm's), 맥주와 레모네이드를 섞어서 만든 샹디(Shandy), 콜라 등 다양한 음료를 판매하고 있어 메뉴 선택의 폭이 넓다.

메뉴 주문하는 방법

맥주 한 잔의 사이즈는 파인트(Pint)로 약 570~600ml이며 하프 파인트(파인트의 절반)도 주문이 가능하다. 카운터로 직접 가서 'A Pint of 000(술 이름), Please' 또는 'A Half-Pint of 000(술 이름)'로 주문하며 돈을 내는 선 지불 방식이다. 음식을 주문할 경우 카운터에 자리 위치를 알려주면 직접 테이블까지 서빙하는 방식이므로 기다릴 필요가 없다.

펍 메뉴 완전 공략

술을 마실 때 빼놓을 수 없는 것이 바로 안주. 술의 종류를 알아가는 것도 중요하지만 술을 더욱 맛있게 즐기기 위해서는 메뉴를 파악하여 실패를 줄이는 것 또한 매우 중요하다. 어느 펍을 방문하더라도 반드시 제공하는 정석 메뉴를 보면 이곳이 영국이라는 사실을 증명하듯 전통 요리가 가득하다. 영국 음식의 대명사인 피시 앤 칩스(Fish and Chips)는 물론이요 일요일에 먹는다는 선데이 로스트(Sunday Roast), 펍마다 개성 있는 조합이 인상적인 파이 앤 매시(Pie and mash) 등 굳이 영국 음식점을 방문하지 않아도 접할 수 있다는 점은 관광객들에게 고마운 부분이다. 바삭한 튀김옷이 술맛을 돋우는 피시 앤 칩스는 영국인이 가장 즐겨 먹는 메뉴이며, 술안주는 물론 식사 메뉴로도 손색없는 햄버거와 샌드위치 또한 자주 볼 수 있는 메뉴다. 선데이 로스트는 비프와 치킨, 포크 등 골라먹는 재미가 있으며 딸려 나오는 요크셔 푸딩도 덩달아 즐길 수 있는 점이 매력적이다. 파이 앤 매시는 어떤 음식을 조합하는가에 따라서 펍의 개성이 드러나는데 비프와 기네스 맥주, 포크와 치즈, 치킨과 대파 등 종류가 매우 다양하다.

파이 앤 매시

피시 앤 칩스

현지인처럼 펍 즐기기 주의사항

① 자리는 일찍 확보하자
중요한 경기일수록 펍은 킥 오프 몇 시간 전부터 만석이 된다. 특히 인기 구단의 경기는 예약조차 어려우므로 최소 1~2시간 전에 미리 도착하는 것이 좋다.

② 응원은 같이, 도발은 금물
현지 팬들과 함께 응원가를 따라 부르면 금세 분위기에 녹아들 수 있다. 다만 상대팀을 향한 도발적 언행이나 특정 제스처는 큰 오해를 불러일으킬 수 있으니 삼가야 한다.

③ 축구가 없어도 즐겁다
펍은 단순히 경기 중계만 보는 공간이 아니다. 라이브 음악이나 퀴즈 대회 같은 현지인들이 즐겨 찾는 다양한 프로그램이 있어 축구가 없는 날에도 충분히 즐길 수 있다.

④ 결제 방식을 미리 알아두자
대부분의 펍은 바에서 직접 주문하고 미리 계산한 뒤 음료를 받아가는 방식이다. 카드 결제가 일반적이며 현금 사용이 불가능한 곳도 있으니 미리 확인해두는 것이 좋다.

PLUS

특정 팀 팬만 출입 가능한 펍

일부 특정 팀을 응원하는 펍이 있으며, 주로 경기장 주변에서 찾아볼 수 있다. 해당 팀의 유니폼을 입고 있거나 응원 도구를 소지하고 있는 팬만 입장 가능하다. 입구에 이를 관리하는 경호원이 상주하고 있으며 'OO팀 서포터만 들어오세요'라는 문구가 적혀 있기도 하다. 이는 축구로 인한 충돌을 막기 위한 방지책이니 따르도록 하자.

OTT로 배우는 유럽 축구

유럽 축구 여행을 떠나기 전 미리 관련 콘텐츠를 감상해 보자. 전설적인 클럽의 역사와 스타 플레이어들의 이야기를 담은 다큐멘터리, 축구를 테마로 한 영화와 드라마를 통해 배경지식을 쌓으면 현장에서의 경험이 훨씬 더 특별해질 것이다.

드라마·영화

드라마 잉글리시 게임 영국 NETFLIX
계급을 초월한 영국 축구 이야기

영화 홈리스 월드컵 영국 NETFLIX
월드컵을 위해 이탈리아로 간 노숙자 선수들의 인생 여정

영화 너는 챔피언 스페인 NETFLIX
스페인 아틀레티코 마드리드의 문제아 선수

영화 로베르토 바조: 말총머리의 판타지스타 이탈리아 NETFLIX
레전드 선수 로베르토 바조의 인생 일대기

영화 우리는 울트라스 이탈리아 NETFLIX
이탈리아 나폴리의 강성 서포터스의 리더와 한 소년이 만난 이야기

영화 더 매치 이탈리아 NETFLIX
이탈리아 로마 교외 지역의 한 마을이 축구 대회로 떠들썩해진다

TRAVEL TIP

축구 전설들의 자서전

축구 전설들의 자서전을 읽는 것도 하나의 방법! 현재 한국에 출판된 목록은 아래와 같다.

- 맨체스터 유나이티드 전 감독 알렉스 퍼거슨의 『알렉스 퍼거슨: 나의 축구, 나의 인생』(문학사상)
- 한국인 프리미어리거 1호 박지성의 『박지성 마이 스토리』(한스미디어)
- 한국 축구의 새로운 역사를 쓰는 손흥민의 『축구를 하며 생각한 것들』(브레인스토어)
- 브라질 축구대표팀 감독 카를로 안첼로티의 『카를로 안첼로티』(풋볼리스트)
- 프리미어리그 리버풀 레전드, 스티븐 제라드의 『스티븐 제라드: 마이 스토리』(브레인스토어)
- 프리미어리그 첼시 레전드, 디디에 드록바의 『디디에 드로그바 자서전: 헌신』(브레인스토어)
- 라리가 FC 바르셀로나 레전드, 안드레스 이니에스타의 『안드레스 이니에스타: 디 아티스트』(브레인스토어)

OTT로 배우는 유럽 축구

다큐멘터리

죽어도 선덜랜드 영국 NETFLIX
프리미어리그 재입성에 성공한 '선덜랜드 AFC'의 부활을 꿈꾸다

베컴 영국 NETFLIX
잉글랜드의 가장 아이코닉한 슈퍼스타 데이비드 베컴의 미공캐 영상 대방출

루이스 피구 사건: 세기의 이적 영국 NETFLIX
역사상 가장 논란이 된 이적의 주인공, 루이스 피구 스토리를 추적하다

아넬카: 문제적 저니맨 프랑스 NETFLIX
한 팀에 정착 못하고 이곳저곳 팀을 옮겨 다녔던 저니맨 아넬카 이야기

유벤투스: 살아있는 전설 미국 NETFLIX
이탈리아 명문 클럽 '유벤투스 FC'의 우승 도전 스토리

파이널: 웸블리 습격 영국 NETFLIX
영국 축구의 성지 '웸블리 스타디움'에서 벌어진 유로2020 결승전 사건

투게더: 트레블 위너 영국 NETFLIX
프리미어리그 2022/23 시즌 위대한 업적을 달성한 맨체스터 시티의 다큐

라리가 24시 스페인 NETFLIX
스페인 라리가의 주요 팀의 승리와 패배의 장면 그리고 뒷이야기

엘링 홀란: 잉글랜드를 정복하다 영국 NETFLIX
맨체스터 시티 최고의 공격수 엘링 홀란의 잉글랜드 적응기

컴온유 스퍼스 한국 ▶coupang play
손흥민이 몸담았던 토트넘 홋스퍼 FC의 2022년 방한 당시 비하인드 스토리

우리들의 10 한국 ▶coupang play
스페인 명문 클럽 '세비야 FC'의 10일간 방한 이야기를 담은 다큐

제너레이션 웸블리 독일 ▶coupang play
2014년 FC 바이에른 뮌헨의 챔피언스리그 우승 기록

더 레인 영국 ▶coupang play
토트넘 홋스퍼의 홈구장이었던 하트레인의 마지막 여정

케니 달글리시 영국 ▶coupang play
리버풀 FC 선수 케니 달글리시의 이야기

PART 2

국가별 유럽 축구 살펴보기

UNITE
KING

영국

프리미어리그 빅6
리버풀 FC
맨체스터 시티 FC
맨체스터 유나이티드 FC
아스널 FC
첼시 FC
토트넘 홋스퍼 FC

코리안 리거
뉴캐슬 유나이티드 FC
울버햄튼 원더러스 FC
스토크 시티 FC
버밍엄 시티 FC
스완지 시티 AFC
셀틱 FC

영국 국가 정보 및 도시 교통 정보

수도 런던(London)
아스널 FC, 첼시 FC, 토트넘 홋스퍼 FC 등은 수도를 연고지로 한다.

언어 영어
영국식 발음과 표현이 익숙하지 않을 수 있으나 표준 영어이므로 편하게 소통할 수 있다.

시차 한국보다 9시간 느리다.
단, 서머타임 기간은 한국보다 8시간 늦어진다. 서머타임은 매년 3월 마지막 일요일부터 10월 마지막 일요일까지 적용된다.

비자
전자여행허가제(ETA) 승인 시 최대 180일 체류 가능
비자 유효기간은 2년이며, 기간 내 여러 차례 입국 가능. 수수료 £16.

화폐 파운드(£)
대부분의 상점과 식당에서 카드 결제가 가능하며, 무현금 결제가 보편화되어 있다. 반대로 카드만 사용 가능한 경우도 있다.

전압 230V, 50Hz
대부분의 한국 전자기기는 사용 가능하며 플러그 모양이 G형이므로 반드시 어댑터가 필요하다.

주요 통신사
EE, Vodafone, O2, Three
대부분의 관광 도시에 매장이 있어 유심 구매 및 상담이 가능하며, 출국 전 온라인 여행 플랫폼에서 미리 신청해 구매할 수 있다.

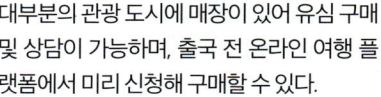

주요 공항

런던
히스로 국제공항
Heathrow Airport, LHR

| 인천 직항 14시간 25분 소요 |

맨체스터
맨체스터 국제공항
Manchester Airport, MAN

| 인천 경유 17시간 30분 소요 |

뉴캐슬
뉴캐슬 국제공항
Newcastle International Airport, NCL

| 인천 경유 18시간 소요 |

공항에서 시내 이동

도시	이동 수단	소요 시간	요금	비고
런던 (LHR)	히스로 익스프레스 (Heathrow Express)	15분	£25~27	패딩턴역 직행
	지하철 피카딜리 라인	50분	£6~7	중심가까지 저렴한 가격에 이동 가능
	택시	45~60분	£90~110	짐이 많거나 심야 이동 시 편리
맨체스터 (MAN)	기차	13~20분	£6.70	맨체스터 피카딜리역 직행
	트램	50분	£4.60	운행 편수가 많다
	버스	21~25분	£6	연착이 잦은 편
뉴캐슬 (NCL)	지하철 그린 라인	25분	£3~4	뉴캐슬 중앙역 직행
	버스	25~35분	£2~3	저렴하나 소요 시간이 길 수 있음
	택시	20~25분	£15~25	시내 접근이 편리

시내 주요 교통

도시	주요 수단	티켓
런던	지하철 / 버스 / 지상철	**1회권** 오이스터카드 zone1 기준 £2.80~2.90 **1일권** zone1 기준 지하철 £8.90, 버스 £5.25
맨체스터	트램 / 버스	**1회권** 트램 £1.40~3.80, 버스 £2 **1일권** 트램 £7.10, 버스 £5
뉴캐슬	지하철 / 버스	**1회권** 지하철 £3~4.70, 버스 £2.50 **1일권** 지하철 £4.60~6.70, 버스 £5

도시 간 이동 (런던 ↔ 맨체스터)

이동 수단	소요 시간	요금	특징
고속열차 (National Rail)	약 2시간 5분	£25~90	사전 예매 시 대폭 할인 가능
국내선 항공편 (이지젯, 라이언에어 등)	약 1시간	£40~150	공항 수속 포함 시 열차와 시간 차이가 크지 않다
장거리버스 (National Express, Megabus, FlixBus 등)	약 4~5시간	£10~25	장거리 이동이나 저렴한 요금, 야간편은 숙박비 절감 가능

PREMIER LEAGUE BIG 6

프리미어리그 빅6

1992년 출범한 잉글랜드 1부 프로축구 리그다. 빠른 템포와 강한 피지컬, 다양한 전술적 색채가 뚜렷한 점은 물론이고 전통 있는 명문 구단과 새롭게 부상한 구단들이 함께 경쟁하며 매 시즌 예측 불가능한 결과를 만들어내는 것이 큰 매력이다. 방대한 중계권 수익과 글로벌 팬층을 바탕으로 세계적인 스타 플레이어들이 많은 점도 특징이다. 지역 기반의 열정적인 팬 문화와 현대적 구단 운영이 결합되면서 리그 전체가 높은 안정성과 화제성을 유지하고 있으며, 오늘날 글로벌 축구 산업의 중심축 역할을 하고 있다.

Liverpool FC

리버풀 FC

잉글랜드 축구 클럽 사상 가장 많은 트로피를 보유하고 있는 전통 명문 구단. 지난 시즌을 끝으로 사임한 위르겐 클롭 감독이 2015년 부임 후 10년간 UEFA 챔피언스리그, UEFA 슈퍼컵, FIFA 클럽 월드컵, 프리미어리그, EFL컵, FA컵, FA 커뮤니티 실드 등 국내외 대회를 모두 석권하며 황금기를 이루어 냈다. 유럽 대항전에서 유독 강한 면모를 보이는데, 잉글랜드 클럽 중 UEFA 챔피언스리그 우승(6회)이 가장 많으며 유일하게 우승 트로피인 '빅 이어'를 영구 소장하고 있다.

구단 정보

팀 정식 명칭 리버풀 FC
Liverpool Football Club

창단 연도 1892년
소속 리그 잉글랜드 프리미어리그
연고지 리버풀, 영국
구단주 존 헨리(John Henry, 미국)
감독 아르네 슬롯(Arne Slot, 네덜란드)
주장 4번 버질 반 다이크(Virgil van Dijk, 네덜란드)
부주장 26번 앤디 로버트슨
(Andrew Robertson, 스코틀랜드)
마스코트 마이티 레드(Mighty Red)
애칭 The Reds(레즈)
팬 애칭 The Kop(콥)
약칭 LIV
팀 컬러 빨간색과 흰색
더비 노스웨스트 더비 Northwest Derby
(VS 맨체스터 유나이티드), 머지사이드 더비
Merseyside Derby(VS 에버턴 FC)
유니폼 스폰서 스탠다드차타드
(Standard Chartered)
공식 웹사이트 www.liverpoolfc.com
한국인 선수 소속 이력 없음

최근 3시즌 주요 성적표

시즌	주요 성적
2022/23	◦ 프리미어리그 5위 ◦ FA컵 32강, EFL컵 16강 ◦ UEFA 챔피언스리그 16강
2023/24	◦ 프리미어리그 3위 ◦ FA컵 8강, EFL컵 우승 ◦ UEFA 유로파리그 8강
2024/25	◦ 프리미어리그 1위 ◦ FA컵 32강, EFL컵 준우승 ◦ UEFA 챔피언스리그 16강

주요 더비

머지사이드 더비(Merseyside Derby)
VS 에버턴 FC(Everton FC)

리버풀을 연고로 하는 두 팀 간의 지역 라이벌전으로 친선 더비(Friendly Derby)라고도 불린다. 이는 다른 더비와 달리 양 팀 서포터스 간의 물리적 충돌이 적고 한 가족 안에서도 리버풀 FC(이하 리버풀) 팬과 에버턴 FC(이하 에버턴) 팬이 공존하는 경우가 많았기 때문이다. 더비의 기원은 1892년 에버턴 구단 내부의 분쟁으로 거슬러 올라간다. 당시 구단주였던 존 홀딩과 구단 이사진은 안필드 구장의 임대료와 운영권을 둘러싸고 갈등을 빚었다. 의견차를 좁히지 못한 에버턴 이사진 대다수는 안필드를 떠나 인근의 구디슨 파크로 옮겨 에버턴 FC를 계속 운영했으며, 홀딩은 안필드에 남아 리버풀 FC를 새롭게 창단했다. 이로써 두 팀은 지리적으로 가장 가까운 이웃임에도 불구하고 역사적 배경에서 비롯된 깊은 라이벌 관계를 형성하게 되었다.

관련 에피소드

프리미어리그 역사상 가장 많은 레드 카드가 나온 더비. 프리미어리그 출범 이후 현재까지 총 23장이 누적되었다. 에버턴이 16장, 리버풀이 7장을 받았고, 단일 경기에서는 1999/00시즌 리버풀의 스티븐 제라드를 비롯해 최다 기록인 총 3명의 선수가 퇴장당했다.

알고 가면 재미있는 클럽 이야기

01

2005년 5월 25일 튀르키예 이스탄불의 아타튀르크 올림픽 경기장에서 펼쳐진 2004/05시즌 UEFA 챔피언스리그 결승전은 축구 역사에 길이 남을 명승부로 꼽힌다. AC 밀란을 상대로 전반 내내 끌려가며 0-3으로 지고 있던 리버풀이 후반에만 3골을 몰아넣으며 연장전까지 이끌어낸 것이다. 마지막 승부차기 끝에 2-3으로 극적인 역전 드라마를 쓴 리버풀은 21년 만에 5번째로 우승 트로피인 빅이어를 들었다. 당시 영국의 총리였던 토니 블레어는 "믿을 수 없는 일이 일어났다. 온 나라가 리버풀을 자랑스럽게 생각한다"며 성명을 발표했으며, 몇 년 뒤 '이스탄불의 기적'을 바탕으로 한 영화 〈윌(Will)〉이 제작되는 등 영국 내에서도 두고두고 회자되는 경기가 되었다.

CLUB QUIZ!

① 리버풀의 역대 최다 득점자는 누구인가요?
가. 로비 파울러 나. 이언 러시
다. 모하메드 살라 라. 스티븐 제라드

② 리버풀 팬들이 경기 시작 전후에 부르는 응원가의 제목은 무엇인가요?
가. Blue Moon
나. Glory Glory Man United
다. Three Lions
라. You'll Never Walk Alone

③ 2004/05시즌 UEFA 챔피언스리그 결승전에서 리버풀이 전반전 3:0으로 뒤진 경기를 극적으로 따라잡은 상대팀은 어디인가요?
가. AC 밀란 나. 토트넘 홋스퍼 FC
다. 레알 마드리드 CF 라. FC 바이에른 뮌헨

02

2025년 7월 3일 리버풀에서 활약했던 포르투갈 선수 디오구 조타(Diogo Jota)가 스페인에서 교통사고로 사망했다. 그의 갑작스러운 죽음을 애도하고자 리버풀은 구단 최초로 그가 사용했던 등번호 20번을 영구 결번으로 지정했다.

03

1989년 4월 15일 잉글랜드 셰필드의 힐스보로 스타디움에서 진행된 리버풀과 노팅엄 포레스트의 FA컵 준결승에서 영국 축구 역사상 가장 많은 97명의 희생자를 낳은 힐스보로 참사(Hillsborough disaster)가 일어났다. 경찰의 잘못된 판단으로 수용 인원보다 훨씬 많은 관중을 골대 뒤쪽 입석 구역으로 입장시키는 바람에 압사 사고가 발생하게 된 것. 희생자 대부분은 리버풀 서포터였는데, 경찰은 그들의 잘못으로 일어난 사고라며 책임을 회피할 뿐이었다. 긴 법정 싸움 끝에 2016년이 되어서야 경찰의 과실로 인정되었다. 매년 4월 15일 경기장 메인 스탠드 입구에 세워진 추모비 앞에서 행사를 연다. 희생자 97명을 기리고자 서포터들은 숫자 97이 새겨진 현수막을 내걸며 추모하고 선수들은 후면 상단에 숫자 '97'이 새겨진 유니폼을 입고 경기에 나선다.

04

리버풀에 얽힌 훈훈한 미담을 소개한다. 2015년 한 리버풀 팬과 에버턴팬은 홈경기를 관전하는 팬들에게 파스타 면, 통조림, 잼 등의 식료품과 샴푸, 치약, 세제 등 생필품 한두 가지를 가져와달라고 요청하기 시작했다. 어려움에 처한 사람들에게 식량과 생필품을 무상 또는 저렴한 가격에 공급하는 '푸드뱅크(Foodbanks)' 제도에 기부하기 위해서였다. 라이벌 팀 서포터 두 사람의 아이디어로 출발한 빈곤 퇴치 운동은 현재까지도 이어지고 있으며, 현지 팬은 물론이고 전 세계에서 모여든 리버풀 팬들 역시 동참하고 있다고 한다. 킥 오프 세 시간 전부터 경기장 밖 더 콥 스탠드와 케니 달글리시 경 스탠드 사이 코너에서 기부를 받고 있으니 직관으로 방문할 계획이라면 적극 동참해보자. 이 캠페인에 영감을 받은 맨체스터 시티와 웨스트햄 유나이티드 FC 등 다른 구단에서도 푸드 뱅크 기부활동을 펼치고 있다.

한국에서 직관 준비하기

▍경기 티켓 구매하기

리버풀은 프리미어리그에서 티켓을 구하기 가장 어려운 클럽이다. 티켓의 수요가 높은 데 반해 좌석 수는 한정적이라 현지 팬조차도 티켓 확보에 어려움을 호소할 정도. 티켓 판매는 추첨을 통해서 이루어지며, 공식 예매 사이트의 당첨 확률은 경기당 7%선으로 매우 낮은 편이다. 맨체스터 유나이티드 FC, 에버턴 FC 등의 더비 매치 상대나 아스널 FC, 첼시, 맨체스터 시티, 토트넘 홋스퍼 FC 등 강팀과의 경기 티켓은 구매 이력이 반드시 있어야 구매할 수 있는 데다 앞서 언급한 팀이 상대가 아니더라도 시즌권 소지자에게 우선적으로 기회가 주어져 신규 멤버십 회원의 예매는 거의 불가능에 가깝다고 보면 된다.

그럼에도 티켓 예매에 도전하고 싶다면 유료 멤버십에 가입해야 티켓 추첨에 응모할 수 있다. 티켓 추첨 판매 응모 시기는 8~12월 경기는 6월에, 1~5월 경기는 10월이다. 공식 예매 사이트에서 그나마 티켓을 확보할 수 있는 방법은 호스피탈리티 티켓 정도다. 호스피탈리티 티켓에 관한 정보는 다음 항목을 참고하자.

홈페이지 www.liverpoolfc.com/tickets

사 장소 역시 안필드 내 라운지 또는 시내 중심가 호텔 등 다양한 곳에서 행해져 선택지가 많다. 티켓의 자리가 남아 있는 한 경기 전까지 상시 판매되기 때문에 비교적 쉽게 구할 수 있다. 공식 홈페이지의 회원가입 및 로그인 후 예매를 진행할 수 있다. 모든 티켓 소지자는 개찰구에 도착하기 전 스마트폰 애플 월렛 또는 구글 월렛에 디지털 티켓을 저장해 지참해야 한다.

홈페이지 ticketing.liverpoolfc.com/hospitality

3 멤버십 종류

멤버십은 17세 이상 성인(ADULT)과 16세 이하 주니어(JUNIOR)로 나뉜다. 성인 멤버십엔 풀(Full), 라이트(Light) 두 종류가 있으며 주니어에도 연령별로 네 종류가 있다. 성인 기준으로 팬을 위한 선물의 유무와 종류, 온라인 숍 할인, 온라인 미디어 시청권 등 일부 부가적인 혜택을 제외하면 크게 차이는 없다.

홈페이지 www.liverpoolfc.com/membership

	풀	라이트	주니어 (0~16세)
가격	£42.99	£26.99	£20.99
가입 선물	○	-	○
홈 경기 예매	○	○	○
스토어 10% 할인	○	-	○
All Red Video 시청권	○	-	-

2 호스피탈리티 티켓

멤버십 가입과 시즌권 소지 여부와 상관없이 구매할 수 있는 티켓은 이른바 VIP를 위한 '호스피탈리티(HOSPITALITY)'가 유일하다. 멤버십이나 시즌권만으로는 일반 예매 추첨에 당첨될 확률이 극히 낮은 편이므로 현실적으로 공식 홈페이지를 통해 구매할 수 있는 방법은 호스피탈리티뿐이라 할 수 있다. 이 티켓의 가장 큰 걸림돌은 바로 가격이다. £450~1,100에 형성되어 있는 호스피탈리티는 경기 티켓과 당일 식사 및 음료가 포함된 패키지권으로, 티켓 종류에 따라 박물관 입장, 무료 이동수단, 와이파이와 매치데이 프로그램 제공 등 다양한 서비스를 받을 수 있다. 상대팀과 서비스 내용에 따라 가격이 달라지며, 식

4 좌석 선택

리버풀 선수는 메인 스탠드(MAIN STAND)를 기준으로 오른쪽인 더 콥 스탠드(THE KOP, 남측 스탠드) 그라운드에서, 상대팀 선수는 원정석이 있는 안필드 로드 스탠드(ANFIELD ROAD STAND) 그라운드에서 워밍업이 이루어진다.

선수단이 에스코트 키즈와 함께 입장할 때도 마찬가지로 리버풀 선수는 오른쪽, 원정팀은 왼쪽에 선다는 점을 인지하고 좌석을 선택하자. 골대 뒤 숏사이드 더 콥 스탠드의 전 구역은 경기 내내 서서 관전하는 관중이 대부분이다.

TIP 좌석 시야 미리보기

티켓 구매 시, 좌석 선택과 함께 시야 확인도 가능하나 구역마다 상세한 좌석 시야를 볼 수 있는 사이트를 제공하므로 참고하자.

홈페이지 map.3ddigitalvenue.com/liverpool

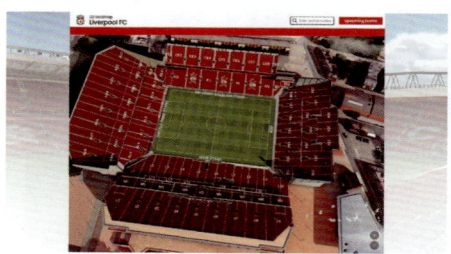

홈구장 정보 Anfield

홈구장: 안필드

주소: Anfield Rd, Anfield, Liverpool L4 0TH

완공: 1884년

수용 인원: 6만 1,276명

5 스타디움 투어

경기장 투어는 크게 네 종류로 나뉜다. 가장 일반적인 'LFC 스타디움 투어 & 박물관(The LFC Stadium Tour and Museum)'은 기자 회견장, This Is Anfield 표지판, 입장 터널, 홈팀 탈의실 등 선수들이 실제 이용하는 구역을 샅샅이 둘러본 다음 박물관을 방문해 클럽의 역사를 알아보며 지금까지 거머쥔 주요 트로피를 감상하는 기회가 주어진다. 영어를 비롯해 11개 언어로 오디오 가이드를 제공하나 아쉽게도 한국어는 지원하지 않는다. '안필드 익스피리언스(The Anfield Experience)'는 이른바 VIP 투어로, 일반인은 입장할 수 없는 경기장의 독점 구역을 살펴보며 라이브 음악 같은 이벤트도 즐길 수 있다. 셰프가 준비한 맛있는 음식과 다과도 제공된다. '레전드 Q&A(LEGENDS Q&A)'는 리버풀의 레전드 선수가 얘기하는 재미난 일화와 추억담을 들으며 함께 경기장을 둘러본다. 선수에게 직접 질문을 할 수 있고 사인과 사진 타임도 가지므로 영어가 능숙하다면 추천하는 프로그램이다. '매치데이 스타디움 투어(Matchday Stadium Tours)'는 홈경기 당일 몇 시간 전에 실시되는 프로그램으로, 경기장의 다양한 좌석에 앉아보고 선수들의 입장 터널과 피치 쪽을 둘러볼 수 있다. 단, 홈 또는 원정팀 탈의실이나 기자회견장을 포함하지 않으며 일부 시설 이용에 제한이 있을 수 있다.

6 추천 숙박 지역

경기장 근처에 호텔이 여러 곳 있지만 경기일 전후로 가격이 높아지며, 가격 대비 만족도가 다소 아쉬울 수 있다. 시내 관광과 경기 관전을 함께 즐길 수 있으며, 숙박시설의 선택지도 많은 시내 도심에서 묵는 것을 추천한다. 특히 리버풀의 교통 요충지인 리버풀 라임 스트리트(Liverpool Lime Street) 부근이 좋다. 기차를 타고 타 지역으로의 이동도 용이하며, 경기장으로 환승 없이 갈 수 있는 버스 역시 기차역 주변에 정차한다. 다만 경기가 끝나면 시내로 돌아가는 인파로 인해 버스 승차까지 시간이 다소 소요된다.

투어 종류	17세 이상	학생·65세 이상	16세 이하	4세 이하
LFC 스타디움 투어&박물관	£25	£20	£16	무료
안필드 익스피리언스	£150	£150	£30	£80
레전드 Q&A	£50	£40	£30	£30
매치데이 스타디움 투어	£27	£23	£20	£20

현지에서 경기 직관하기

1 경기장 찾아가기

경기 당일에만 운영하는 917번 버스를 타는 것이 일반적이다. 리버풀 라임 스트리트(Liverpool Lime Street) 기차역 앞 우측에 자리하는 리버풀 메리어트 호텔 시티 센터와 세인트 존스 가든(St John's Gardens) 사이 퀸 스퀘어(Queen Square) 버스 정류장에서 승차하면 된다. 킥 오프 3시간 반 전부터 30분 전까지 운행하며 직통 버스라 경기장에 15분이면 도착한다. 참고로 경기 종료 10분 후부터 917번 버스를 운행한다. 경기장에서 도보 10분 거리인 월튼 브렉 로드(Walton Breck Road)와 월튼 레인(Walton Lane) 교차로 부근에서 출발하여 시티 센터로 돌아간다. 퀸 스퀘어 6번 버스 정류장에서 17번 버스를 이용해도 좋다. 'Liverpool FC' 정류장에서 하차해야 하며 노선 버스이므로 20분이 소요된다. 리버풀 원 버스 스테이션(Liverpool One Bus Station) 4번 정류장에서 26번 버스를 타고 가는 것도 또다른 방법인데 마찬가지로 'Liverpool FC' 정류장에서 하차해야 하며 20분이 소요된다.

2 경기장 입장하기

경기 시작 2시간 전부터 입장 가능하다. 반드시 티켓에 명시된 입구(ENTRANCE)를 통해 입장해야 한다. 간단한 짐 검사와 티켓 바코드 스캔을 거쳐 경기장 안으로 입장한 후 지정된 구역(AREA)으로 들어가면 좌석까지 빠르게 이동할 수 있다.

3 반입 가능 가방 크기 및 반입 금지 물품

A5 용지(148.5×210mm) 크기를 넘지 않는 작은 가방만 반입이 가능하다. 단, 공식 스토어에서 물품 구입 시 담아주는 투명백은 반입할 수 있다. 장우산, 노트북, 태블릿 PC, 깃발과 현수막, 드론, 주류 및 500ml 이상의 페트병, 유리병, 캔 음료, 칼, 드라이버 등 날카로운 물체, 폭죽, 유아차 등은 반입 금지다.

TIP 선수들의 벽화

경기장 부근 주택가 곳곳에서 리버풀 선수들을 그린 벽화를 발견할 수 있다. 알리송, 살라, 아놀드 등 현재 활약 중인 선수들을 비롯해 로비 파울러, 스티브 제라드, 제이미 캐러거 등 리버풀 레전드 선수들의 벽화도 만나볼 수 있다. 경기장에 들어가기 전 주변을 산책하며 벽화를 찾아보는 재미도 직관이 가진 매력 중 하나다.

CHECK!

- ☑ 경기장에서 도보 2분 거리에 물품보관소가 있다. 킥 오프 3시간 전부터 경기 종료 후 1시간까지 운영하며, 소형 물품은 £5, 대형 물품은 £10의 비용이 든다.
  주소 157 Hartnup St, Liverpool L5 IUW
- ☑ 매치데이 프로그램은 경기장 밖 간이판매소에서 £4에 구매할 수 있다.
- ☑ 경기장 내 현금 사용 불가, 오로지 카드 결제만 가능하다.
- ☑ 경기장 전 구역이 금연이다(전자담배 포함).

4 매점 이용하기

경기장 밖 킥 오프 4시간 전부터 운영하는 팬존 페이즐리 스퀘어(Paisley Square)'에는 길거리 음식을 판매하는 노점이 있어 간단하게 식사를 해결할 수 있다. 경기장 내 매점은 피시 앤 칩스와 미트파이 등 영국의 전통 음식을 시작으로 햄버거, 핫도그, 피자 등 간편식 위주의 메뉴로 구성되어 있다. 다양한 종류의 드래프트 라거와 병 맥주도 판매하지만 경기장 좌석에서는 마실 수 없는 점을 참고하자.

5 응원가 & 구호

리버풀 하면 축구팬들은 '유 윌 네버 워크 얼론(You'll Never Walk Alone, 약칭 YNWA)'을 떠올릴 것이다. 킥 오프 직전 경기장 안 모든 콥이 머플러를 하늘 높이 들어올리며 목청 높여 이 노래를 부른다. 리버풀에서 활동했던 한 밴드가 어느 브로드웨이 뮤지컬의 넘버였던 이 곡을 커버하면서 리버풀 서포터가 부르기 시작했고 이제는 클럽을 대표하는 응원가로 자리 잡았다. 킥 오프 전과 경기 도중에는 '알레 알레 알레(Allez, Allez, Allez)'도 즐겨 부른다. 준우승을 차지한 2017/18시즌 UEFA 챔피언스리그의 토너먼트 경기 때부터 부르기 시작한 응원가로, '우리는 유럽 전체를 정복해왔다(We've conquered all of Europe)'는 가사 첫 구절이 의미 심장하다. 리버풀 외에도 SSC 나폴리, FC 바르셀로나, 레알 마드리드 CF, 아틀레티코 마드리드 등 다양한 클럽이 이 곡을 개사하여 응원가로 사용하고 있다.

♪ You'll Never Walk Alone 응원가

Walk on walk on
With hope in your heart
And you'll never walk alone
You'll never walk alone

6 공식 스토어

공식 스토어는 경기장 메가스토어 1곳과 시티 센터 2곳 총 3군데를 운영하고 있다. 멤버십을 제시하면 10% 할인 혜택을 받을 수 있다. 카드 결제 시 비자(VISA)와 마스터카드(MasterCard)만 사용 가능하다. 경기장 메가스토어 2층에는 유니폼 마킹 센터와 함께 카페 및 휴식 공간이 마련되어 있다. 스토어마다 상품 종류가 조금씩 달라지므로 시간 여유가 있다면 모두 들러 보는 것도 좋다.

리버풀 공식 클럽 스토어 안필드점
LFC Official Club Store Anfield

주소 181 Walton Breck Rd, Anfield, Liverpool L4 0RE
영업 월~토요일 09:00~17:30, 일요일 10:00~16:00

리버풀 공식 클럽 스토어 세인트 존스 쇼핑센터점
LFC Official Club Store St Johns Shopping Centre

주소 Williamson Square, Liverpool L1 1EQ
영업 월~토요일 09:00~17:30, 일요일 10:00~16:00

리버풀 공식 클럽 스토어 리버풀 원점
LFC Official Club Store Liverpool One

주소 One, 7 S John St, Liverpool L1 8BU
영업 월~금요일 09:30~20:00,
토요일 09:00~19:00, 일요일 11:00~17:00

Manchester City FC

맨체스터 시티 FC

프리미어리그 최초 4시즌 연속 우승에 빛나는 명실상부한 세계 최고의 팀 중 하나. 두터운 스쿼드와 감독의 탁월한 전술이 강점으로, 펩 과르디올라 감독이 2016년 부임한 이후 무려 리그 우승을 6회나 차지했다(우승을 놓친 2시즌 가운데 부임한 해에는 3위, 네 번째 시즌은 그마저도 준우승이었다). 매 시즌 강력한 우승 후보로 꼽힐 만큼 누구나 인정하는 축구 클럽이다.

구단 정보

팀 정식 명칭 맨체스터 시티 FC
Manchester City Football Club

창단 연도 1894년
소속 리그 잉글랜드 프리미어리그
연고지 맨체스터, 영국
구단주 만수르 빈 자이드 알나얀
(Mansour bin Zayed Al Nahyan, 아랍에미리트)
감독 펩 과르디올라(Josep Guardiola, 스페인)
주장 20번 베르나르두 실바
(Bernardo Silva, 포르투갈)
부주장 3번 후벵 디아스(Rúben Dias, 포르투갈)
마스코트 문체스터(Moonchester),
문빔(Moonbeam)
애칭 The Cityzens(시티즌), The Blues(블루스),
The Sky Blues(스카이 블루스), Blue Moon(블루문)
약칭 맨시티(Man City), 시티(City), MCFC
더비 맨체스터 더비 Manchester Derby
(VS 맨체스터 유나이티드 FC Manchester United FC)
팀 컬러 하늘색(스카이블루)
유니폼 스폰서 에티하드 항공(Etihad Airways)
공식 웹사이트 www.mancity.com
한국인 선수 소속 이력 없음

최근 3시즌 주요 성적표

시즌	주요 성적
2022/23	◦ 프리미어리그 우승 ◦ FA컵 우승 ◦ UEFA 챔피언스리그 우승
2023/24	◦ 프리미어리그 우승 ◦ UEFA 슈퍼컵 우승 ◦ FIFA 클럽월드컵 우승 ◦ FA컵 준우승 ◦ UEFA 챔피언스리그 8강
2024/25	◦ 프리미어리그 3위 ◦ FA컵 준우승 ◦ UEFA 챔피언스리그 녁아웃 플레이오프 탈락

주요 더비

맨체스터 더비(Manchester Derby)
VS 맨체스터 유나이티드(Manchester United FC)

잉글랜드 맨체스터를 연고로 하는 두 팀 간의 지역 라이벌전으로 프리미어리그를 대표하는 빅매치 중 하나다. 산업화 시대의 지역 노동계급과 중산층 사이의 정체성 차이 그리고 클럽의 성향 차이를 바탕으로 오랜 역사를 쌓아갔다. 과거에는 맨체스터 유나이티드가 명문 구단으로 우위를 점하며 더비의 우세를 이어갔으나 2008년 아부다비 그룹의 맨체스터 시티(이하 맨시티) 인수 이후 전세는 급격히 바뀌었다. 이후 맨시티는 지속적인 투자와 전술적 혁신으로 프리미어리그 최상위권을 유지하며 더비의 판도를 뒤집었다. 이 경기는 도시의 자존심과 세대 간 충돌, 구단 문화의 격차를 집약적으로 드러내며 전 세계 축구팬들에게 깊은 상징성과 드라마를 선사하는 대표적인 지역 라이벌전으로 평가받는다.

관련 에피소드

"Noisy Neighbours(시끄러운 이웃)"는 맨시티의 부상과 맨체스터 유나이트드의 지역 라이벌 구도를 상징하는 표현으로 2010년 맨유 감독이었던 알렉스 퍼거슨이 처음 사용하며 대중화되었다. 당시 아부다비 자본을 바탕으로 대대적인 전력 보강에 나선 맨시티는 맨유 출신 테베스 영입과 함께 "Welcome to Manchester" 광고판을 시내에 내걸며 존재감을 과시했다. 이에 자극을 받은 퍼거슨은 맨시티를 "시끄럽기만 한 이웃"이라며 경시했으나 이는 곧 역설적으로 맨시티의 정체성을 강화시키는 계기가 되었다. 맨시티는 2011/12시즌 극적인 우승 이후 리그를 지배하며 이 표현을 오히려 자부심의 상징으로 활용하게 되었고 이는 전통 강호와 신흥 세력 간의 권력 이동, 축구 팬 문화의 역동성을 보여주는 대표적 사례로 회자된다.

알고 가면 재미있는 클럽 이야기

2011/12시즌 프리미어리그 마지막 경기, 맨체스터 시티(이하 맨시티)는 QPR과의 홈 경기에서 반드시 승리해야 리그 우승을 차지할 수 있었다. 하지만 경기 종료 직전까지 1-2로 뒤지고 있었고 맨체스터 유나이티드는 이미 경기를 마치고 우승을 확정 짓는 듯했다. 그러나 경기 91분 에딘 제코의 동점골에 이어 93분 20초 세르히오 아구에로(Sergio Agüero)가 극적인 결승골을 터뜨려 역전승을 거두며 맨시티에게 44년 만의 리그 우승을 안겨줬다. 'AGUEROOOO!(아구에로오오오!)'라는 중계진의 외침과 함께 맨시티 역사상 가장 드라마틱하고 잊을 수 없는 순간으로 기억된다.

01

02

2016년 펩 과르디올라 감독이 맨시티의 지휘봉을 잡은 이래 구단 역사상 가장 성공적인 감독으로 평가받는다. FC 바르셀로나와 바이에른 뮌헨에서 전술 혁신을 이끈 그는 맨시티에서도 체계적인 포지션 플레이와 점유율 기반의 축구 철학을 이식하며 팀을 완전히 탈바꿈시켰다. 그의 지도 아래 맨시티는 프리미어리그 6회 우승과 다양한 컵 대회 석권 그리고 2022/23시즌 구단 최초의 UEFA 챔피언스리그 우승을 달성하며 트레블을 기록한다. 구단의 전술적 정체성과 아카데미 시스템까지 혁신하며 맨시티를 단순한 '부자 클럽'이 아닌 현대 축구의 모범 모델로 만들었다.

03

경기장 앞에는 맨시티에서 활약했던 레전드 선수인 다비드 실바, 뱅상 콤파니, 세르히오 아구에로 세 선수의 동상이 팬들을 맞이하고 있다.

04 맨시티의 유스 출신 선수 필 포든(Phil Foden)은 주전 핵심 선수임에도 47번이라는 독특한 등번호를 달고 있다. 47세의 나이로 세상을 떠났으며 맨시티의 팬이기도 했던 친할아버지를 기리기 위함이라고. 토트넘 홋스퍼로 이적한 양민혁이 강원FC에서 47번을 사용한 이유가 필 포든의 팬이기 때문이라고 알려져 있다.

맨체스터 출신 록 밴드이자 브릿팝의 전설인 '오아시스(Oasis)'의 노엘 갤러거와 리엄 갤러거 형제가 맨체스터 시티 FC(이하 맨시티)의 열혈팬으로 유명하다. 형인 노엘 갤러거는 직관을 위해 경기장을 자주 찾아서 중계 화면에 빈번하게 잡히기도 한다. 경기 시작 전이나 하프 타임에는 그들의 음악을 사용하여 경기장 분위기를 한껏 고조시킨다. **05**

CLUB QUIZ!

① 맨체스터 시티의 별명은 무엇인가요?
가. 데블스 나. 레즈
다. 거너스 라. 시티즌

② 맨체스터 시티가 프리미어리그에서 '승점 100점'이라는 전무후무한 기록을 세우며 우승했던 시즌은 언제인가요?
가. 2011/12 나. 2013/14
다. 2017/18 라. 2022/23

③ 맨체스터 시티와 맨체스터 유나이티드의 엠블럼에 공통적으로 들어가 있는 맨체스터의 산업혁명 시대를 상징하는 요소는 무엇인가요?
가. 축구공 나. 범선
다. 대포 라. 사자

정답: ① 라 ② 다 ③ 나

한국에서 직관 준비하기

1 경기 티켓 구매하기

프리미어리그 경기 티켓은 시즌 시작 약 한 달 반 전에 리그 일정과 함께 예매일이 공지된다. 대체로 시즌 시작 한 달 전에 모든 경기의 예매가 일제히 시작된다. 만일 이 시기를 놓쳤다면 경기 날짜 3주 전 현지시간 오전 10시부터 취소 표를 구매할 수 있다. 명심해야 할 건 회원가입과 함께 반드시 멤버십에 가입을 해야만 티켓 예매가 가능하다는 점이다. 총 3종류의 멤버십 중 티켓 예매가 가능한 멤버십은 시티즌 매치데이와 주니어이고, 혜택 기간은 가입일로부터 1년이다. 참고로 티켓 예매 시 멤버십도 동시에 가입할 수 있다. 단, 강팀(아스널 FC, 리버풀 FC, 맨체스터 유나이티드 FC)과의 리그 빅 매치나 챔피언스리그, FA컵 등 리그 외 경기 티켓은 예매 조건이 다르므로 멤버십에 가입했더라도 구매가 불가한 경우가 있다.

2 멤버십 종류

	시티즌 멤버십	시티즌 매치데이 멤버십	주니어 멤버십
가격	£25	£35	£20
가입 혜택	£15 온라인 숍 바우처 또는 멤버십 패키지 (맨시티 관련 팬 선물)	£15 온라인 숍 바우처 또는 멤버십 패키지 (맨시티 관련 팬 선물)	£15 온라인 숍 바우처 또는 멤버십 패키지 (맨시티 관련 팬 선물)
홈경기 선예매 혜택	-	○	○
할인 혜택	숍 10% 할인	남성팀 홈경기 £5 할인 스타디움 투어 20% 할인 숍 10% 할인 여성팀 티켓 10% 할인	남성팀 홈경기 £5 할인 무료 스타디움 투어 1장 숍 10% 할인 여성팀 티켓 10% 할인

3 좌석 선택

맨시티 선수는 콜린 벨 스탠드(The Colin Bell Stand)를 기준으로 왼쪽인 패밀리 스탠드(Family Stand) 그라운드에서, 상대팀 선수는 원정석이 있는 사우스 스탠드(South Stand) 그라운드에서 워밍업이 이루어진다. 선수단이 에스코트 키즈와 함께 입장할 때도 마찬가지로 맨시티 선수는 왼쪽, 원정팀은 오른쪽에 선다는 점을 인지하고 좌석을 선택하도록 하자.

사우스 스탠드의 110 및 111구역, 114구역부터 121구역까지는 서포터스 블록이므로 경기 내내 서서 응원하며 관전한다. 현지 서포터스와 함께 열정적으로 응원가를 부르며 경기를 지켜보고 싶다면 해당 구역을, 앉아서 경기를 보고 싶다면 다른 구역의 선택을 추천한다.

TIP 좌석 시야 미리보기

티켓 구매 시, 좌석 선택과 함께 시야 확인도 가능하나 구역마다 상세한 좌석 시야를 볼 수 있는 사이트를 제공하므로 예매 전 미리 참고하자.

홈페이지 3ddigitalvenue.com/3dmap/clients/manchester-city

홈구장 정보 Etihad Stadium / City of Manchester Stadium

 홈구장 에티하드 스타디움 / 시티 오브 맨체스터 스타디움

 주소 Etihad Stadium, Etihad Campus, Manchester M11 3FF

 완공 2003년(축구 전용 구장)

 수용 인원 5만3,400명

+ PLUS 호스피탈리티 티켓

직관을 하고 싶은데 티켓이 매진되었다면 호스피탈리티 티켓 구매를 고려해보는 것도 확실한 티켓 확보의 방법이다. 호스피탈리티 티켓이란 경기 입장권과 클럽 레전드와의 만남 또는 스타디움 투어, 출근길 선수진 가까이서 맞이하기, 트로피와 사진 촬영, 라커룸에서의 코스 요리 식사, 푹신푹신한 소파 같은 고급 좌석 등 특별한 체험이 포함된 티켓을 말한다. 호스피탈리티 티켓에도 종류가 다양하고 가격도 천차만별이다. 일반 티켓 가격이 £100 이하로 책정되어 있다면, 호스피탈리티 티켓 가격은 수백 파운드부터 £1,000 이상까지 부지기수다. 생각보다 많은 축구팬이 이용하고 있는 방법이기도 하다.

홈페이지 www.mancity.com/hospitality

4 티켓 예매 방법

맨시티 공식 티켓사이트(www.mancity.com/tickets)에서 일반 티켓을 구매하는 법을 소개한다.

1 맨시티 공식 홈페이지에서 회원가입 및 멤버십을 구매한 후 티켓사이트에 접속한다.

2 직관하고자 하는 경기의 **BUY NOW** 버튼을 클릭한다.

3 **TICKETS** 버튼을 클릭한다.

4 직관할 경기의 **BUY** 버튼을 클릭한다. 'RESTRICTED SALE'이라고 적힌 경기는 예매 조건에 부합하지 않으므로 구매할 수 없다. 'SOLD OUT'인 경기는 현재는 매진이지만 취소 티켓이 나오기도 하므로 주기적으로 확인하는 것이 좋다.

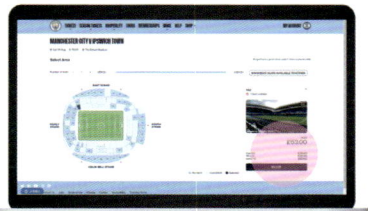

5 왼쪽 스타디움 좌석도의 파란색으로 활성화된 구역을 클릭하면 오른쪽에서 시야를 확인할 수 있다. 마음에 드는 구역에 좌석이 남아 있다면(시야 화면 상단에 몇 자리가 남아 있는지 표시하고 있다.) **SELECT** 버튼을 클릭하자.

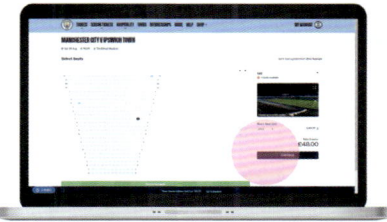

6 하늘색 버튼이 구매 가능한 좌석이다. 클릭해서 구체적인 시야를 확인한 후 **CONTINUE** 버튼을 클릭하자. 단, 화면 아래 'PITCH THIS WAY'는 경기장 필드를 나타낸다. 선수들을 좀 더 가까이서 보고 싶다면 아래쪽 좌석을 선택하자.

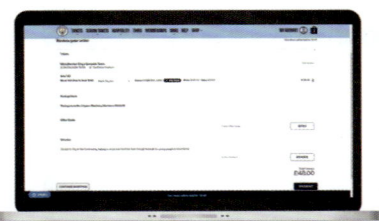

7 티켓 예매 확인 화면이 뜨면 구매할 티켓의 구역과 좌석번호를 다시 한번 확인한다. 좌석 번호 옆 선택지에 **Adult Cityzen** 또는 **Junior Cityzen** 을 클릭하면 리그 홈경기 £5가 할인된다.

8 티켓 배송에 관한 옵션을 선택해야 한다. 'Load to Mobile Pass'는 애플 월렛이나 구글 페이 애플리케이션에 기등록한 맨시티 멤버십 모바일 패스에 자동으로 입력되는 옵션이다. 'Mobile Tickets'은 이메일로 전송된 다운로드 링크를 통해 애플 월렛이나 구글 페이 애플리케이션에 다운로드할 수 있는 옵션이다. 티켓 첫 구매자라면 'Mobile Tickets'을 선택하자.

9 구매할 티켓 경기 날짜와 가격을 다시 한번 확인한 후 **PAY** 버튼을 클릭한다. 결제 수단은 체크카드 또는 신용카드만 가능하다.

10 체크카드 또는 신용카드 번호와 카드 소유자명, 카드 유효기간, 카드 서명란 오른쪽에 표시된 CVV 정보를 입력한 후 **PAY NOW** 버튼을 클릭한 후, 한국 신용카드의 인증을 거치면 티켓 구매가 완료된다.

6 스타디움 투어

경기장 그라운드와 션수 벤치, 라커룸, 인터뷰룸, 라운지, 트레이닝룸 등 평소에 선수들이 실제로 이용하고 있는 구역을 공식적으로 둘러볼 수 있는 투어 상품을 마련하고 있다. VIP 투어, 클럽 레전드와 함께 하는 투어 등 상품이 다양하나 참가자 대다수는 기본 상품인 '더 맨체스터 시티 스타디움 투어(The Manchester City Stadium Tour)'를 이용한다. 투어는 오전 9시 30분부터 시작되며 시간대는 15분 단위로 세세하게 나뉘어 있고 경기장 앞 공식숍 2층에서 시작한다. 단, 경기 당일 참가 시 출입이 어려운 구역이 있어 투어에 제약이 있으니 가급적 경기가 없는 날에 참가하는 것을 추천한다. 투어 참가자에게는 공식숍 10% 할인 혜택이 주어진다(멤버십 할인 혜택 중복 적용 불가).

운영 09:30~18:00
홈페이지 www.mancity.com/tours

5 티켓 다운로드

티켓을 예매한 직후 회원가입 시 등록한 메일 주소로 티켓 구매 확인 메일과 모바일 티켓 다운로드 메일이 각각 전송된다. 아이폰은 애플 월렛, 안드로이드는 구글 페이(구글 월렛)에 저장된다.

가격표	오프피크*	피크**
성인(16~64세)	£26	£30
65세 이상	£18	£23
학생(학생증 제시 필수)	£18	£23
어린이(5~15세)	£16	£18
유아(0~4세)	£0	£0
가족(성인 2명, 어린이 2명)	£68	£77
가족(성인 1명, 어린이 3명)	£60	£68

***오프피크** 휴교일 및 공휴일을 제외한 월~금요일
****피크** 주말, 휴교일 및 공휴일, 경기 당일 및 경기 다음 날

7 추천 숙박 지역

경기장 근처에는 호텔이 거의 전무하고, 대다수의 숙박시설이 시내 중심부에 몰려 있다. 시내 관광에 편리한 중심부에 숙소를 잡고 경기 당일 트램이나 버스로 경기장으로 이동하도록 하자. 피카딜리 가든(Piccadilly Gardens) 주변에 경기장으로 향하는 트램(블루 라인; Blue Line)과 버스 정류장이 있으므로 경기장 이동의 편의성을 고려한다면 이 부근에서 묵는 것도 괜찮은 방법이다. 타 지역에서 맨체스터로 기차를 타고 왔다면 피카딜리(Piccadilly) 역 부근 호텔에 묵는 것을 추천한다.

현지에서 경기 직관하기

1 경기장 찾아가기

트램 정류장은 패밀리 스탠드(노스 스탠드; North Stand), 버스 정류장은 사우스 스탠드(South Stand)에서 가까우므로 좌석 위치를 확인하고 교통편을 선택하자. 참고로 공식 숍과 스타디움 투어는 버스 정류장에서 가깝다. 단, 경기 종료 후 에티하드 캠퍼스 정류장을 비롯해 경기장 주변 트램 정류장(Holt Town, Velopark, Clayton Hall)의 시내 방향 노선은 인파 관리를 위해 일정시간 운행이 중단된다. 경기장 인근 교통도 통제되어 버스 노선이 일부 폐쇄되며 우버 같은 택시 배차 서비스 이용조차 어려워 시내까지 걸어가는 관중도 많다. 경기장에서 시내까지는 도보로 약 40분이 소요된다.

가는 방법 블루 라인(Blue Line) 트램의 에티하드 캠퍼스(Etihad Campus) 정류장에서 도보 2분, 또는 216·230·231번 버스 에티하드 스타디움(Etihad Stadium) 정류장에서 도보 3분

2 경기장 입장하기

경기장 입장은 경기 시작(이하 킥 오프) 2시간 전부터 입장할 수 있다. 좌석마다 입장 가능한 입구가 정해져 있으므로 티켓에 명시된 입구(Entrance)의 알파벳을 확인한 후, 경기장 좌석 배치도 상 알파벳 위치로 이동하도록 하자. 가방 검사와 티켓 확인 등 입장 절차에 다소 시간이 소요되는 점을 명심하자. 킥 오프 50분 전에는 골키퍼, 40분 전에는 나머지 선수진이 필드로 나와 워밍업이 진행되므로 이를 지켜보고자 한다면 1시간 전에는 입장하는 것이 좋다. 킥 오프 시간이 다가오면 입구 주변이 매우 붐빈다. 경기 시작 전에 자리에 착석하지 못할 최악의 상황을 피하도록 시간적 여유를 갖자. 참고로 좌석 입구는 블록(Block) 번호로 구분되어 있고 앞 열(Row)부터 알파벳 A로 시작된다.

+ PLUS 선수진 출근길 지켜보기

킥 오프 90분 전 선수진은 클럽 버스를 타고 경기장으로 출근한다. 경기장에 입장하기 전 콜린 벨 스탠드 입구 부근에서 버스에서 내리는 선수들을 지켜볼 수 있다. 단, 수많은 사람들이 미리 좋은 자리를 차지해 대기하고 있으므로 선수들을 보다 가까이서 보고 싶다면 가급적 이른 시간부터 기다리는 것이 좋다. 퀴즈 타임, 디제잉 쇼, 마스코트와의 만남 등 다양한 이벤트도 개최하고 있어 기다림이 지루하지는 않을 것이다.

3 반입 가능 가방 크기 및 반입 금지 물품

A4 용지(21×29.7cm) 크기를 넘지 않는 가방만 반입할 수 있다. 그 이상이라면 물품보관소를 이용해야 한다(이용료는 물품당 £10). 단, 백팩은 어떤 사이즈라도 반입할 수 없다. 반입 금지 물품으로는 셀카봉, 장우산, 날카로운 물체, 음식물, 캔이나 병 음료, 카메라, 노트북, 담배 및 전자담배, 대형 국기 및 현수막 등이 있다.

 **HECK!**

- ☑ 경기장 내 무료 와이파이(MAN CITY WIFI)를 제공한다.
- ☑ 경기장 내 현금 사용 불가, 오로지 카드 결제만 가능하다
- ☑ 주차장 및 경기장 전 구역이 금연이다(전자담배 포함).
- ☑ 경기장 밖 간이 화장실이 군데군데 설치되어 있고, 경기장 내에도 블록마다 갖추고 있다.
- ☑ 매치데이 프로그램 북은 경기장 밖 하늘색 부스에서 £4~5에 구매할 수 있다.

4 매점 이용하기

경기장 좌석 내의 주류 반입이 금지이므로 아쉽게도 경기를 지켜보며 맥주를 마실 수는 없다. 다만, 경기장 안팎 매점에서는 음주가 허용되므로 경기 시작 전 맥주 한 잔과 함께 간단하게 끼니를 해결하는 것도 좋다. 경기장 내 매점에서 구입한 음식과 커피, 차 등 음료는 좌석에서도 취식 가능하다.

5 응원가 & 구호

맨시티를 대표하는 응원가로 '블루 문(Blue Moon)'을 들 수 있다. 서정적인 멜로디로 시작하여 펑크 스타일로 변하는 반전 매력을 가진 곡이다. 경기 시작을 알리기도 하고 경기 도중 현지 서포터가 자주 부르는 응원가 중 하나다. 킥 오프 직전 비틀스의 명곡 '헤이 주드(Hey Jude)'가 흘러나오면 가사를 '시티(City)'로 개사해 부르기도 한다. 이 밖에 존 스톤스, 더 브라위너, 베르나르두 실바, 엘링 홀란드, 필 포든 등 선수 이름이 등장하는 응원가도 자주 부른다. 유튜브에서 'Mancity Chant(응원가)'로 검색하면 자막과 함께 현장을 담은 영상이 다수 업로드되어 있다. 골이 터지거나 이기고 있다면 'City, City, The best team in the land and all the world.' 구호도 심심찮게 들을 수 있다.

6 공식 스토어

에티하드 스타디움에 1곳, 맨체스터 시내에 위치하는 안데일 쇼핑센터 1층에 1곳, 총 2군데에서 공식 숍을 운영 중이다. 유니폼 마킹 서비스는 2군데 모두 진행하고 있다.

맨체스터 시티 스타디움 숍
Manchester City Stadium Shop

주소 Etihad Campus, Manchester M11 3FF
영업 월~토요일 09:30~18:30, 일요일 10:00~16:00, 부활절·크리스마스 휴무

맨체스터 시티 안데일 쇼핑센터 스토어
Manchester City Arndale store

주소 Manchester Arncale Centre, Unit 11/12, 12 Market Street, Manchester, M4 1A
영업 월~금요일 10:00~13:00, 토요일 10:00~19:00, 일요일 11:30~17:30, 부활절 휴무

Manchester United FC

맨체스터 유나이티드 FC

한국인 최초의 프리미어 리거 박지성이 뛰었던 클럽으로 한국 내 최고의 인지도를 자랑한다. 전 세계적으로도 팬을 다수 보유하고 있어 항상 인기 구단 순위 상위에 자리한다. 알렉스 퍼거슨 경이 1986년부터 2013년까지 감독으로 장기 집권했던 시절, 13회의 리그 우승, 2회의 UEFA 챔피언스리그 우승을 거머쥐며 절대 강자로 군림했다. 맨체스터 유나이티드 FC(이하 맨유)의 레전드 선수인 바비 찰튼 경이 '꿈의 구장 The Theatre of Dreams'이라 불렀던 '올드 트래퍼드'는 축구팬이라면 한 번쯤 방문해보고 싶은 축구 성지다.

구단 정보

팀 정식 명칭 맨체스터 유나이티드 FC
Manchester United Football Club

창단 연도 1878년
소속 리그 잉글랜드 프리미어리그
연고지 맨체스터, 영국
구단 글레이저 가문(Glazer family, 미국),
이네오스(Ineos, 영국)
감독 후벵 아모링(Rúben Amorim, 포르투갈)
주장 8번 브루노 페르난데스
(Bruno Fernandes, 포르투갈)
마스코트 프레드 더 레드(Fred the Red)
애칭 The Red Devils(레드 데빌스)
약칭 MUN, MUFC
더비 맨체스터 더비 Manchester Derby
(VS 맨체스터 시티 FC), 노스웨스트 더비
Northwest Derby(VS 리버풀 FC), 로즈 라이벌리
Roses Rivalry(VS 리즈 유나이티드 FC)
팀 컬러 빨간색
유니폼 스폰서 퀄컴 스냅드래곤
(Qualcomm Snapdragon)
공식 웹사이트 www.manutd.com
한국인 선수 소속 이력 박지성(2005~2012)

최근 3시즌 주요 성적표

시즌	주요 성적
2022/23	○ 프리미어리그 3위 ○ FA컵 준우승 ○ 카라바오컵 우승 ○ UEFA 유로파리그 8강
2023/24	○ 프리미어리그 8위 ○ FA컵 우승 ○ UEFA 챔피언스리그 조별리그 탈락
2024/25	○ 프리미어리그 15위 ○ FA컵 16강 ○ UEFA 유로파리그 준우승

주요 더비

노스웨스트 더비(Northwest Derby)
VS 리버풀 FC(Liverpool FC)

맨체스터와 리버풀은 영국의 산업혁명기부터 항만과 운송, 섬유 산업을 둘러싼 경쟁 구도를 형성해 왔으며, 이는 자연스럽게 축구로까지 이어졌다. 리버풀은 잉글랜드 북서부의 대표적인 항구 도시로 해상 무역을 기반으로 성장했으며, 맨체스터는 내륙 도시임에도 운하 건설 등을 통해 산업적 주도권을 강화했다. 이러한 역사적 배경은 두 구단의 자존심 싸움을 더욱 격렬하게 했다. 축구적인 측면에서도 두 클럽은 잉글랜드 축구의 최정상을 오랜 시간 양분해왔다. 맨체스터 유나이티드는 퍼거슨 감독 체제 하에 국내외 트로피를 휩쓸며 글로벌 브랜드로 자리 잡았고, 리버풀은 UEFA 챔피언스리그 우승 등 유럽 대항전에서의 탁월한 성과와 열성적인 팬문화를 기반으로 독보적인 존재감을 구축했다. 이 때문에 두 팀 간의 경기는 클럽의 위상과 정체성을 건 하나의 축구 전쟁으로 여겨진다.

관련 에피소드

박지성의 노스웨스트 더비 골은 아시아 선수가 결승골을 기록한 그 자체로 역사적 의미를 갖는다. 2009/10시즌 올드 트래퍼드에서 열린 프리미어리그 홈경기에서 박지성은 결승골을 기록하며 팀의 2-1 역전승을 이끌었다. 경기 60분경, 대런 플레처의 오른쪽 측면 크로스를 박지성이 문전으로 과감히 침투해 다이빙 헤더로 마무리했다. 수비수들의 예측을 벗어난 절묘한 움직임과 정확한 마무리는 박지성 특유의 공간 인식 능력과 함께 헌신적인 플레이가 만들어낸 결과였다.

알고 가면 재미있는 클럽 이야기

CLUB QUIZ!

① 대한민국 선수 중 최초로 맨체스터 유나이티드에 입단하여 '두 개의 심장', '산소탱크'라는 별명을 얻은 선수는 누구인가요?

가. 이영표 나. 손흥민
다. 박지성 라. 기성용

② 2022년 말, 맨체스터 유나이티드를 떠난 세계적인 공격수는 누구인가요?

가. 웨인 루니 나. 크리스티아누 호날두
다. 리오넬 메시 라. 해리 케인

③ 맨체스터 유나이티드의 역대 최다 득점 기록을 가지고 있는 선수는 누구인가요?

가. 웨인 루니 나. 크리스티아누 호날두
다. 조지 베스트 라. 바비 찰튼

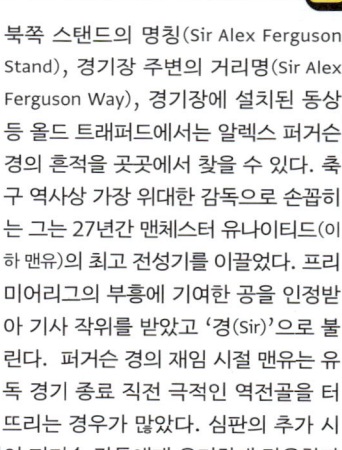

북쪽 스탠드의 명칭(Sir Alex Ferguson Stand), 경기장 주변의 거리명(Sir Alex Ferguson Way), 경기장에 설치된 동상 등 올드 트래퍼드에서는 알렉스 퍼거슨 경의 흔적을 곳곳에서 찾을 수 있다. 축구 역사상 가장 위대한 감독으로 손꼽히는 그는 27년간 맨체스터 유나이티드(이하 맨유)의 최고 전성기를 이끌었다. 프리미어리그의 부흥에 기여한 공을 인정받아 기사 작위를 받았고 '경(Sir)'으로 불린다. 퍼거슨 경의 재임 시절 맨유는 유독 경기 종료 직전 극적인 역전골을 터뜨리는 경우가 많았다. 심판의 추가 시간이 퍼거슨 감독에게 유리하게 작용한다는 의미로 '퍼기 타임(Fergie Time)'이라는 말이 생기기도 했다. 유독 선수들에게 엄격했기에 이와 관련해 다양한 에피소드를 남겼다. 라커룸에서 선수들의 머리카락이 휘날릴 정도로 호통치며 질책한다고 '헤어드라이어'란 별명이 붙었고, 한번은 화를 내며 축구화를 걷어 차는 바람에 베컴의 얼굴에 상처를 입히기도 했다. 그를 모르더라도 그가 남긴 'SNS는 인생의 낭비다'란 말은 들어봤을 것이다. 한국 팬들에게 2007/08시즌 UEFA 챔피언스리그 결승전은 박지성의 결장으로 인해 잊지 못할 사건으로 기억된다. 훗날 퍼거슨 경은 박지성의 엔트리 제외는 본인의 명백한 실수였다고 수차례 회고하기도 하였다.

02

퍼거슨 감독이 이끌던 1998/99시즌은 맨유 역사상 가장 영광스러운 순간일 것이다. 프리미어리그, FA컵, UEFA 챔피언스리그를 동시에 우승하며 잉글랜드 클럽 최초로 '트레블'을 달성하는 기염을 토했다. 특히 챔피언스리그 결승전 바이에른 뮌헨과의 경기에서는 후반 추가시간에 테디 셰링엄과 올레 군나르 솔샤르의 극적인 연속골로 2:1 역전승을 거두며 축구 역사에 길이 남을 명경기를 만들어냈다.

03

이스트 스탠드 입구 E31번 위에는 의문의 날짜와 함께 뮌헨(MUNICH)이라고 적힌 양면시계가 걸려 있다. 이는 1958년 2월 6일 맨유 선수들을 태운 비행기가 독일 뮌헨에서 추락한 '뮌헨 비행기 참사'를 기리기 위해 설치된 것이다. 세르비아 베오그라드에서 열렸던 FK 츠르베나 즈베즈다와의 유러피언 컵 8강 원정 경기에서 무승부를 거둔 맨유는 4강 진출을 확정지었다. 맨유 선수단은 기분 좋게 귀국행 비행기에 탑승했지만 곧 비극을 마주했다. 급유를 위해 잠시 들른 뮌헨에서 비행기는 기상 악화로 제대로 뜨지 못했고 이륙하자마자 추락하고 말았다. 이 사고로 주장 토저 바이른을 비롯한 8명의 선수와 스태프, 기자 등 총 탑승객 44명 중 23명이 목숨을 잃었다. 살아남은 21명의 생존자 중에는 맨유의 전설적인 선수인 바비 찰튼 경도 있었다. 시계 오른편 안쪽 벽에는 세상을 떠난 선수들과 구단 스태프의 이름이 새겨진 추모 명판이 장식되어 있다. 매년 이곳에서 추모식이 열리고 2월 6일과 가까운 날짜의 경기는 킥 오프 전 묵념의 시간을 가진다.

한국에서 직관 준비하기

1 경기 티켓 구매하기

프리미어리그, 챔피언스리그, FA컵 등 모든 경기의 예매는 경기일로부터 약 두세 달 전에 시작되며 예매일과 시간은 사전에 고지된다. 티켓 알림 서비스 (www.manutd.com/en/ticketalert)를 이용하면 최신 티케팅 정보를 메일로 받을 수 있다. 이미 예매가 시작된 경기라도 취소 티켓이 뜨기 때문에 수시로 예매 페이지를 확인하자.

2 멤버십 종류

시즌제이므로 각 시즌 마지막 날까지 유효한 점을 기억하자. 예를 들어 2025/26시즌의 막바지인 2026년 5월 1일에 가입했더라도 2026년 5월 31일에 만료된다.

	프리미엄(PREMIUM)	풀(FULL)	라이트(LITE)	주니어(JUNIOR)
가격	£75	£40	£35	£20
디지털 MUTV	O	20% 할인	X	X
머천다이즈 (맨유 관련 팬 선물)	O	O	X	O
박물관& 경기장 투어 할인	50%	40%	20%	50%
레드 카페 할인	20%	15%	10%	10%
스토어 할인	10%			

3 좌석 선택

맨체스터 유나이티드(이하 맨유) 선수는 바비 찰튼 경 스탠드(Sir Bobby Charlton Stand)를 기준으로 왼쪽인 스트랫퍼드 엔드(Stretford End) 그라운드에서, 상대팀 선수는 원정석이 있는 이스트 스탠드(East Stand, 동측 스탠드) 그라운드에서 워밍업이 이루어진다. 선수단이 에스코트 키즈와 함께 입장할 때도 마찬가지로 맨유 선수는 왼쪽, 원정팀은 오른쪽에 선다. 골대 뒤 숏 사이드 스트랫퍼드 엔드 1층 구역과 이스트 스탠드 E234~239구역은 경기 내내 서서 관전하는 관중이 대부분이다. 앉아서 보려면 롱 사이드나 숏 사이드 2층 구역을 추천한다.

홈구장 정보 Old Trafford

- **홈구장**: 올드 트래퍼드
- **완공**: 1910년
- **주소**: Sir Matt Busby Way, Old Trafford, Stretford, Manchester M16 0RA
- **수용 인원**: 7만 4,310명

4 티켓 예매 방법

맨유 공식 티켓사이트(tickets.manutd.com/en-GB/categories/home-tickets)에서 일반 티켓을 구매하는 법을 소개한다.

1️⃣ 맨유 공식 홈페이지에서 회원가입 및 멤버십을 구매한 후 티켓사이트에 접속해 직관하고자 하는 경기의 **BUY NOW** 버튼을 클릭한다

2️⃣ 빨간색으로 표시된 구역은 잔여석이 남아 있으므로 원하는 구역을 선택한 후 **SELECT** 버튼을 클릭한다. 가격 상단 경기장 이미지를 클릭하면 해당 구역의 시야를 확인할 수 있다.

3️⃣ 잔여석은 검정색으로 표시된다. 원하는 좌석을 클릭한 후 **ADD TO BASKET** 버튼을 클릭한다. 단, 화면 아래 'PITCH THIS WAY'는 경기장 필드를 나타낸다. 선수들을 좀 더 가까이서 보고싶다면 아래쪽 좌석을 선택하자.

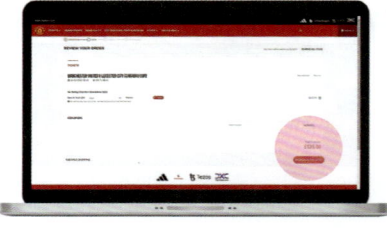

4️⃣ 좌석 번호와 가격을 확인한 후 **PROCEED TO CHECK OUT** 버튼을 클릭한다

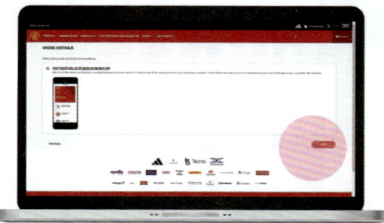

5️⃣ 티켓 배송 방식(스마트폰 애플리케이션 수령 선택 고정)을 선택한 후 **NEXT** 버튼을 클릭한다.

6️⃣ 티켓 결제 방식(신용카드 또는 체크카드 선택 고정)을 선택, 이용약관 동의에 체크한 후 **PAY** 버튼을 클릭한다.

 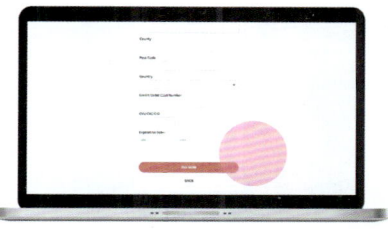

[7] 카드 소지자 성함, 메일 주소, 전화번호, 주소, 우편번호, 카드 번호, 카드 서명란 오른쪽에 표시된 CVV(보안 코드) 정보, 카드 유효기한을 입력한다.

[8] 다음 **PAY NOW** 버튼을 클릭한 후, 한국 신용카드의 인증을 거치면 티켓 구매가 완료된다.

5 티켓 다운로드

티켓을 예매한 직후 회원가입 시 등록한 메일 주소로 모바일 티켓 다운로드 메일이 전송된다. 티켓을 저장할 스마트폰에서 해당 메일을 열람하자. '애드 투 스마트폰(Add to Smartphone)' 버튼을 클릭하면 아이폰은 애플 월렛에, 안드로이드는 구글 월렛에 모바일 티켓이 자동 저장된다.

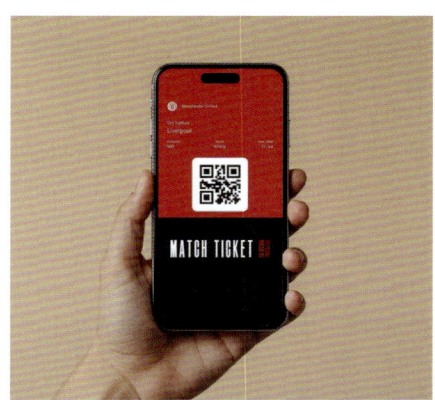

+ PLUS 전광판과 매치데이 프로그램 특별 메시지 요청

킥 오프 전과 경기 종료 후 경기장 곳곳에 설치된 전광판을 유심히 들여다보면 누군가의 이름과 함께 'Happy Birthday(생일 축하합니다)' 메시지가 뜬다. 경기 프리뷰가 담긴 유료 매치데이 프로그램에도 메시지 페이지를 마련해 수많은 맨유 팬의 생일을 축하하고 있다. 이는 맨유 경기장에 직관할 예정인 팬이 직접 요청할 수 있는 이벤트로 전광판과 매치데이 프로그램 각각 신청 방법이 다르다. 전광판 메시지는 이메일(scoreboard@manutd.co.uk)로 직관하는 경기일의 영업일 최소 3일 전까지, 매치데이 프로그램은 이메일(united.family@manutd.co.kr)로 최소 10일 전까지 메일로 요청해야 한다. 요청 인원이 너무 많으면 메시지가 뜨지 않을 가능성도 있지만 혹시 모르니 신청해보는 건 어떨까?

주의 사항

캡처한 티켓 이미지 또는 PDF 파일 형식, 티켓 이미지를 인쇄한 종이 티켓은 유효하지 않고 오로지 모바일 티켓 형태로만 입장 가능한 점을 명심하자. 맨유는 경기장에서 티켓 재발행 규정이 일절 없으므로 스마트폰의 배터리 방전에 각별히 유의하자.

6 스타디움 투어

역사적인 명경기가 펼쳐진 축구의 성지를 직접 눈으로 확인할 수 있는 절호의 기회다. 투어를 통해 전문 가이드(영어)의 안내로 경기장 그라운드와 라커룸, 더그아웃, 인터뷰룸, 터널 등 선수들이 실제로 이용하는 공간을 둘러보고 맨유의 역사를 소개한 박물관도 자유롭게 돌아볼 수 있다. 경기장 투어는 약 1시간이 소요되며 박물관은 투어 전후로 방문할 수 있다. 투어 시작 시간이 오후 3시 이후라면 투어 종료 시간과 박물관 폐관 시간이 맞물리므로 투어 시작 30~60분 전에 도착해 박물관부터 둘러보는 것이 좋다. 예약 날짜를 변경하고 싶다면 방문일 2일 전까지 +41)0161-676-7770 번호로 연락하여 변경해야 한다. 경기 개최나 자연 재해 등 갑작스러운 클럽 사정으로 인해 투어 진행이 어려운 상황을 제외하고는 투어 당일에는 날짜 변경 및 환불이 불가하다.

홈페이지 tickets.manutd.com/en-GB/categories/tours

7 추천 숙박 지역

경기장 근처에 서너 군데 호텔이 있지만 경기일 전후로 가격이 높아진다. 경기장에서 도보권에 있는 호텔을 선호한다면 걸어서 15분 거리의 트램 정류장인 솔퍼드 키(Salford Quays) 부근도 좋은 선택지가 될 것이다. 트램 정류장으로부터 도보 5분 이내에 홀리데이 인, 프리미어 인, 이비스 버짓 등 잘 알려진 호텔 체인을 비롯해 5~6군데 호텔이 밀집해 있다. 시내 관광과 경기 관전을 함께 즐기고 싶다면 대다수의 숙박시설이 몰려 있는 시내 중심부에서 묵는 편이 좋다. 런던을 비롯한 타 지역에서 맨체스터로 기차를 타고 왔다면 피카딜리(Piccadilly) 역 부근 호텔에 묵는 것도 추천한다. 다만 경기가 끝나면 시내로 돌아가는 인파로 인해 트램과 버스 승차까지 시간이 다소 소요된다.

나이	성인 (16~64세)	65세 이상	16세 이하	3세 이하
가격	£36	£26	£20	무료

현지에서 경기 직관하기

1 경기장 찾아가기

맨체스터 시내에서는 대중교통으로 트램과 버스로 가는 방법이 있다. 맨체스터 중앙 도서관 앞에 위치한 트램 역인 세인트 피터스 스퀘어(St. Peter's Square) 역에서 핑크(Pink) 또는 그린(Green) 라인을 타고 약 10분이면 경기장에서 도보 15분 거리에 위치한 올드 트래퍼드(Old Trafford) 역에 도착한다. 버스는 중심가인 피카딜리 가든(Piccadilly Gardens)에서 출발하는 X50, 250·256·263번 버스를 타고 약 20분이면 올드 트래퍼드에서 도보 10분 거리인 트래퍼드 바(Trafford Bar) 정류장에 도착한다.

2 경기장 입장하기

경기장 입장은 경기 시간 90분 전부터 입장할 수 있다. 좌석마다 입장 가능한 입구가 정해져 있으므로 티켓에 명시된 입구(ENTRANCE)의 번호를 확인한 후, 경기장 좌석 배치도상 번호 위치로 이동하도록 하자. 가방 검사와 티켓 확인 등 입장 절차에 다소 시간이 소요되는 점을 명심하자. 좌석 입구는 구역(Block) 번호로 구분되어 있고 앞 열(Row)부터 숫자 1로 시작된다.

3 반입 가능 가방 크기 및 반입 금지 물품

A5 용지(20×15x5cm) 크기를 넘지 않는 가방만 반입할 수 있다. 그 이상이라면 물품보관소를 이용해야 한다(이용료는 물품당 £5). 단, 백팩은 어떤 사이즈라도 반입할 수 없다. 500ml 이하의 뚜껑을 제거한 페트병 물, 접는 우산, 주머니에 들어가는 크기의 휴대폰 정도만 들고 들어갈 수 있다. 반입 금지 물품으로는 500ml를 초과하는 물, 장우산, 날카로운 물체, 캔이나 병 음료, DSLR, 노트북 또는 태블릿, 폭죽, 불꽃놀이, 모든 국기, 유아차 등이 있다.

- ☑ 경기장 내 무료 와이파이(OldTraffordWIFI)를 제공한다.
- ☑ 오로지 카드 결제만 가능하다.
- ☑ 경기장 전 구역이 금연이다 (전자담배 포함)
- ☑ 매치데이 프로그램 북은 경기장 밖 검정색 부스에서 £3.5에 구매할 수 있다.
- ☑ 유료 물품보관소는 경기장에서 꽤나 떨어진 곳(스트랫퍼드 스탠드 방향 도보 10분 거리)에 위치한다. 가급적 짐을 최소화해서 경기장을 방문하도록 하자.

4 매점 이용하기

경기장으로 향하는 길목부터 늘어선 푸드트럭이 머플러 등을 파는 노점과 함께 경기 시작 수시간 전부터 관중을 반긴다. 메뉴는 핫도그, 햄버거 등 간단한 음식부터 맥주, 커피 등 음료까지 다양하다. 경기장 내 매점에서도 병맥주를 비롯해 와인, 진토닉, 탄산음료, 커피, 스낵과자 등을 판매한다. 아쉽지만 경기장 좌석 내 주류 반입이 금지되어 있으므로 맥주나 와인 등은 매점 앞에서만 마실 수 있다.

TIP 레드 카페

알렉스 퍼거슨 경 스탠드에는 누구나 입장할 수 있는 식당인 레드 카페(영업시간 09:00~16:00, 홈경기 날은 상이)가 있다. 맨유를 거쳐간 수많은 레전드 선수들의 이름과 등번호가 적힌 좌석에서 식사를 즐길 수 있다. 영국식 아침 식사, 샌드위치, 햄버거, 케밥, 피자, 피시 앤 칩스 등 메뉴 구성이 풍부해 선택지가 많다. 경기 전 또는 스타디움 투어 전에 방문하면 좋다. 멤버십을 제시하면 할인을 받을 수도 있다.

5 응원가 & 구호

맨유를 대표하는 응원가로 '글로리 글로리 맨 유나이티드(Glory Glory Man United)'를 들 수 있다. 맨유에 대한 자부심과 승리를 향한 포부를 담은 가사로 후렴구에 웸블리(Wemberly)가 등장한다. 런던에 있는 웸블리 경기장은 FA컵 등 각종 컵 대회 결승전이나 국가대항전이 열리는 영국 축구의 성지다. 지난 시즌 웸블리에서 있었던 FA컵 결승전에서 맨체스터 시티를 이기고 우승했을 때도 우승 축하 기념으로 이 응원가가 울려 퍼졌다. 여담으로 박지성이 맨유에서 뛸 때 그의 응원가(Park Park)가 있었는데 가사에 개고기가 등장하여 '개고기송'이라 불리기도 했다.

6 공식 스토어

올드 트래퍼드 이스트 스탠드 입구 부근에 메가스토어를 운영하고 있다. 계산 시 티켓 구매를 위해 가입한 멤버십을 제시하면 10% 할인 혜택을 받을 수 있다(유니폼 마킹 센터도 동일).

맨체스터 유나이티드 메가스토어
Manchester United Megastore

주소 1252 Sir Matt Busby Way, Old Trafford, Stretford, Manchester M16 0RA
영업 월~토요일 10:00~18:00, 일요일 11:00~17:00, 크리스마스(12/25) 휴무

TIP 유니폼 마킹 센터

메가스토어(이스트 스탠드)에서 유니폼을 구매한 후 마킹을 하고 싶다면 알렉스 퍼거슨 경 스탠드 입구 맞은편에 위치한 유니폼 마킹 센터로 가야 한다. 마킹 센터 오른쪽에서 계산과 함께 선수 번호와 이름을 전하면 된다. 선수 이름이 아니더라도 구매자 본인 이름이나 원하는 문구를 새기는 것도 가능하다. 계산 시 마킹 후 환불이 불가능하다는 동의서에 사인해야 한다. 왼쪽에서 번호가 호명되면 유니폼을 수령하면 된다.

+ PLUS 비공식 머플러

경기장 주변의 또 하나의 볼거리, 머플러 노점을 놓치지 말자. 클럽 공식숍과는 다른 디자인의 비공식 머플러는 경기 날짜와 대진 상대의 팀명이 새겨진 매치데이 머플러와 인기 선수의 얼굴과 이름이 새겨진 인물 머플러가 있다. 머플러 가격은 각각 £10~20 선에서 구매할 수 있다. 인물 머플러는 현재 활약하고 있는 선수들 외에도 에릭 칸토나, 로이 킨, 웨인 루니, 크리스티아누 호날두 등 맨유에서 활약했던 레전드 선수들의 얼굴이 새겨진 디자인도 있다.

Arsenal FC

아스널 FC

아르센 벵거 감독 재임 시절 프리미어리그 무패 우승이라는 전설적인 기록을 세우며 전세계 축구팬을 매료시킨 인기 클럽이다. 현재도 젊고 유능한 미켈 아르테타 감독 체제 아래 부카요 사카, 마르틴 외데고르, 데클란 라이스 등 재능 있는 선수들이 활약하며 꾸준하게 리그 상위권을 유지하고 있다. 매 시즌 우승 경쟁을 펼치는 축구 명가로 이번 시즌도 어김없이 강력한 우승 후보로 꼽힌다. 한국 축구팬에게는 박주영이 소속했던 팀이자 토트넘과의 라이벌 관계로 잘 알려져 있다.

구단정보

팀 정식 명칭 아스널 FC
Arsenal Football Club

창단 연도 1886년
소속 리그 잉글랜드 프리미어리그
연고지 런던, 영국
구단주 크랑키 스포츠 & 엔터테인먼트(KSE, 미국)
감독 미켈 아르테타(Mikel Arteta, 스페인)
주장 8번 마르틴 외데고르
(Martin Ødegaard, 노르웨이)
부주장 7번 부카요 사카(Bukayo Saka, 잉글랜드)
마스코트 거너사우루스(Gunnersaurus)
애칭 The Gunners(거너스)
팬 애칭 The Gooners(구너스)
약칭 ARS, ASNL
팀 컬러 빨간색과 흰색
더비 북런던 더비 North London Derby
(VS 토트넘 홋스퍼 FC), 북서런던 더비
North West London Derby(VS 첼시 FC)
유니폼 스폰서 에미레이트 항공(Emirates)
공식 웹사이트 www.arsenal.com
한국인 선수 소속 이력 박주영(2011~2014)

최근 3시즌 주요 성적표

시즌	주요 성적
2022/23	◦ 프리미어리그 2위 ◦ FA컵 32강, EFL컵 16강 ◦ UEFA 유로파리그 16강
2023/24	◦ 프리미어리그 2위 ◦ UEFA 챔피언스리그 8강
2024/25	◦ 프리미어리그 2위 ◦ FA 커뮤니티 실드 우승 ◦ UEFA 챔피언스리그 4강

주요 더비

북런던 더비(North London Derby)
VS 토트넘 홋스퍼 FC(Tottenham Hotspur FC)

프리미어리그에서 가장 치열하고 역사가 깊은 라이벌전인 '북런던 더비'는 단순한 지역 감정을 넘어선 역사적인 배경을 가지고 있다.
원래 아스널 FC(이하 아스널)은 런던 남동부에 있었지만 1913년 재정적인 이유로 북런던의 하이버리로 홈구장을 옮기면서 토트넘 홋스퍼(이하 토트넘)과 지리적으로 가까워졌다. 여기에 결정적인 사건이 발생했는데 1919년 1부 리그 승격 팀을 결정할 때 아스널이 당시 1부 리그에 강등되었던 토트넘 대신 승격하게 되면서 두 팀 간 감정의 골은 더욱 깊어졌다. 토트넘 팬들은 이 결정이 불공정하다고 여겼고 그때부터 '북런던의 주인은 누구인가'를 놓고 팽팽한 신경전과 불꽃 튀는 경기가 이어지게 되었다. 이 더비는 두 지역 팬들의 자존심이 걸린 싸움이자 문화 현상으로 자리매김했다.

관련 에피소드

① 2004년 4월 25일 2003/04시즌 토트넘 원정 경기에서 2-2 무승부를 기록했으나 남은 경기 결과와 상관없이 무패 우승을 확정 지으면서 토트넘 팬들에게는 더비 역사상 가장 굴욕적인 순간으로 기억된다.

② 2001년 여름 토트넘 유스 출신이자 토트넘의 주장이었던 솔 캠벨이 자유 계약으로 아스널로 이적해 토트넘 팬들에게 엄청난 분노와 배신감을 안겼다. 솔 캠벨 영입으로 아스널의 수비는 더욱 강해졌고 무패 우승 시즌을 포함해 2번의 리그 우승과 3번의 FA컵 우승을 이루었다.

알고 가면 재미있는 클럽 이야기

01 1996년 10월 프랑스인 무명 감독인 아르센 벵거(Arsène Wenger)가 선임되자 영국의 언론사 '이브닝 스탠더드'는 "Arsene Who?(아르센? 누군데?)"라는 기사를 내보내었다. 하지만 클럽은 그로 인해 큰 전환점을 맞이하게 된다. 그는 체계적인 훈련 방식과 식단 관리, 데이터 분석을 도입해 혁신을 불러왔고, 당시 아스널 FC(이하 아스널)의 축구 스타일은 '벵거볼(Wengerball)'이란 별칭을 얻기도 했다. 2003/04시즌 리그 무패 우승이라는 전설적인 업적과 함께 2018년 5월까지 약 22년간 클럽을 이끌면서 3번의 리그 우승, 7번의 FA컵 우승 등 위대한 기록을 달성했다. 그의 동상 또한 스타디움 외부에서 만나볼 수 있다.

CLUB QUIZ!

① 아스널 FC가 2003/04시즌 프리미어리그에서 세운 가장 유명한 기록은 무엇인가요?
- 가. 최다 득점 기록
- 나. 최소 실점 기록
- 다. 무패 우승
- 라. 최다 연승 기록

② 아스널 FC 유스 시스템 출신으로, 현재 아스널 FC의 핵심 선수로 활약하며 '스타 보이'라는 별명을 가진 선수는 누구인가요?
- 가. 데클란 라이스
- 나. 부카요 사카
- 다. 마르틴 외데고르
- 라. 벤 화이트

③ 런던 북부 지역의 두 팀 아스널 FC와 토트넘 홋스퍼 FC 간의 치열한 라이벌 경기를 무엇이라고 부르나요?
- 가. 노스웨스트 더비
- 나. 북런던 더비
- 다. 머지사이드 더비
- 라. 맨체스터 더비

02

1886년 런던 울위치의 왕립 무기고 노동자들이 창단한 아스널은 '다이얼 스퀘어'에서 시작해 '로열 아스널', '울위치 아스널'을 거쳐 현재 이름으로 발전했다. 클럽명 '아스널(Arsenal)'이 '무기고'를 뜻하는 만큼 창단 배경을 반영한 '대포' 엠블럼과 포병을 뜻하는 '거너스(Gunners)'라는 애칭이 탄생했다. 시대가 바뀌어도 대포는 아스널의 핵심 상징으로 남아 있으며, 현재 에미레이트 스타디움 앞 대포 조형물은 팬들의 필수 인증샷 명소가 되었다.

03

에미레이트 스타디움 주변에는 전설적인 공격수인 티에리 앙리(Thierry Henry)의 동상이 세워져 있다. 2011년 구단 창단 125주년을 기념해 역사상 가장 위대한 레전드 3인을 선정, 허버트 채프먼, 토니 애덤스와 함께 대표 인물 중 하나가 되었다. 앙리는 공식 경기 377경기에서 228골을 기록한 아스널 역대 최다 득점자이자 2003/04시즌 무패 우승의 주역이다. 동상은 그가 2002년 토트넘과의 북런던 더비에서 결승골을 넣은 뒤 선보인 슬라이딩 세리머니 모습을 형상화했다. 또 다른 레전드 공격수인 데니스 베르캄프(Dennis Bergkamp)의 동상도 설치되어 있다. 2003년 뉴캐슬 유나이티드 FC과의 경기에서 나온 환상적인 퍼스트 터치를 형상화한 것. 앙리와 베르캄프는 아스널 역대 최고의 공격 콤비로 손꼽힌다.

04

에미레이트 스타디움의 남측 스탠드인 클락 엔드(CLOCK END) 상단 흰색 아날로그 시계는 하이버리 시절의 영광스러운 전통을 계승하겠다는 의지를 보여주는 징표다. 원래 하이버리 스타디움 시절 남측 스탠드에 시계가 설치되면서 '클락 엔드'라는 이름이 붙었고, 열정적인 서포터스들이 모이는 구역으로 팬 문화의 상징이 되었다. 2006년 이전하면서 원본은 박물관에 보존하고 현재는 복제한 시계를 설치했다.

한국에서 직관 준비하기

| 경기 티켓 구매하기

티켓을 구매하려면 유료 멤버십 가입이 필수다. 멤버십은 기본적으로 레드(Red), 실버(Silver), 플래티넘(Platinum), 주니어 거너스(Junior Gunners) 등으로 나뉘는데, 레드보다 우선 구매 권한이 높은 실버는 레드 멤버 중 오래된 순으로 초대되어 전환되는 등급이므로 대부분의 팬은 레드로 시작한다. 티켓 구매는 일반적인 예매 시스템이 아닌 발롯(Ballot)이란 추첨제로 이루어진다. 경기마다 신청 페이지가 마련되며 기간 내라면 언제든지 응모 가능하다. 응모 시 결제할 카드 번호를 입력할 필요가 있다. 신청 시기는 티켓 페이지에서 고지하므로 수시로 확인하도록 하자.

발롯에서 당첨되지 못했을 경우, 티켓 거래소(Ticket Exchange)에서 재판매되는 취소 티켓을 노려보자. 추첨 결과 발표 후 수일 내에 취소 거래소가 열린다. 단, 취소 티켓은 반드시 해당 경기 발롯에 응모한 이력이 있어야 구매 가능하다. 구매 정보는 티켓 페이지에서 경기별로 확인할 수 있다.

홈페이지 www.arsenal.com/tickets

TIP 구단 공식 한국 서포터스 클럽 '아스날 코리아'

네이버 카페 '아스날 코리아'에서는 한국 팬들을 위한 전용 유료 멤버십을 운영하고 있다. 아스널 FC 공식 멤버십과는 호환되지 않지만 공식 티켓이 할당되어 한국어로 보다 수월하게 티켓을 신청할 수 있다. 자세한 정보는 홈페이지를 참고할 것.

홈페이지 cafe.naver.com/afckorea

3 좌석 선택

아스널 선수는 웨스트 스탠드(MAIN STAND)를 기준으로 왼쪽인 노스 뱅크(NORTH BANK, 북측 스탠드) 그라운드에서 상대팀 선수는 원정석이 있는 클락 엔드(CLOCK END) 그라운드에서 워밍업이 이루어진다. 선수단이 에스코트 키즈와 함께 입장할 때도 마찬가지로 아스널 선수는 왼쪽, 원정팀은 오른쪽에 선다는 점을 인지하고 좌석을 선택하자.

열혈 서포터스는 주로 노스 뱅크 구역의 아래 층에 포진되어 있고 23~30블록은 패밀리 구역(Family Area)으로 지정되어 있어 16세 이하 구성원을 동반한 가족만 이용할 수 있다. 14세 이하 어린이는 반드시 18세 이상 성인과 함께 입장해야 한다.

TIP 좌석 시야 미리보기

구역마다 상세한 좌석 시야를 볼 수 있는 사이트를 제공하므로 참고하자.

홈페이지 arsenal.io-med a.com/web/index.html

2 멤버십 종류

멤버십은 18세 이상 레드(RED), 17, 18세 캐논 레드(CANNON RED), 0~16세 주니어 거너스(JUNIOR GUNNERS), 고급 라인인 플래티넘(PLATINUM)으로 나뉜다. 주니어 거너스는 연령별로 3종류로 나뉜다. 가장 일반적인 레드는 티켓 구매권리, 티켓 양도 및 재판매, 공식숍 10% 할인 등의 기본 혜택만이 제공되며, 플래티넘은 전용 라운지와 레스토랑, 시바스 리갈 바 등 고급 식음공간 이용이 추가된다.

홈페이지 www.arsenal.com/membership

	레드 (18세 이상)	캐논 레드 (17, 18세 이상)	주니어 거너스 (0~16세 이상)	플래티넘
가격	£36	£30	£10~25	£3,740~

4 티켓 다운로드

모바일 티켓을 활성화하려면 아스널 전용 애플리케이션(The Arsenal)을 설치할 필요가 있다. 애플리케이션을 다운로드 및 설치 후 로그인한 다음 프로필 페이지의 디지털 패스를 클릭하여 'Add' 메뉴를 클릭하면 애플 월렛(아이폰) 또는 구글 월렛(안드로이드)에 자동으로 저장된다. 경기 당일 스마트폰에 저장된 디지털 패스를 스캔하면 경기장에 입장할 수 있다.

5 스타디움 투어

가장 일반적인 '스타디움 투어(Stadium Tour)'에 참여하면 선수 입장 게이트, 홈과 원정팀의 라커룸, 선수 터널, 벤치, 인터뷰 존, 기자회견장, 미디어 라운지 등 평소에는 들어갈 수 없는 공간들을 둘러볼 수 있다. 영어, 스페인어, 이탈리아어, 프랑스어, 독일어, 일본어 중 원하는 언어로 설정된 최신형 오디오 가이드를 제공한다. 유니폼 시뮬레이션과 셀프 투어 카메라 등의 인터랙티브 체험도 가능하다.

투어가 끝난 후 박물관을 무료로 입장할 수 있으며 아스널 로고가 새겨진 이어폰을 기념품으로 증정한다. 경기 당일 킥 오프 몇 시간 전에 투어 가이드와 함께 약 1시간 동안 경기장 구석구석을 둘러보는 '매치데이 투어(Matchday Tour)'도 인기 프로그램 중 하나다. 단, 라커룸과 선수 터널 입장은 포함되지 않는다. 멤버십 소지 시 10% 할인 혜택이 주어지며 투어 입구는 공식 숍 아머리 스토어(Armoury Store) 내에 위치한다.

영업 투어 09:30~18:00 (마지막 입장 17:00), 박물관 10:00~18:30 (마지막 입장 18:15)
홈페이지 arsenaldirect.arsenal.com/tour/emirates-stadium-tour

투어 종류	16~64세	65세 이상·학생·장애인	5~15세	5세 이하
스타디움 투어 & 박물관	£36	£30	£10~25	£3,740~
매치데이 투어	£45	£40	£35	무료

6 추천 숙박 지역

직관만을 위한 숙소라면 경기장 인근인 핀즈버리 공원(Finsbury Park) 부근이 이상적이다. 에미레이트 스타디움까지 도보 또는 지하철로 한두 정거장 거리로 경기 당일 빠르게 이동할 수 있는 장점이 있다. 다만 이 지역은 주거지 중심이라 호텔 밀집도는 낮고 소규모 부티크 호텔이나 B&B 위주로 형성되어 있어 숙박 선택의 폭이 넓지 않다는 점은 유의해야 한다.

반면 직관과 함께 관광까지 즐기고 싶다면 호텔이 밀집한 킹스 크로스(King's Cross) 역 주변이 매우 유리하다. 주요 관광지와 연결이 편리하고 지하철(피카딜리 라인)을 타면 아스널 역까지 약 10분 만에 도착할 수 있어 직관 동선도 효율적이다.

홈구장 정보 Emirates Stadium

- **홈구장**: 에미레이트 스타디움
- **주소**: Hornsey Rd, London, N7 7AJ
- **완공**: 2006년
- **수용 인원**: 6만 704명

현지에서 경기 직관하기

1 경기장 찾아가기

경기장에서 가장 가까운 지하철 역은 피카딜리(Piccadilly) 라인의 아스널(Arsenal) 역으로, 도보 3분 거리에 위치한다. 좌석 위치가 북측 스탠드(North Bank)나 동측 스탠드(East Stand)일 경우 이 역을 이용하는 것을 추천한다. 같은 피키딜리 라인의 홀로웨이 로드(Holloway Road) 역도 도보 5분 거리로 비교적 가까운데, 좌석 위치가 메인 스탠드인 웨스트 스탠드(West Stand)와 원정석이 있는 클락 엔드(Clock End)이거나 규모가 큰 팬숍인 아머리 스토어를 가고 싶다면 이 역이 편리하다. 단, 경기 당일에는 하차 전용 역으로 변경되며 경기 종료 후에는 역이 폐쇄되므로 주의하자.

2 경기장 입장하기

경기 시작 2시간 전부터 입장 가능하다. 반드시 티켓에 명시된 입구(Enter Via)를 통해 입장해야 한다. 간단한 짐 검사와 티켓 디지털 패스 스캔을 거쳐 경기장 안으로 입장한 후 지정된 구역(AREA)으로 들어가면 좌석까지 빠르게 이동할 수 있다.

3 반입 가능 가방 크기 및 반입 금지 물품

A5 용지(297x210mm) 크기를 넘지 않는 작은 가방만 반입이 가능하다. 500ml 이하의 액체류, 접는 우산, 소형 디지털카메라, 2X1m 크기 이하의 현수막을 제외한 장우산, DSLR, 악기, 주류 및 500ml를 초과하는 페트병, 유리병, 캔 음료, 칼, 드라이버 등 날카로운 물체, 폭죽, 유아차, 캐리어 가방 등은 반입 금지다.

CHECK!

- ☑ 물품보관소는 따로 마련되어 있지 않다.
- ☑ 매치데이 프로그램은 경기장 밖 간이판매소에서 £4에 구매할 수 있다.
- ☑ 경기장 내 현금 사용 불가, 오로지 카드 결제만 가능하다.
- ☑ 경기장 전 구역이 금연이다(전자담배 포함).

4 매점 이용하기

경기장 주변에는 버거, 칩스, 케밥 등 길거리 음식을 비교적 저렴한 가격에 판매하는 간이 푸드트럭과 노점이 있어 간단하게 식사를 해결할 수 있다. 경기장 내 곳곳에 자리한 매점은 파이, 소시지롤, 피자, 핫도그 등 간편식 위주의 메뉴로 구성되어 있으며 채식주의자를 위한 비건 음식도 판매한다. 경기장에 일찍 도착했다면 경기장 오픈 후 1시간 동안 할인된 가격에 파이, 핫도그, 맥주 등을 제공하는 'FANS FIRST OFFERS'도 놓치지 말자. 맥주, 와인 등 주류도 판매하지만 경기장 좌석에서는 마실 수 없는 점을 참고하자.

5 응원가 & 구호

대표적인 응원 구호는 "Come on you Gunners!"로, 아스널의 애칭인 '거너스(Gunners)'에서 비롯되어 경기 중 열정을 담아 외친다. 또 하나의 상징적인 구호는 "승리는 화합에서 온다"는 뜻의 라틴어 "Victoria Concordia Crescit". 과거 아스널의 공식 모토로 사용되었다. 유명한 응원가는 비교적 최근에 아스널 팬들 사이에서 큰 인기를 얻어 아스널의 공식 응원가로 자리 잡은 "North London Forever"이다. 아스널 팬이자 싱어송라이터인 루이스 던포드(Louis Dunford)가 만든 "The Angel"이란 곡에서 따와 2022년부터 홈경기 시작 전에 구장 내 모두가 함께 부르며 뜨거운 분위기를 만든다. 가사에는 북런던에 대한 사랑과 아스널에 대한 자부심이 담겨 있어 팬들 사이에서 깊은 감정을 불러일으킨다.

 **North London Forever**

North London forever 북런던은 영원하리라
Whatever the weather these streets are our own 날씨가 어떻든 이 거리들은 우리의 것
And my heart will leave you never 그리고 내 마음은 결코 널 떠나지 않을 거야
My blood will forever run through the stone 내 피는 영원히 이 돌들 사이로 흘러갈 거야

6 공식 스토어

공식 스토어는 경기장 바로 앞에 위치한 플래그십 팬숍인 아머리 스토어와 소규모의 하이버리 스토어 2곳을 운영하고 있다. 멤버십을 제시하면 10% 할인 혜택을 받을 수 있다.

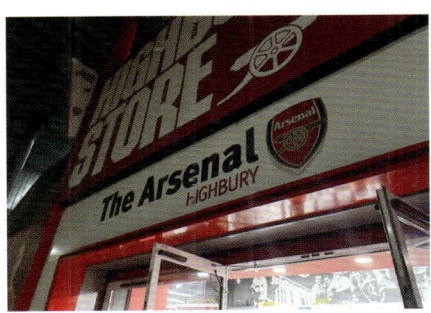

아머리 스토어 The Armoury

주소 Emirates Stadium, Hornsey Road, London N7 7AJ
영업 월~수요일 09:00~18:00, 목~토요일 09:00~19:00, 일요일 10:00~17:35

아스널 하이버리 The Arsenal Highbury

주소 75 Drayton Park, London N5 1BU
영업 월~토요일 09:30~17:00, 일요일 10:00~16:00

Chelsea FC

첼시 FC

런던에 연고를 둔 프리미어리그의 인기 구단. 2003년 러시아의 부호 아브라모비치가 인수하면서 스쿼드를 강화한 덕분에 리그 우승을 획득하며 빠른 시점에 막강한 자금력의 효과를 보기 시작했다. 이후 챔피언스리그, 유로파리그, FA컵 등 각종 대회에서 우승컵을 거머쥐며 세계 정상급 클럽으로 발돋움했다. 2005년부터 10년간 유니폼 스폰서를 맡았던 삼성과 박지성이 몸을 담았던 맨체스터 유나이티드와의 우승 경쟁으로 우리에게 친숙한 구단이기도 하다. 현재는 미국의 다양한 스포츠 구단을 운영하는 토드 볼리가 클럽을 인수해 대대적인 투자를 통해 팀 재건에 힘쓰고 있다.

구단정보

팀 정식 명칭 첼시 FC
Chelsea Football Club

창단 연도 1905년
소속 리그 잉글랜드 프리미어리그
연고지 런던, 영국
회장 토드 볼리(Todd Boehly, 미국)
감독 엔초 마레스카(Enzo Maresca, 이탈리아)
주장 24번 리스 제임스(Reece James, 잉글랜드)
부주장 8번 엔소 페르난데스
(Enzo Fernandez, 아르헨티나)
마스코트 스탬퍼드 더 라이언(Stamford the Lion)
애칭 The Blues(블루스)
약칭 CHE, CFC
팀 컬러 파란색
더비 빅 런던 더비 Big London Derby
(VS 아스널 FC), 북서런던 더비 North vs West London Derby(VS 토트넘 홋스퍼 FC)
유니폼 스폰서 메인 스폰서 체결 전까지 공백
공식 웹사이트 www.chelseafc.com
한국인 선수 소속 이력 없음

최근 3시즌 주요 성적표

시즌	주요 성적
2022/23	• 프리미어리그 12위 • FA컵 64강 • EFL컵 32강 • UEFA 챔피언스리그 8강
2023/24	• 프리미어리그 6위 • FA컵 4강 • EFL컵 준우승
2024/25	• 프리미어리그 4위 • FA컵 32강 • UEFA 컨퍼런스리그 우승 • FIFA 클럽 월드컵 우승

주요 더비

빅 런던 더비(Big London Derby)
VS 아스널 FC(Arsenal FC)

'북런던 더비'처럼 정식 명칭을 가지고 있지 않으나 런던을 연고로 한 영글랜드 빅클럽 간의 맞대결이므로 항상 뜨거운 관심을 받는다. 2000년대 초반 조제 모리뉴 감독의 부임으로 첼시 FC(이하 첼시)가 유럽 최정상급 클럽으로 도약하면서 아르센 벵거 감독이 이끌던 아스널 FC와의 프리미어리그 우승 경쟁으로 인해 라이벌 관계가 본격적으로 격화되었다. 두 명장의 라이벌 구도는 당시 프리미어리그의 주요 관전 포인트 중 하나이기도 했다.

관련 에피소드

모리뉴와 벵거의 경쟁 구도는 2000년대 중반부터 2010년대 중반까지 프리미어리그를 상징했던 주요 서사 중 하나다. 두 사람은 철학, 스타일, 언행 모든 면에서 극단적으로 달랐기에 충돌이 불가피했다. 2005년 벵거가 모리뉴의 전술과 영입에 대해 자주 지적하자 모리뉴는 그를 '관음증 환자' 같다고 비난해 큰 파장을 일으켰다. 2014년에는 벵거가 모리뉴를 밀치는 물리적 충돌이 일어나기도 했다. 두 감독이 맞붙었던 공식 경기의 통산 전적은 18전 9승 7무 2패로 모리뉴가 압도적으로 우위에 있다.

알고 가면 재미있는 클럽 이야기

01

경기가 열리는 스탬퍼드 브리지는 흔히들 '조용한 경기장'이라 말하곤 한다. 서포터스의 함성이 크지 않고 적극적인 응원이 상대적으로 적어 타 구단에 비해 소음 데시벨이 낮다는 평가를 받는다. 이 배경에는 구장이 위치하는 지리적 특성에서 이유를 찾을 수 있다. 경기장이 위치하는 런던 서부 지역은 전통적인 고급 주택가로, 상류계층 시즌권자의 비율이 높은 편이다. 이들은 비즈니스나 다른 일정으로 인해 대부분의 평일 경기에 자주 참석하지 못하는 경향이 있다. 결국 관광객과 일회성 방문객이 이들을 대신해 경기장을 채우곤 한다. 또한 경기장 규모 자체가 다른 구장들에 비해 작기 때문에 압도적인 함성을 만들어내기 어려운 구조적 한계도 존재한다. 그럼에도 경기장 안 열기는 그 어느 팀 못지않게 뜨겁다.

CLUB QUIZ!

① 첼시의 최다 득점자는 누구인가요?
가. 디디에 드로그바　　나. 프랭크 램파드
다. 존 테리　　　　　　라. 에덴 아자르

② 첼시가 프리미어리그에서 최소 실점인 15점을 기록하며 우승한 시즌은 언제인가요?
가. 2004/05시즌　　나. 2005/06시즌
다. 2014/15시즌　　라. 2016/17시즌

③ 첼시 엠블럼에 등장하지 않는 것은 무엇인가요?
가. 꽃　　나. 공　　다. 사자　　라. 악마

02

공식 메가스토어가 위치하는 셰드 엔드(Shed End) 부근 벽을 자세히 들여다보자. 첼시에서 활약했던 레전드 선수들을 소개하는 'THE SHED WALL'은 드로그바, 테리, 램파드 등 시대를 풍미한 선수들의 이력과 사진이 전시되어 있다. 주옥 같은 라인업을 살펴보며 잠시 추억에 잠기는 시간을 보내도 좋겠다.

03

첼시는 잉글랜드 프리미어리그 역사상 가장 많은 돈을 쓴 클럽 중 하나로 알려져 있다. 2003년 러시아의 부호 로만 아브라모비치(Roman Abramovich)가 구단을 인수하면서 그 변화의 시작을 알렸다. 아브라모비치는 막대한 자금력을 바탕으로 마켈렐레, 크레스포, 조 콜, 데미안 더프 같은 스타 선수들을 영입하며 램파드, 존 테리 등 기존 멤버들과 함께 스쿼드를 대대적으로 보강했다. 이듬해인 2004년 조제 모리뉴가 감독으로 부임하면서 드로그바, 체흐, 카르발류 등을 추가로 영입했고, 2004/05 시즌에 50년 만에 리그 우승을 차지하며 첼시의 황금기를 열었다. 그러나 2022년 로만 아브라모비치는 러시아-우크라이나 전쟁의 영향으로 첼시 구단에서 손을 떼게 되었고, 미국 프로야구 LA 다저스의 구단주인 토드 볼리가 구단을 인수하게 되었다. 볼리 역시 어마어마한 자금을 투자하고 있으며, 그 규모는 아브라모비치 시대를 제외하고 프리미어리그 역대 투자 금액 중 10위에 해당할 만큼 상당하다.

04

2011/12시즌 UEFA 챔피언스리그 우승은 부진한 리그 성적과 감독 경질 등 악재 속에서 만들어낸 극적인 반전 스토리다. SSC 나폴리와의 16강에서의 역전승, FC 바르셀로나와의 4강전에서 수적 열세를 극복한 원정 무승부 그리고 FC 바이에른 뮌헨의 홈에서 맞붙은 결승전에서 디디에 드로그바의 극적인 동점골과 페트르 체흐의 선방쇼로 승부차기 끝에 우승을 거머쥔 흐름은 마치 스포츠 만화와 같은 드라마틱한 구성이었다. 국내 축구팬들은 일본 농구 만화 '슬램덩크'의 감동적 서사에 빗대어 이 우승 여정을 '첼램덩크'라 칭하기도 했다.

한국에서 직관 준비하기

I 경기 티켓 구매하기

티켓을 예매하려면 회원가입과 유료 멤버십 가입이 필수다. 공식 티켓 예매 사이트에 경기별로 예매일(공식 예매 페이지의 View Full Ticket Information)을 고지하며, 멤버십 회원 중 티켓 예매 최우선 권한을 부여 받는 트루 블루(True Blue)는 약 6주 전 현지 시간 오전 10시, 다음 권한인 CFC 블루(CFC Blue)는 다음 날 오전 10시에 예매를 개시한다. 취소 표는 1주일 후 오전 11시에 판매한다. 인기 구단임에도 불구하고 수용 인원이 타 구단에 비해 적은 편이라 티켓 경쟁이 치열하다. 시간에 맞춰 접속하더라도 예매에 실패하는 경우도 부지기수다. 더군다나 아스널 FC, 토트넘 홋스퍼 FC 등 더비 매치거나 맨체스터 시티, 리버풀 FC 등과의 빅 매치, 컵 대회 결승 등 이전에 경기를 관전한 이력을 나타내는 '로열티 포인트(Loyalty Points)'가 있어야만 예매할 수 있어 첫 구매자는 티켓 확보가 쉽지 않다. 만일 이 시기에 티켓 예매에 실패했다면 약 1주일 뒤 현지 시간 오전 11시에 열리는 티켓 익스체인지(Ticket Exchange)에서 취소 표를 노려야 한다. 취소 표는 로열티 포인트 여부와는 상관없이 기회가 주어지지만 수시로 확인해야 하는 번거로움이 있다. 경기일이 다가올수록 취소 표가 많이 나오며 경기 1, 2일 전 현지 시간 오후 3시에 예매가 종료되는 점 참고하자.

홈페이지 www.chelseafc.com/en/tickets/mens-tickets

TIP 첼시 FC 대한민국 공식 서포터스 클럽 'Chelsea FC Korea'

네이버 카페 'Chelsea FC Korea'는 한국의 첼시 팬을 위한 구단 공인 팬클럽이다. 첼시 공식 홈페이지를 통해 멤버십을 구입한 후 이메일로 대한민국 서포터스로 등록 신청(등록 기한 매년 7~12월)을 하면 한국 팬에게 할당된 티켓을 신청할 수 있다. 사전에 티켓 신청일을 고지하므로 '티켓문의' 게시판의 일정 안내 게시글을 참고하여 준비한다면 티켓 확보 확률이 높다.

홈페이지 cafe.naver.com/cfckor

+ PLUS 호스피탈리티 티켓 | 웨스트뷰 |

취소 표마저도 예매에 실패했다면 다소 가격은 비싸나 경쟁은 덜한 '웨스트뷰(Westview)', '로즈 앤 볼(The Rose & Ball)' 등 호스피탈리티 패키지를 예매하는 것을 최후의 수단으로 고려하자. 그중 웨스트뷰는 2021/22시즌에 새롭게 추가된 프리미엄 옵션으로 비교적 저렴하여 가장 많이 이용하는 방법이다. 최고 수준으로 개조되어 세 개의 대형 스크린과 탁 트인 전망을 제공하는 중앙 홀을 비롯해 두 개의 360도 바와 푸드 홀에 입장할 수 있다. 여기서 각종 음료를 두 잔 즐길 수 있는 서비스가 포함되어 있다. 참고로 해당 경기 프로그램을 증정하며, 드레스 코드는 스마트 캐주얼이다.

2 멤버십 가입

첼시 FC 공식 멤버십(Official Chelsea Membership)은 총 4가지 종류로 운영되며, 각각 혜택과 권한이 다르다. 경기 티켓 구매 전 멤버십 종류에 따른 차이를 잘 이해하는 것이 중요하다. 시즌 멤버십은 가입 즉시 활성화되며, 곧바로 티켓을 예매할 수 있다. 유효 기간은 각 시즌 마지막날인 5월 31일에 만료된다.

	트루 블루 (True Blue)	CFC 블루 (CFC Blue)	주니어 블루스 (Junior Blues)	티켓 포워딩 (Ticket Forwarding)
설명	인기 경기의 티켓 확보 확률이 높은 최우선순위 권한	우선 순위 두 번째 권한으로, 인기가 덜한 경기 관람에 적합하다.	16세 미만 전용으로, 성인과 동일한 최우선순위 권한	직접 구매 권한은 없으며, 지인으로부터 양도된 티켓 수령 시 필요하다.
가격	£60	£45	£35	£15
티켓 교환 접근 가능	O	O	O	X
시즌 티켓 대기 명단	O	X	O	X
주요 혜택	디지털 프로그램, £15 바우처	디지털 포스터, £10 바우처	기프트팩, 무료 스타디움 투어	양도된 티켓 수령만 가능

3 좌석 선택

첼시 선수는 이스트 스탠드(East Stand; 동측 스탠드)를 기준으로 오른쪽인 매튜 하딩 스탠드(Mattew Harding Stand; 북측 스탠드) 그라운드에서, 상대팀 선수는 원정석이 있는 셰드 엔드(Shed End; 남측 스탠드) 그라운드에서 워밍업이 이루어진다. 선수단이 에스코트 키즈와 함께 입장할 때도 마찬가지로 첼시 선수는 오른쪽, 원정팀은 왼쪽에 선다는 점을 인지하고 좌석을 선택하도록 하자.

매튜 하딩 스탠드 골대 뒤 L08~L16구역은 경기 내내 서서 응원하며 관전하는 입석이다. 앉아서 경기를 보고 싶다면 다른 구역을 선택하는 것을 추천한다. 이스트 스탠드 아래층(EAST STAND LOWER)의 앞 열은 패밀리 섹션으로 성인 1인 또는 성인끼리 입장할 수 없고 반드시 청소년 또는 시니어와 동반해야 한다. 청소년 1인당 성인 두 명까지 함께 입장 가능(티켓은 별도 구입 필요)하며, 시니어는 게스트로 성인 1인 티켓을 추가로 예매할 수 있다(단, 멤버십 예매 기간에 구입 시 성인 또한 멤버십 회원이어야 한다).

TIP 좌석 시야 미리보기

티켓 구매 시, 좌석 선택과 함께 시야 확인도 가능하나 구역마다 상세한 좌석 시야를 볼 수 있는 사이트를 제공하므로 참고하자.

홈페이지 map.3ddigitalvenue.com/chelseafc

홈구장 정보 Stamford Bridge

홈구장: 스탬퍼드 브리지
주소: Fulham Rd., London SW6 1HS
완공: 1877년
수용 인원: 4만 343명

4 티켓 예매 방법

공식 홈페이지에 로그인 후 'My Tickets Account'의 'BUY TICKETS' 버튼을 클릭하면 판매 중인 경기가 표시된다. 구매하고 싶은 경기의 'Select' 버튼을 클릭하면 구역과 좌석 선택창이 뜬다. 티켓 배송 방식은 PDF 파일(TICKETS@HOME)만 선택할 수 있고 경기일 18일 전 티켓이 활성화되어 인쇄가 가능해진다.

5 스타디움 투어

5종류로 실시하는 경기장 투어 중 가장 많이 참여하는 프로그램으로 60분간 첼시와 경기장을 안내하는 '스타디움 투어 앤 뮤지엄(The Stadium Tour and Museum)', 첼시의 과거와 현재 그리고 미래를 90분간 구체적으로 심도 있게 소개하는 '클래식 투어(The Classic Tour), 과거 첼시에서 활약했던 레전드 선수가 비하인드 스토리를 풀어내며 흥미진진한 구단 이야기를 들려주는 '레전드 투어(The Legends Tour)가 많이들 참여하는 프로그램이다. 모든 투어는 현지 해설 가이드가 직접 동반해 진행한다. 홈 라커룸, 기자실, 선수 터널, 피치 사이드, 감독 더그아웃에 입장할 수 있으며, 매튜 하딩 스탠드를 비롯해 이스트 스탠드, 셰드 엔드의 다양한 전망을 감상할 수 있다. 모든 투어는 각종 트로피, 소장품 전시와 함께 첼시의 역사를 소개하는 첼시 FC 박물관 입장권이 포함되어 있다. 투어에 참여하지 않아도 박물관만 둘러볼 수 있다.

운영 투어 10:00~15:00, 박물관 09:30~17:00(마지막 입장 16:30), 12/24~26·부정기 휴무

TIP 선수와의 하이파이브 이벤트 'Player Arrival Ballot'

경기 당일 경기장으로 출근하는 선수들과 하이파이브하며 맞이하는 이벤트를 매 경기 열고 있다. 티켓 구매자라면 누구나 추첨 이벤트에 응모할 수 있으며 시즌 1회 참가 가능하다. 당첨자에 한해 추후 이메일로 통보된다.

신청 양식 www.chelseafc.com/en/matchday-information-player-arrival-experience

	성인	학생·65세 이상	5~15세	4세 이하
스타디움 투어 & 뮤지엄 온라인 예매	£32	£24	£22	무료
스타디움 투어 & 뮤지엄 현장 구매	£34	£26	£24	
클래식 투어 온라인 예매	£45	£35	£32	
레전드 투어		£90		

6 추천 숙박 지역

경기장이 런던 중심부인 첼시 지역에 있어 중심가 어디에 숙소를 잡아도 버스나 지하철 등 대중교통으로 쉽게 이동할 수 있다. 경기장에서 가장 가까운 지하철역인 풀럼 브로드웨이(Fulham Broadway)의 디스트릭트(District) 라인인 빅토리아(Victoria) 역, 세인트 제임스 파크(St. James's Park) 역, 엠뱅크먼트(Embankment) 역이라면 호텔이 밀집해 있어 선택지가 많다.

만약 경기장에서 가까운 곳에 숙소를 잡고 싶다면 도보권(약 20분)이면서 지하철로도 5분이면 도착하는 얼스코트(Earl's Court) 역이 제격이다. 히스로 공항에서 지하철로 환승 없이 이동할 수 있으며 숙박 선택지도 다양하다. 얼스코트 역을 지나가는 디스트릭트 라인과 피카딜리(Piccadilly) 라인의 지하철역을 이용하면 하이드 파크, 피카딜리 서커스, 코벤트 가든, 빅토리아 등 런던의 주요 관광지와 쉽게 연결된다.

현지에서 경기 직관하기

1 경기장 찾아가기

경기장이 런던 도심 부근에 자리하고 있어 대중교통으로도 쉽게 이동할 수 있는 우수한 접근성을 자랑한다. 경기장에서 가장 가까운 지하철역은 디스트릭트(District) 라인의 풀럼 브로드웨이(Fulham Broadway) 역으로, 풀럼 로드(Fulham Rd.) 출구에서 걸어서 10분이면 도착한다. 버스로도 이동이 가능한데, 14·211·414번 버스 첼시 풋볼 클럽(Chelsea Football Club) 정류장이 경기장에서 가장 가까우며 도보 5분 거리에 위치한다. 버스가 지나가는 하우드 로드(Harwood Road)와 호텐시아 로드(Hortensia Road) 사이의 풀럼 로드(Fulham Road)는 킥 오프 90분 전부터 경기 종료 1시간 후까지 폐쇄되므로 이를 참고하여 움직이도록 하자.

2 경기장 입장하기

주말 경기는 킥 오프 2시간 전부터, 저녁 경기는 킥 오프 90분 전부터 입장할 수 있다. 티켓에 명시된 입구(ENTRANCE)를 통해 입장해야 한다. 간단한 짐 검사와 티켓 QR 코드 스캔을 거쳐 경기장 안으로 입장한 후 지정된 구역(BLOCK)으로 들어가면 좌석까지 빠르게 이동할 수 있다.

3 반입 가능 가방 크기 및 반입 금지 물품

A5 용지(100×200×300mm) 크기를 넘지 않는 가방만 반입이 가능하다. 비디오 카메라, DSLR 같은 렌즈가 큰 카메라, 전자담배, 깃발과 현수막, 주류 및 500ml 이상의 페트병, 유리병, 캔 음료, 칼, 드라이버 등 날카로운 물체, 폭죽, 셀카봉, 유아차 등은 반입 금지. 경기장 내에 물품보관소가 없으므로 필요한 물건만 소지하여 짐을 최소화하도록 하자.

CHECK!

- 매치데이 프로그램은 경기장 밖 간이 판매소에서 £4에 구매할 수 있다.
- 경기장 내 현금 사용 불가, 오로지 카드 결제만 가능하다.
- 팬들은 경기 당일 아침 #cfcmatchday 해시태그와 함께 소셜 미디어에 메시지를 올리면 경기장 대형 스크린에 응원 메시지가 표시될 수 있다.

4 매점 이용하기

경기장 주변에는 길거리 음식을 판매하는 노점이 늘어서 있어 경기 시작 전 간단하게 식사를 해결할 수 있다. 경기장 내 매점은 햄버거, 핫도그, 파이 등 간편식 위주의 메뉴로 구성되어 있으며 맥주, 탄산음료, 커피 등 음료도 판매한다. 매점 주변에 설치된 키오스크에서도 주문이 가능하며, 픽업 시간을 즉시(NOW) 또는 하프타임(HALF TIME) 중 지정할 수 있는 점이 특징이다. 지정한 시간에 픽업대에서 영수증을 제시하면 음식을 수령할 수 있다. 단, 주류는 경기장 좌석에서는 마실 수 없다는 점을 참고하자.

5 응원가 & 구호

첼시의 첫 공식 응원가인 'Blue is the Colour'는 리그 컵 결승 진출을 기념하여 1972년 선수단이 직접 녹음해 싱글로 발매한 곡이다. 승리를 향한 염원과 팀의 사기를 북돋우는 가사로, 리그 홈 경기나 리그 컵 중요한 경기마다 경기장에서 들을 수 있다. 'We All Follow the Chelsea'도 경기 도중 많이 부르는 응원가인데 영국 작곡가 엘가의 위풍당당 행진곡 1번의 멜로디를 차용했다. 킥 오프 전 경기장에 울려 퍼지는 'Liquidator'는 1969년 해리 J. 올스타즈가 발표한 레게 음악으로, 첼시 서포터스가 'We hate Tottenham, Chelsea(우리는 토트넘을 싫어해, 첼시)'라는 단순한 가사를 덧붙여 박수와 함께 외치는 곡이다. 상대가 토트넘이 아니어도 매 경기 흘러나와 분위기를 한껏 고조시킨다.

6 공식 스토어

경기장 앞에 공식 메가스토어를 운영하고 있다. 매장 2층에서는 UEFA 챔피언스리그 우승 트로피를 비롯해 첼시가 거머쥔 각종 대회 우승컵을 만나볼 수 있다.

첼시 FC 메가스토어 Chelsea FC Megastore

주소 The Gate House, Stamford, Fulham Rd., London SW6 1HS
영업 월~토요일 10:00~17:30, 일요일 11:00~17:00

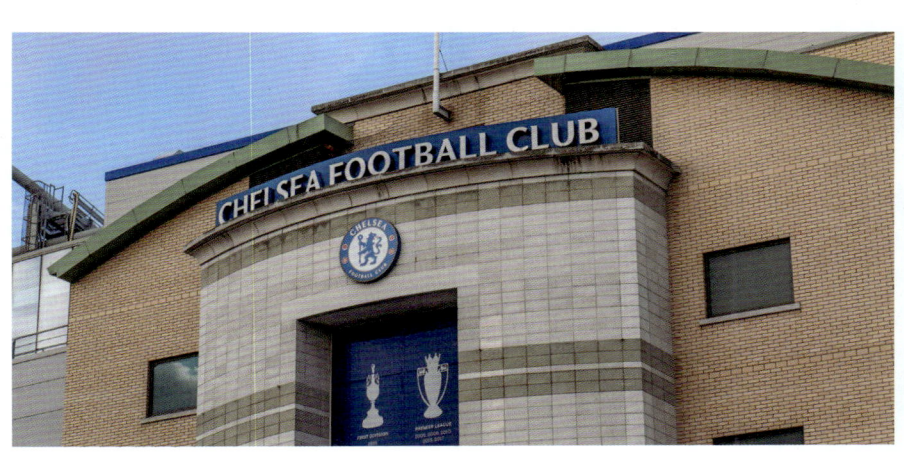

Tottenham Hotspur FC

토트넘 홋스퍼 FC

대한민국 캡틴 손흥민이 주장으로 활약한 프리미어리그의 클럽. 한국에서는 2005년 이영표가 입단하면서 널리 알려지기 시작했다. 클린스만을 시작으로 가레스 베일, 해리 케인, 루카 모드리치 등 축구팬에게 익숙한 네임드 선수들이 많이 뛰었다. 손흥민이 몸담은 10년 동안 2018/19 시즌 유럽축구연맹(UEFA) 챔피언스리그 준우승과 2016/17 시즌 프리미어리그 2위 등 좋은 성적을 거두었다. 하지만 모리뉴, 콘테 등 세계적인 명장 감독을 선임했음에도 우승 타이틀의 부재가 못내 아쉬웠는데, 2025년 5월 UEFA 유로파리그 우승으로 마침내 '무관(無冠)'의 꼬리표를 뗐다. 10년 간 토트넘에서 활약한 손흥민은 2025년 8월을 마지막으로 토트넘을 떠나 아쉬운 소식을 전했다.

구단 정보

팀 정식 명칭 토트넘 홋스퍼 FC
Tottenham Hotspur Football Club

창단 연도 1882년
소속 리그 잉글랜드 프리미어리그
연고지 런던, 영국
대주주 에닉그룹(ENIC, 영국)
감독 토마스 프랑크(Thomas Frank, 덴마크)
주장 17번 크리스티안 로메로
(Cristian Romero, 아르헨티나)
마스코트 처피 코크럴(Chirpy the cockerel)
애칭 Spurs(스퍼스), Lilywhites(릴리화이트)
약칭 TOT
더비 북런던 더비 North London Derby
(VS 아스널 FC), 북서런던 더비 North West
London Derby (VS 첼시 FC)
팀 컬러 흰색, 군청색
유니폼 스폰서 AIA생명(AIA Group)
공식 웹사이트 www.tottenhamhotspur.com
한국인 선수 소속 이력 이영표(2005~2008),
손흥민(2015~2025),
양민혁(2025~포츠머스 FC 임대)

최근 3시즌 주요 성적표

시즌	주요 성적
2022/23	◦ 프리미어리그 8위 ◦ FA컵 16강 ◦ UEFA 챔피언스리그 16강
2023/24	◦ 프리미어리그 5위 ◦ FA컵 32강
2024/25	◦ 프리미어리그 17위 ◦ FA컵 32강 ◦ UEFA 유로파리그 우승

더비

북런던 더비(North London Derby)
VS 아스널 FC(Arsenal FC)

런던을 대표하는 지역 라이벌전으로, 토트넘 홋스퍼 FC(이하 토트넘)은 북런던 더비를 역사적 불공정에 대한 복수와 자존심 회복의 기회로 여기고 있다. 1913년 아스널 FC가 런던 남동부에서 토트넘 홈구장과 가까운 하이버리로 연고지를 옮기면서 두 팀 사이에 긴장감이 생겼다. 결정적인 사건이 일어난 건 1919년. 1부 리그 승격을 놓고 경쟁하던 토트넘은 강등당했으나 아스널은 투표를 통해 1부로 승격되었다. 토트넘 팬들은 이를 부당한 처사라며 강한 적대감을 가지게 되었고 현재까지도 그 감정이 이어지고 있다

관련 에피소드

2021/22시즌 북런던 더비 토트넘 홈경기는 챔피언스리그 출전권이 걸린 결정적 승부였다. 당시 5위 토트넘은 반드시 승리가 필요했기에 경기 초반부터 흐름을 주도했다. 손흥민이 유도한 페널티킥을 해리 케인이 성공시킨 데 이어 롭 홀딩의 퇴장과 케인의 추가골, 손흥민의 마무리 골이 이어지며 3-0 완승을 거뒀다. 이 승리로 토트넘은 4위 경쟁에서 아스널을 제치고 유리한 고지를 점했으며, 최종 라운드에서 챔스 진출권을 확보했다. 손흥민은 이 경기 포함, 시즌 23골로 프리미어리그 득점왕에 오르며 상징적인 커리어 정점을 찍었다. 전술적 완성도와 심리적 우위를 모두 갖춘 토트넘의 승리였다.

알고 가면 재미있는 클럽 이야기

01 토트넘의 전성기를 열었던 마우리시오 포체티노(Mauricio Pochettino) 감독은 2014년부터 2019년까지 재임 기간 동안 팀을 정상급으로 만들었다. 강한 전방 압박, 유기적인 전환, 젊은 자원의 육성을 기반으로 토트넘 특유의 공격적이고 에너지 넘치는 축구를 정립했다. 해리 케인, 손흥민, 크리스티안 에릭센, 델레 알리, 얀 베르통언, 토비 알데르베이럴트, 위고 요리스 등으로 구성된 주전 라인업은 프리미어리그 최상위권과 유럽 무대에서 경쟁력을 확보하는 데 핵심 역할을 했다. 2016/17시즌 프리미어리그 2위, 2018/19시즌 UEFA 챔피언스리그 준우승은 실질적인 트로피는 없었지만 팀 정체성과 전술 완성도 면에서 황금기를 대표한다.

02  토트넘 애칭인 릴리화이트(Lilywhites)는 1898년부터 착용하기 시작한 흰색 상의 유니폼에서 유래한 것으로 백합처럼 하얗다고 하여 붙여졌다. 토트넘이 흰색 유니폼을 채택한 배경에는 당시 리그와 FA컵 더블을 기록했던 강력한 팀인 프레스턴 노스 엔드를 동경하여 그들의 유니폼 컬러마저 따르고자 한 의도가 있었다. 순백색 상의와 남색 하의의 선택이 곧 팀의 상징이 되었다.

CLUB QUIZ!

① 2019년에 개장한 토트넘의 새 홈구장인 토트넘 훗스퍼 스타디움 첫 골의 주인공은?
가. 해리 케인 나. 손흥민
다. 델레 알리 라. 크리스티안 에릭센

② 토트넘을 상징하는 동물은 무엇인가요?
가. 곰 나. 용
다. 닭 라. 개

③ 가장 멋진 골에 부여하는 FIFA 푸스카스 상을 수상한 역대 토트넘 소속 선수는 몇 명일까요?
가. 1명 나. 2명
다. 3명 라. 4명

03 토트넘 응원 구호에 등장하는 '이드(Yid)'는 유대인을 조롱하거나 비하하는 칭호로 쓰였다. 현재는 이를 역이용해 토트넘 팬 스스로를 지칭하는 표현으로 쓰인다. 2020년 옥스퍼드 영어사전 개정판부터 '이드'의 정의에 "토트넘의 팬 또는 선수"라는 의미가 추가되었다.

04 톰 홀랜드(배우), 주드 로(배우), 아델(가수), 존 시나(레슬링 선수), J.K. 롤링(작가) 등 셀러브리티가 사랑하는 클럽이다. 손흥민 팬이기도 한 톰 홀랜드를 위해 토트넘은 두 사람이 만남을 가지는 콘텐츠를 제작한 적도 있다. 미국의 열혈 팬인 '존 시나'는 54번 등번호를 부여받은 명예선수이기도 하다.

05 홋스퍼란 명칭은 14세기 토트넘 최초의 구장이 있는 지역에서 살고 있던 헨리 퍼시 백작의 별명에서 따왔다. 홋스퍼는 박차란 뜻도 있는데, 퍼시가 키운 싸움닭이 박차를 달고 있었다는 이야기가 전해진다. 토트넘 선수였던 윌리엄 제임스 스콧이 박차를 단 수탉을 형상화한 동상을 세우면서 클럽의 상징이 되었다.

06 2025년 6월 4일 토트넘 홋스퍼 FC가 다니엘 레비(Daniel Levy) 회장의 사임을 공식 발표했다. 2001년 부임한 이래 24년간 회장직을 수행한 레비는 프리미어리그 최장수 회장이었다. 그는 재임 기간 동안 토트넘의 재정 안정화와 세계 최고 수준의 신축 경기장 건설을 주도하며 구단 발전에 핵심적인 역할을 했다. 하지만 동시에 오랜 트로피 가뭄으로 인한 팬들의 지속적인 비판에도 직면해왔다.

한국에서 직관 준비하기

▎경기 티켓 구매하기

경기일 약 2개월 반 전 현지 시간 오전 10시에 예매가 시작된다. 토트넘 공식 홈페이지 티켓(TICKETS & PREMIUM) 메뉴에서 각 경기의 예매일을 안내하고 있으니 참고하자. 티켓을 예매하기 전 반드시 해두어야 할 건 회원가입과 유료 멤버십 가입이다. 멤버십 없이는 티켓 구매가 불가능하기 때문이다. 경기일이 가까워지면 취소 표가 나오기 시작하는데, 의외로 괜찮은 좌석이 풀리기도 한다. 원하는 좌석을 놓쳤거나 티켓이 확보되어 있지 않다면 수시로 예매 사이트를 확인하여 취소 표를 노리도록 하자. 참고로 212구역이 포함된 프리미엄(Premium)은 멤버십에 가입하지 않아도 구매할 수 있는 이른바 호스피탈리티 티켓이다. 비교적 이른 시기에 예매가 시작되므로 각 경기의 '프리미엄' 버튼을 클릭하여 예매 정보를 확인하는 게 좋다.

+ PLUS 프리미엄 212구역

212구역은 웨스트 스탠드의 정중앙에 위치한 프리미엄 좌석으로 선수들이 입장하고 퇴장하는 터널 통로와 맞닿아 있다. 운이 좋으면 킥오프 전 워밍업 때나 경기 종료 후에 선수들 사인을 받을 수 있어 주변 104, 105구역보다 약 3, 4배 정도 높은 가격대에 책정되어 있음에도 인기가 높다. 간단한 식사와 음료, 매치데이 프로그램을 제공하는 프리미엄 라운지의 이용이 가능하고 킥 오프 3시간 전에 입장해 다른 구역의 관중보다 먼저 선수들을 만나볼 수 있다는 장점도 있다. 다만 최근 들어 담당 스태프에 따라 어린 관중을 우선시하거나 한국인 관중을 사인 구역에서 배제하는 등의 경험담이 속출하고 있어 사인은 크게 기대하지 않는 편이 좋다.

2 멤버십 종류

시즌 마지막 날까지 유효한 시즌제로 운영한다. 예를 들어 2025/26 시즌의 막바지인 2026년 5월 1일에 가입했더라도 2026년 5월 31일에 멤버십이 만료된다. 플러스 멤버십은 일반 멤버십보다 하루 빨리 티켓 예매가 가능하여 티켓 확보가 비교적 수월하며 원하는 자리를 잡을 수 있다는 장점이 있다. 아스널고의 북런던 더비나 시즌 막바지 경기처럼 수요가 높은 경기를 예매할 예정이라면 플러스 가입이 필수다.

시즌 시작일 기준으로 18세 이하라면 주니어 멤버십에 가입할 수 있다 주니어 멤버십 회원이 스타디움 투어를 참여할 경우 유료 입장하는 18세 이상 성인과 동반하면 무료로 입장할 수 있다. 티켓 구매가 가능한 멤버십은 아래 네 가지 옵션이며, 혜택은 다음과 같다.

	원 홋스퍼 어덜트 플러스 (One Hotspur Adult +)	원 홋스퍼 어덜트 (One Hotspur Adult)	원 홋스퍼 플러스 주니어 (One Hotspur + Junior)	원 홋스퍼 주니어 (One Hotspur Junior)
가격	£60	£50	£30	£25
우선 예매	○	-	○	-
공식 숍 바우처	£20	£15	-	-
스타디움 투어 바우처	£15	£10	-	-
기념품 증정	-	-	○	○

+ PLUS 멤버십 해지

멤버십 가입 후 14일 이내에 티켓 예매 이력이 없는 경우 멤버십 무료 해지가 가능하다. 만일 티켓 확보에 실패하여 더 이상 멤버십을 이용할 일이 없다면 문의 페이지(ask.tottenhamhotspur.com/hc/en-us/requests/new)를 통해 영문으로 해지 요청서를 작성하자. 담당자가 이메일로 해지 양식 페이지를 보내주는데, 개인정보 및 멤버십 ID를 기입하여 제출하면 영업일 3~5일 내로 가입비가 환불된다.

3 좌석 선택

토트넘 선수는 웨스트 스탠드(West Stand, 서측 스탠드)를 기준으로 오른쪽인 사우스 스탠드(South Stand, 남측 스탠드) 그라운드에서, 상대팀 선수는 원정석이 있는 노스 스탠드(North Stand, 북측 스탠드) 그라운드에서 워밍업이 이루어진다. 선수단이 에스코트 키즈와 함께 입장할 때도 마찬가지로 토트넘 선수는 오른쪽, 원정팀은 왼쪽에 선다는 점을 인지하고 좌석을 선택하도록 하자.

골대 뒤 1층 구역과 사우스 스탠드 251~257구역은 경기 내내 서서 관전하는 입석이다. 앉아서 경기를 보고 싶다면 다른 구역을 선택하는 것을 추천한다.

TIP 좌석 시야 미리보기

티켓 구매 시, 좌석 선택과 함께 시야 확인도 가능하나 구역마다 상세한 좌석 시야를 볼 수 있는 사이트를 제공하므로 예매 전 미리 참고하자.

홈페이지 3ddigitalvenue.com/3dmap/clients/tottenham

홈구장 정보 Tottenham Hotspur Stadium

홈구장
토트넘 홋스퍼 스타디움

주소
782 High Rd, London N17 0BX

완공
2019년

수용 인원
6만 2,850석

4 티켓 예매 방법

공식 티켓사이트(www.eticketing.co.uk/tottenhamhotspur)에서 티켓을 구매하는 법을 소개한다.

1 토트넘 공식 홈페이지에서 회원가입 및 멤버십을 구매한 후 티켓사이트에 접속해 **Premier League Tickets**의 **BUY NOW!** 버튼을 클릭한다.

2 직관하고자 하는 경기의 **CHECK AVAILABILITY** 버튼을 클릭한다. 좌측 필터 메뉴에서 리그, 컵 등 경기 타입과 날짜를 선택하면 보다 쉽게 원하는 경기를 솎아 낼 수 있다.

3 스타디움 좌석 배치도에 잔여석이 있는 구역은 초록색 동그라미 점과 함께 번호가 표시된다. 커서를 대면 해당 구역의 좌석 시야가 표시된다. 구매할 티켓 수량을 좌석 배치도 상단 **Quantity** 항목에서 선택한 후 가격대를 설정하면 원하는 조건의 구역 표시가 가능하다. 구매하고 싶은 구역을 클릭한다.

4 구매 가능한 좌석이 초록색으로 표시된다. 커서를 대면 해당 좌석의 시야와 좌석 정보가 표시된다. 구매하고 싶은 좌석을 클릭한다.

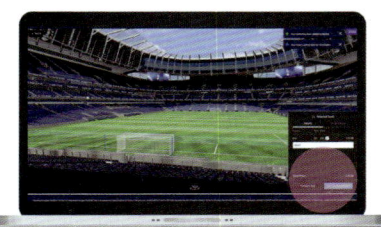

5 좌석 시야와 함께 열, 번호 등 구체적인 좌석 정보 및 가격이 표시된다. 마우스를 좌우로 움직이거나 확대하면 다양한 시야 체크가 가능하다. 여러 좌석의 시야를 확인하면서 선택하고 싶으면 **Compare Seat** 버튼을 클릭하자. 해당 좌석을 구매하고자 **Add to Basket** 버튼을 클릭하면 장바구니에 담긴다. 28분 안에 결제가 완료되어야 하므로 오른쪽 상단에 제한 시간이 뜬다. 시간 바로 위 버튼을 클릭하면 장바구니로 이동한다.

6 좌석 정보와 가격 확인 및 이용약관 동의에 체크한다.

7 **ROCEED TO CHECKOUT** 버튼을 클릭한다.

8 결제할 신용카드 또는 체크카드의 타입을 선택하여 카드 소지자 성함, 카드 번호, 카드 유효기한, 카드 서명란 오른쪽에 표시된 CVV 정보를 입력한 다음 수수료 타입(멤버 Members)을 선택한 후 **REVIEW ORDER** 버튼을 클릭한다.

9 **COMPLETE PURCHASE** 버튼을 클릭한 후 한국 신용카드의 인증(2분 안에 결제가 완료되어야 한다)을 거치면 티켓 구매가 완료된다.

> **+ PLUS** 멤버십 계정 연결하기
>
> 티켓은 멤버십 계정당 1장만 구매할 수 있다. 2장 이상의 연석을 구매하고 싶다면 사전에 다른 멤버십 계정을 내 계정에 연결해 두어야 한다. 티켓 예매 사이트의 마이 페이지에서 'VIEW ACCOUNT MENU' 버튼을 클릭해 'ACCOUNT MANAGEMENT'의 'Network' 메뉴를 순차적으로 클릭한다. 'ADD MEMBERS'의 멤버십 ID(CRN ID)와 멤버십 회원의 영문 성을 입력한 후 검색을 통해 나온 멤버를 추가하면 연결이 완료된다. 티켓 예매 시 좌석 배치도 페이지의 수량(Quantity) 아래 'Only show me seats together'를 설정하면 연석 좌석이 있는 구역을 선택할 수 있다.

5 티켓 다운로드

모바일 티켓을 다운로드하려면 사전에 멤버십 회원증을 애플 월렛(아이폰) 또는 구글 월렛(안드로이드)에 저장할 필요가 있다. 메일에 전송된 링크를 통해 다운로드받으면 예매 후 경기 시작 7일 전 회원증은 모바일 티켓으로 자동 전환된다. 경기일이 일주일 내로 임박했을 때 좌석을 예매했다면 구입 후 24시간 이내에 모바일 티켓이 활성화된다. 티켓이 자동 전환되지 않는 경우 멤버십 가입자의 여권을 지참해 경기장 티켓 오피스를 방문하여 종이 티켓을 발권 받거나 공식 애플리케이션을 설치해 모바일 티켓을 다운로드하도록 하자. 새 패스 요청 또한 가능하며 방법은 아래 Tip을 참고한다.

TIP 새 패스 다운로드

등록한 멤버십 회원증이 모바일 티켓으로 자동 전환되지 않을 경우, 새 패스를 요청할 수 있다. 기존에 등록된 패스는 무효가 된다. 요청 시 멤버십에 등록한 성명, 메일 주소, 회원 번호(CRN) 입력이 필요하다.

홈페이지 feedback.tottenhamhotspur.com/form-6184774/re-send-digital-pass-request

6 스타디움 투어

현대적인 디자인과 최신식 설비를 갖춘 프리미어리그 최고의 경기장을 경험하기에 투어만큼 좋은 기회는 없을 것이다. 토트넘의 투어 방식은 한국어를 지원하는 오디오 가이드를 들으며 자유롭게 둘러보는 점이 특징이다. 벤치, 라커룸, 트레이닝 룸, 인터뷰 룸, 식당 등 선수들이 실제로 사용하는 구역을 약 90분간 구석구석 살펴볼 수 있다. 경기장 앞 메가 스토어 내에 있는 투어 익스피리언스(Tottenham Experience) 코너에서 접수 및 투어가 시작된다. 경기 관전 날과 동일하게 A4 용지 크기를 넘지 않는 가방만 반입이 가능하고 더 큰 가방을 소지하고 있다면 투어 코너의 무료 보관소에 맡길 수 있다. 날짜마다 투어 가격이 조금씩 다르며 홈페이지에 간혹 할인 코드가 뜨기도 한다. 멤버십 회원은 가입 후 전송되는 환영 메일에 주목하자. 메일 내 할인 코드가 기재되어 있어 결제 시 사용 가능하다. 입장 시간은 10:30~15:30 사이 15분마다 진행된다. 날짜와 시간 변경은 예약일 48시간 전까지 고객 서비스 센터(+44)203-992-1882)로 전화해야 하며 일정 변경 수수료가 부과된다.

	성인 (16세 이상)	청소년 (16~18세)	4~15세	0~3세
가격	£35	£33	£22	-

7 추천 숙박 지역

관광의 중심지인 소호(Soho) 지역에 호텔이 밀집되어 있으나 숙박비가 타 지역에 비해 꽤 고가이므로 다소 부담스럽게 느껴질 수도 있다. 경기장까지 대중교통으로 약 한 시간이 소요되어 이동시간도 긴 편이다. 하지만 관광과 치안을 고려한다면 중심부에 숙소를 잡는 것이 무난하다.
파리행 유로스타를 탈 예정이거나 파리에서 유로스타로 넘어온다면 킹스 크로스(King's Cross) 역 부근도 좋은 옵션이다. 기차역에서 숙소가 가까워야 피로를 덜 수 있기 때문이다. 맨체스터나 리버풀 등 영국의 다른 지역으로 이동 시 킹스 크로스 역에서 도보로 15분 거리인 유스턴(Euston) 역에서 기차가 출발한다. 국가 및 지역 이동을 고려한다면 킹스 크로스 역 주변 숙소를 추천한다. 참고로 킹스 크로스 역에서 경기장까지는 전철과 버스로 약 30분이 소요된다.

현지에서 경기 직관하기

1 경기장 찾아가기

경기장은 지상철인 오버그라운드의 화이트 하트 레인(White Hart Lane) 역에서 도보로 5분 거리, 기차역 노덤버랜드 파크(Northumberland Park) 역에서 걸어서 약 10분이면 도착한다. 경기 당일 또는 콘서트나 이벤트가 열리는 날에는 경기장 주변을 중심으로 교통 통제가 실시되고 거리는 차 없는 도로가 된다. 따라서 평소 경기장 앞을 지나는 149·259·279·349번 버스는 우회 운행되며, 도보로 약 10분 거리에 위치하는 '스코틀랜드 그린(Scotland Green)' 정류장에서 정차한다. 경기나 이벤트가 없는 날 버스를 타고 공식 숍이나 스타디움 투어로 방문한다면 경기장 바로 앞에 있는 '토트넘 스포츠 센터(Tottenham Sports Centre)' 또는 '토트넘 훗스퍼 풋볼 클럽(tottenham Hotspur Football Club)' 정류장에서 내릴 수 있다.

2 경기장 입장하기

경기장은 경기 시작 2시간 전(프리미엄 티켓은 3시간 전)부터 입장할 수 있다. 좌석마다 입장 가능한 입구가 정해져 있으므로 티켓에 명시된 입구(Gate)의 번호를 확인한 후, 경기장 좌석 배치도상 번호 위치로 이동하도록 하자. 가방 검사와 티켓 확인 등 입장 절차를 거치면 구역(Block) 번호로 구분된 좌석 입구로 들어가면 된다.

3 반입 가능 가방 크기 및 반입 금지 물품

A4 용지(21×29.7cm) 크기를 넘지 않는 가방만 반입할 수 있다. 경기장에는 물품보관소가 없어 가능하면 짐 없이 방문하는 것이 좋다. 노트북 가방은 크기가 37×31cm 를 넘지 않는 경우에만 허용되며, 공식 스토어에서 구매한 투명 비닐백도 반입할 수 있다. 반입 금지 물품으로는 액체류, 외부 음식, 캔, 병, 유리 용기, 장우산, 날카로운 물체, 폭죽, 불꽃놀이, DSLR, 비디오 카메라, 유아차 등이 있다.

CHECK!

- ☑ 경기장 내 무료 와이파이(Stadium_Guest)를 제공한다(이메일 인증 필요).
- ☑ 경기장 내 현금 사용 불가, 오로지 카드 결제만 가능하다.
- ☑ 경기장 전 구역이 금연이다(전자담배 포함).
- ☑ 토트넘의 중요한 순간을 담은 사진 전시 코너가 경기장 5층 507구역 입구 근처에 있다. 특히 손흥민의 활약상이 담긴 사진들이 자주 등장해 한국 팬들의 눈길을 사로잡는다.
- ☑ 매치데이 프로그램은 경기장 밖 간이판매소에서 £4에 구매할 수 있다.

4 매점 이용하기

경기장 주변에 음식점이 있으나 경기일에는 입장 줄이 생길 정도로 붐비기 때문에 되도록 경기장 내 매점을 이용하도록 하자. 피시 앤 칩스, 미트 파이, 햄버거, 베이글 등을 판매하고 있으며 매점마다 취급하는 메뉴가 다르다. 맥주는 구장에 양조장이 설치되어 있는데, 만족스러운 맛이라는 평가를 받는다. 맥주가 컵에 채워지는 방식도 색달라 손흥민이 모 매체에서 언급했을 정도다. 아쉽게도 경기장 좌석 내 주류 반입이 금지되어 있어 매점 주변에서만 즐길 수 있다.

5 응원가 & 구호

매 경기 킥 오프 직전 트럼펫 반주와 함께 경기장 안 모든 토트넘 팬은 우승을 향해 한마음으로 'Oh When The Spurs, Go Marching In(스퍼스가 행진할 때)'을 부른다. 가사를 익혀 따라 부르는 것만으로 매주 경기장을 지키는 현지 팬들과 강함 유대감을 형성하고 타국에서 소속감을 느끼는 기분을 체험할 수 있다. 이는 직관 경험에서 유독 기억에 남는 순간 중 하나일 것이다. 'Come On You Spurs(스퍼스 화이팅, COYS)'라는 가사를 반복하는 응원가는 경기 도중 자주 등장하는데, 가사가 간단하고 단순해 쉽게 따라 부를 수 있다. 더불어 빈번하게 들을 수 있는 'Yid Army(이드 아미)'는 토트넘의 정체성을 드러내는 구호다.

6 공식 스토어

경기장 입구에 메가스토어를 운영하고 있다. 유니폼은 물론이고 패션잡화, 생활용품 등 다양한 종류의 기념품을 판매하고 있어 구경만으로도 즐겁다. 멤버십 회원은 계산 시 가입 특전으로 받은 바우처를 제시하면 할인 혜택을 받을 수 있다.

토트넘 익스피리언스 Tottenham Experience

주소 High Rd, London N17 0AP
영업 월~금요일 09:30~17:30, 토요일 09:00~17:00, 일요일 11:00~17:00

7 훈련장

경기가 없는 날 선수들을 가까이서 만나고자 훈련장을 찾는 한국 팬들이 크게 늘었다. 훈련장은 런던 시내에서 한 시간 이상 걸리는 먼 거리에 위치해 있으며, 주변이 주택가라 상업시설도 전혀 없는 불편한 환경이지만 많은 팬들이 이를 감수하고 방문한다. 선수들과 만날 확률을 높이려면 출근 시간대인 오전 8시 전후나 퇴근 시간인 오전 11시 30분부터 오후 2시 사이를 노리는 것이 좋다. 다만 모든 선수들이 사인이나 사진 촬영 요청에 응하지는 않는다는 점을 미리 감안하고 방문 계획을 세우자.

토트넘 훗스퍼 FC 훈련장
Tottenham Hotspur Football Club Training Ground

주소 Hotspur Way, Whitewebbs Ln, Enfield EN2 9AP

KOREAN PLAYERS IN EUROPE

코리안 리거 팀

영국은 세계 축구의 본고장으로, 잉글랜드 프리미어리그부터 2부 챔피언십, 그리고 스코틀랜드 1부 스코티시 프리미어십까지 다양한 리그에서 한국인 선수들이 활약하고 있다. 한국인 선수들이 속한 팀의 경기를 현장에서 직접 관람하는 경험은 글로벌 무대에서 한국 축구의 존재감을 체감할 수 있는 특별한 여정이 된다. 뜨거운 응원 열기와 치열한 경기 분위기를 가까이에서 느껴보자.

Newcastle United FC

뉴캐슬 유나이티드 FC

1892년 창단한 유서 깊은 잉글랜드 프로 축구 클럽이다. 잉글랜드 북동부 지역을 대표하는 팀으로 앨런 시어러, 케빈 키건 등 수많은 전설을 배출했으며, 열정적인 팬들의 헌신적인 응원과 함께 지역 사회의 상징으로 자리 잡았다. 2021년 사우디아라비아 국부펀드(PIF)가 구단을 인수하며 막대한 자본을 바탕으로 선수단에 공격적인 투자를 단행했다. 최근에는 프리미어리그 상위권 팀으로 다시 부상하며 과거의 영광을 되찾고 있다. 2025년 여름에는 수원삼성의 18세 박승수가 이적해 화제를 모았고, 프리시즌 투어로 한국을 방문해 서울에서 K리그 올스타팀과 토트넘 홋스퍼와 경기를 치르며 한국 팬들에게 좋은 인상을 남겼다.

구단 정보

팀 정식 명칭 뉴캐슬 유나이티드 FC
Newcastle United Football Club

창단 연도 1881년
소속 리그 잉글랜드 프리미어리그
연고지 뉴캐슬, 영국
감독 에디 하우(Eddie Howe, 영국)
주장 6번 자말 라셀레스
(Jamaal Lascelles, 잉글랜드)
부주장 39번 브루노 기마랑이스
(Bruno Guimarães, 브라질)
마스코트 몬티 더 매그파이(Monty the Magpie)
애칭 The Magpies(까치),
The Toon Army(뉴캐슬 팬 구단),
Geordies(지방 방언 기반 응원단 명칭)
약칭 NEW, NUFC
팀 컬러 검정색과 흰색 줄무늬
더비 타인위어 더비 Tyne-Wear Derby
(VS 선덜랜드 AFC)

유니폼 스폰서 셀라(Sela)
공식 웹사이트 www.newcastleunited.com
한국인 선수 소속 이력 기성용(2018~2020),
박승수(2025~)

최근 3시즌 주요 성적표

시즌	주요 성적
2022/23	◦ 프리미어리그 4위 ◦ FA컵 64강 ◦ EFL컵 준우승
2023/24	◦ 프리미어리그 7위 ◦ FA컵 8강 ◦ UEFA 챔피언스리그 조별리그
2024/25	◦ 프리미어리그 5위 ◦ FA컵 16강 ◦ EFL컵 우승

알고 가면 재미있는 클럽 이야기

01 앨런 시어러(Alan Shearer)는 프리미어리그 역사상 최다 득점인 260골을 보유한 전설적인 선수이자 뉴캐슬 유나이티드 FC의 상징적인 존재다(참고로 손흥민은 197골로 16위에 자리하고 있다). 그는 사우샘프턴과 블랙번 로버스에서 뛰어난 활약을 펼치며 명성을 쌓았고, 1996년 당시 세계 최고 이적료인 1,500만 파운드에 고향 팀인 뉴캐슬 유나이티드 FC(이하 뉴캐슬 유나이티드)로 이적했다. 이후 10시즌 동안 405경기에서 206골을 기록하며 구단 역대 최다 득점자에 올랐다. 뛰어난 위치 선정 능력과 강력한 오른발 슈팅, 그리고 탁월한 공중볼 처리 능력으로 '완벽한 스트라이커'라는 평가를 받았다. 은퇴 후에도 구단과 지역 사회에 깊이 관여하며, 뉴캐슬 유나이티드의 살아 있는 전설로 존경받고 있다.

구단의 애칭인 '매그파이(Magpies)'는 19세기 말 흑백 세로 줄무늬 유니폼을 채택하면서 시작되었다. 까치의 검정과 흰색 깃털과 닮았다고 해서 붙은 이름으로, 영국 민속에서 까치가 상징하는 영리함과 끈기를 팀의 투지와 생존력으로 해석한다.

한국에서 직관 준비하기

1 경기 티켓 구매하기

멤버십 소지자만 공식 추첨(ballot)에 응모할 수 있다. 홈페이지를 통해 멤버로 가입하면 매 경기별로 추첨 응모 기회가 주어지며, 당첨 시 이메일을 통해 48시간 내에 좌석 선택 및 결제 절차를 완료해야 한다. 미완료 시 멤버 대상 일반 판매에 자동 진입할 수 있으나 수량이 제한적이므로 희망 좌석 확보가 불가능할 수 있다. 확인해야 한다.

홈페이지 book.newcastleunited.com

2 좌석 선택

뉴캐슬 유나이티드 선수들은 홈팬들이 밀집한 갤로게이트(Gallowgate) 앞 그라운드에서 워밍업을 한다. 반면 원정팀 선수들은 원정 팬 좌석이 위치한 래이즈 스탠드(Leazes Stand) 앞에서 몸을 푼다. 경기 시작 전 선수단은 밀번 스탠드(Milburn Stand)에 위치하는 터널을 통해 그라운드로 입장한다. 뉴캐슬 유나이티드 선수는 오른쪽, 원정팀은 왼쪽에 선다는 점을 인지하고 좌석을 선택하자.

멤버십 종류

	주니어 매그(Junior Mags)	더 매그(The Mags)	매그 플러스(Mags+)
가격	£20	£37	£47
리테일 할인 횟수	최소 3회	최소 3회	최소 5회
리테일 신상품 선판매	-	-	O
프리시즌 스트리밍	-	-	2경기 무료 스트리밍 제공
한정 이벤트 참여	-	-	O
이벤트 티켓 선예매	-	-	O

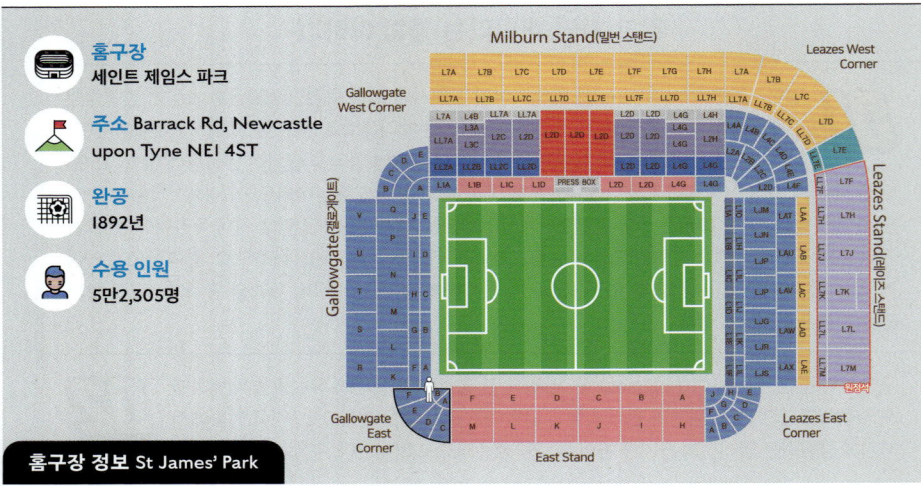

홈구장 세인트 제임스 파크

주소 Barrack Rd, Newcastle upon Tyne NE1 4ST

완공 1892년

수용 인원 5만 2,305명

홈구장 정보 St James' Park

3 추천 숙박 지역

경기장 주변은 뉴캐슬 중심부에 위치하고 있어 접근성과 편의성을 동시에 갖춘 최적의 지역이다. 경기장 근처에 숙박 시설이 밀집해 있어 경기 당일 이동이 매우 용이하다. 또한 뉴캐슬 중앙역 인근 역시 교통조건이 뛰어나 다른 도시에서 오거나 다른 도시로 갈 때 교통편을 이용하기에도 매우 유리한 위치다.

현지에서 경기 직관하기

1 경기장 찾아가기

경기장은 시내 중심부에 위치해 있어 대중교통 접근성이 뛰어나다. 뉴캐슬 중앙역(Newcastle Central Station)에서 도보 10분, 지하철 메트로 역 세인트 제임스(St. James') 및 주요 버스 정류장 1분 거리에 위치하고 있어 어렵지 않게 도착할 수 있다. 경기 당일은 일부 구간의 차량 진입이 제한되므로 대중교통 이용을 권장한다.

2 경기장 입장하기

경기장은 킥 오프 90분 전부터 입장할 수 있다. 스마트폰에 다운로드 가능한 디지털 티켓으로 입장하며, 애플 페이(Apple Pay)와 구글 페이(Google Pay)에 추가하여 사용할 수 있는 모바일 패스다. 티켓에 명시된 개찰구(Turnstile)로만 입장 가능하므로, 좌석표에서 자신의 위치를 확인한 뒤 해당 개찰구로 이동하자. 입장 시 간단한 소지품 검사와 티켓 바코드 스캔 절차를 거친다. 경기장 내부에 들어서면 각 구역(Area)의 좌석 열과 번호마다 입구가 다르므로 안내 표지판을 주의 깊게 살펴야 한다.

3 반입 가능 가방 크기 및 반입 금지 물품

캐리어 정도 되는 크기의 가방과 백팩을 비롯해 크기가 큰 가방이나 여행 가방은 반입할 수 없다. 2×1m를 초과하거나 공격적인 문구가 적힌 깃발이나 현수막도 반입 금지된다.

 **HECK!**

- ☑ 일부 매점에서는 현금 결제가 가능하나 대부분의 시설에서는 신용카드 결제를 권장한다.
- ☑ 경기장에는 모든 서포터와 일반인에게 개방된 '시어러스 바(Shearer's Bar)'가 있다. 바는 클럽 공식 매장 옆 갤로게이트 스탠드(Gallowgate Stand) 아래에 위치해 있다.
- ☑ 경기장 앞 갤로게이트 웨스트 코너(Gallowgate West corner) 부근에 앨런 시어러의 동상이 세워져 있다.

Wolverhampton Wanderers FC

울버햄튼 원더러스 FC

설기현과 황희찬이 뛰면서 우리나라 축구팬에게는 친숙한 이름이 된 축구 클럽. 1877년 한 교회의 병설 학교 축구팀으로 창설된 것이 구단 역사의 시작이다. 검정색 늑대 엠블럼이 인상적인 이 구단은 연고지인 영국 중부 지방 도시인 울버햄튼의 약칭인 'Wolves'가 늑대를 의미하기도 해 자연스레 상징으로 자리 잡게 되었다. 2016년 8조 원 자산가로 알려진 곽광창이 경영하는 중국의 투자회사 '푸싱 인터내셔널 그룹'이 구단을 인수했다.

구단 정보

팀 정식 명칭 울버햄튼 원더러스 FC
Wolverhampton Wanderers Football Club

창단 연도 1877년
소속 리그 잉글랜드 프리미어리그
연고지 울버햄튼, 영국
구단주 곽광창(郭广昌, 중국)
감독 비토르 페레이라(Vitor Pereira, 포르투갈)
주장 24번 토티(Toti, 포르투갈)
마스코트 울피(Wolfie), 윌프레드(Wilfred), 웬디(Wendy)
애칭 Wolves(울브스, 늑대),
The Wanderers(원더러스)
약칭 WOL
팀 컬러 노란색과 검정색
더비 블랙 컨트리 더비 Black Country derby
(VS 웨스트브로미치 알비온)
유니폼 스폰서 디베트(Debet)
공식 웹사이트 www.wolves.co.uk
한국인 선수 소속 이력 설기현(2004~2006),
황희찬(2021~), 정상빈(2022~2023)

최근 3시즌 주요 성적표

시즌	주요 성적
2022/23	◦ 프리미어리그 13위 ◦ FA컵 64강
2023/24	◦ 프리미어리그 14위 ◦ FA컵 8강
2024/25	◦ 프리미어리그 16위 ◦ FA컵 16강

알고 가면 재미있는 클럽 이야기

울버햄튼 원더러스 FC(이하 울버햄튼)의 흔적은 영국 문화 곳곳에서 발견할 수 있다. 추리 소설의 여왕 애거사 크리스티는 대표작 <ABC 살인 사건>에서 명탐정 포와로가 울버햄튼의 축구 경기를 관람하는 장면을 삽입해 당시 독자들에게 친근한 현실감을 선사했다. 클래식 음악의 거장 에드워드 엘가는 울버햄튼을 향한 애정을 곡으로 승화시켰다. 그가 작곡한 'He Banged the Leather for Goal'은 최초의 축구 응원가로 불리며 독특한 발자취를 남겼다. 록의 전설 레드 제플린의 보컬 로버트 플랜트는 5세부터 경기장을 찾던 열혈팬이었다. 그의 팀 사랑은 평생에 걸쳐 이어져 2009년에는 구단의 명예 부회장 직까지 맡게 되었다.

한국에서 직관 준비하기

1 경기 티켓 구매하기

예매 전 홈페이지를 통해 회원가입을 해두어야 하고 일부 경기(VS 상위권 강팀)에 한해서는 멤버십 가입도 필요하다. 경기일 약 한 달 전부터 멤버십 예매가 시작되며 순차적으로 일반 예매(General Sale)가 열린다. 직관하고 싶은 경기의 예매가 시작되면 'Click to Buy' 버튼을 클릭하여 좌석표상 원하는 좌석을 선택하면 된다. 단, 멤버십이 필요한 경기를 2인 이상 관전할 경우 계정당 1장씩만 할당되므로 각각 계정을 생성, 멤버십에 가입해야 한다. '마이 어카운트(MyAccount) → 마이 네트워크(My-Network)'에서 계정을 추가시켜야 2장 이상 또는 연석 구매가 가능한 점을 기억하자.

홈페이지 www.wolves.co.uk/tickets-hospitality

2 멤버십 종류

멤버십은 연령이 세세하게 나뉘어 있으며 해외 팬(Overseas Fans, £45)을 위한 인터내셔널 멤버십(International Membership)도 존재한다. 인터내셔널 멤버십은 일반 성인(My Wolves Adult +17, £45) 멤버십의 구성(기념품, 티켓 예매 권리 등)과 가격이 동일하나 무료 박물관 입장 혜택과 온라인 숍 무료 해외 배송 1회 혜택이 더해져 더욱 이득이다.

홈페이지 memberships.wolves.co.uk

3 좌석 선택

울버햄튼 선수는 빌리 라이트 스탠드(Billy Wright Stand)를 기준으로 오른쪽인 잭 헤이워드 경 스탠드(Sir Jack Hayward stand) 그라운드에서, 상대팀 선수는 스탠 컬리스 스탠드(Stan Cullis Stand) 그라운드에서 워밍업이 이루어진다. 선수단이 에스코트 키즈와 함께 입장할 때는 반대로 울버햄튼 선수는 왼쪽, 원정팀은 오른쪽에 선다는 점을 인지하고 좌석을 선택하도록 하자.

빌리 라이트 스탠드의 저층 구역(Lower Block)의 1열은 휠체어석인 경우가 많고, 일부 구역은 패밀리 구역이라 17세 이하를 동반한 성인만 예매할 수 있다. 하프라인에 가까운 블록의 1~5열은 선수단 벤치로 인해 시야 방해가 발생할 수 있는 점을 참고하자. 잭 헤이워드 경 스탠드 전 구역과 스탠 컬리스 스탠드의 NL5·NL6 구역은 서서 관전하는 관중이 대다수이므로 앉아서 관전하고 싶다면 다른 구역을 선택하자.

4 티켓 예매 방법

직관하고 싶은 경기의 'Click to Buy' 버튼을 클릭하여 좌석표상 원하는 좌석을 선택하면 된다. 좌석 선택 시 화면으로 미리 시야를 확인할 수 있어 좌석 선택이 수월하다. 티켓은 연령별로 가격 차등제를 실시하므로 좌석 선택 후 티켓 타입 옵션에서 나이대를 선택하자(22세 이상인 경우 성인에 해당). 신용카드 또는 체크카드 정보 입력만으로 예매가 완료된다.

5 스타디움 투어

일부 날짜를 제외하고 거의 매일 영어 가이드를 동반한 스타디움 투어를 운영하고 있다. 평일 1회, 금요일 2회, 주말 2~4회 주로 낮 시간대에 진행하니 홈페이지에서 정확한 시간을 확인하자. 약 90분간 투어를 통해 라커룸, 벤치, 인터뷰 룸 등 평소에는 가보지 못할 공간을 체험한다. 요금

홈구장 정보 Molineux Stadium

- **홈구장** 몰리뉴 스타디움
- **주소** Waterloo Rd, Wolverhampton WV1 4QR
- **완공** 1889년
- **수용 인원** 3만 2,750명

은 15세 이상 £22, 14세 이하 £16.50이다. 박물관만 둘러보고 싶다면 15세 이상이 £10, 14세 이하가 £5, 해외 거주자용 멤버십 회원과 4세 이하는 무료로 이용 가능하다. 투어 시간 10분 전 경기장 메가스토어 좌측의 박물관 입구에 가면 투어를 참가할 수 있다. 환불 불가이며 날짜와 시간 변경은 예약일 최소 24시간 전까지 메일(museum@wolves.co.uk) 또는 전화(+44 1902810485)로 연락해야 가능하다.

박물관 운영 10:30-16:30

6 추천 숙박 지역

경기장 인근에는 2성급 호텔이 딱 한 곳 있는데, 경기일 전후로 가격이 치솟아 가격 대비 만족도가 아쉬울 수 있다. 그나마 울버햄튼 기차역 주변에 호텔이 밀집해 있으나 많지는 않다. 울버햄튼에서 가까운 대도시인 버밍엄은 교통의 요충지인 버밍엄 뉴 스트리트(Birmingham New Street) 역 주변에 가격이 합리적이면서도 컨디션이 좋은 호텔들이 몰려있다. 울버햄튼 역에서 기차로 20분이면 도착하고 기차 편수도 많으며 교통비도 저렴하다. 울버햄튼에 마음에 내키는 숙박시설이 없다면 버밍엄까지 발을 넓혀보는 것을 추천한다.

현지에서 경기 직관하기

1 경기장 찾아가기

울버햄튼 기차역에서 도보로 15분이면 경기장에 도달한다. 구글 지도 경로를 따라 걷거나 울버햄튼 유니폼을 입은 서포터를 따라가면 쉽게 경기장으로 갈 수 있다.

2 경기장 입장하기

경기 시작 90분 전부터 입장할 수 있다. 티켓에 명시된 개찰구(Turnstile)의 번호를 찾아가자. 간단한 가방 검사와 함께 티켓을 스캔하면 바로 입장 가능하다. 지정된 구역(AREA)으로 들어가면 좌석까지 빠르게 이동할 수 있다.

3 반입 가능 가방 크기 및 반입 금지 물품

A4 용지(21×29.7cm) 크기를 넘지 않는 가방만 반입할 수 있다. 경기장에는 물품보관소가 없으니 짐을 최소화해 방문하자. 반입 금지 물품으로는 알코올, 500ml가 넘는 액체류, 날카로운 물건, 병, 유리 용기, 음료수 캔, 신호탄, 폭죽, 레이저 장치, 노트북, DSLR, 장우산 등이 있다.

4 매점 이용하기

경기장 주변에 햄버거나 핫도그를 파는 노점이 들어서고 경기장 내 매점에서도 식사가 될 만한 햄버거, 핫도그, 파이 등을 판매한다. 맥주, 탄산음료, 물 등도 쉽게 구입할 수 있지만 맥주는 좌석에 들고 들어갈 수 없다는 걸 명심하자.

5 응원가 & 구호

킥 오프 전 영국 출신 가수 제프 벡(Jeff Beck)의 'Hi-Ho Silver Lining'을 "Hi-Ho Wolverhampton"으로 개사해서 부른다. 황희찬을 위한 응원가 가사는 아래를 참고하자.

🎵 황희찬 응원가

He's Korean
He's only on loan for a season
We think he's f*cking brilliant
He's Hwang Hee Chan

6 공식 스토어

스탠 컬리스 스탠드 입구에 공식 스토어가 있다. 유니폼을 비롯한 다양한 MD상품을 판매하고 있다. 유니폼은 마킹이 된 상품도 판매하고 있다.

메가 스토어
Wolves Official Merchandise Megastore

주소 Molineux Stadium, Waterloo Rd, Wolverhampton WV1 4QU
영업 월~금요일 10:00~17:00, 토요일 09:00~17:00, 일요일 10:00~16:00

CHECK!

- ☑ 매치데이 프로그램은 경기장 밖 간이 판매소에서 £4에 구매할 수 있다.

- ☑ 경기장 내 현금 사용 불가, 오로지 카드 결제만 가능하다.

- ☑ 경기장으로 향하는 길목 직전에 나오는 터널 안을 그냥 지나치지 말고 유심히 살펴보자-. 울버햄튼의 구단 역사를 한눈에 알 수 있도록 연도순으로 나타내고 있다. 잭 하워드 경 스탠드 부근에 위치한다.

- ☑ 경기장 주변 노점에서 황희찬의 얼굴이 새겨진 비공식 머플러를 판매한다. 기념품으로 저격이다.

- ☑ 경기 당일 빌리 라이트 스탠드 입구 부근에서 대기하면 구단 버스를 타고 출근하는 울버햄튼 선수와 원정팀 선수를 지켜볼 수 있다. 빌리 라이트 동상 왼편으로 현지 팬들이 삼삼오오 모여 있어 쉽게 발견할 수 있다. 선수들은 보통 킥 오프 1시간 반~2시간 전에 출근하며 원정팀은 같은 장소에서 퇴근한다. 울버햄튼 선수는 주로 잭 헤이워드 스탠드와 빌리 라이트 스탠드 사이에 있는 주차장을 통해 자차로 퇴근하는 경우가 많다. 직관 온 많은 팬들이 이곳에서 황희찬 선수를 만난 행운을 거머쥐었다.

Stoke City FC

스토크 시티 FC

창단 160주년의 오랜 역사를 가진 클럽. 영국 도자기 생산의 중심지인 스토크온트렌트가 연고지인 까닭에 '포터스(The Potters, 옹기장)'라는 애칭이 붙었으며 이는 엠블럼에도 새겨져 있다. 현재는 사라지고 없지만 악명 높았던 서포터스가 경기장에서 난동을 피우고 패싸움을 벌이면서 수십 명이 구속되는 등 훌리건으로 인해 수차례 홍역을 치른 바 있다. 2023년 배준호의 입단으로 한국 팬들이 주목하기 시작했다.

구단 정보

팀 정식 명칭 스토크 시티 FC
Stoke City Football Club

창단 연도 1863년
소속 리그 잉글랜드 EFL 챔피언십
연고지 스토크온트렌트, 영국
감독 마크 로빈스(Mark Robins, 잉글랜드)
주장 23번 벤 깁슨(Ben Gibson, 잉글랜드)
부주장 16번 벤 윌모트(Ben Wilmot, 잉글랜드)
마스코트 포터머스(Pottermus),
포터미스(Pottermiss)
애칭 The Potters(포터스)
약칭 STO
팀 컬러 빨간색과 하얀색 줄무늬
유니폼 스폰서 베트365(bet365)
공식 웹사이트 www.stokecityfc.com
한국인 선수 소속 이력 배준호(2023~)

최근 3시즌 주요 성적표

시즌	주요 성적
2022/23	◦ EFL 챔피언십 16위 ◦ FA컵 16강
2023/24	◦ EFL 챔피언십 17위 ◦ FA컵 64강
2024/25	◦ EFL 챔피언십 18위 ◦ FA컵 32강

알고 가면 재미있는 클럽 이야기

스토크 시티 FC(이하 스토크 시티)의 팬 문화는 독특한 길거리 잡지 '오트케이크(The Oatcake)'를 통해서도 잘 드러난다. 이 지역의 명물 간식인 귀리 팬케이크에서 이름을 따온 잡지는 1988년부터 2019년까지 31년간 발행되었다. 펑크적인 유머와 지역 사투리로 팬들의 생생한 목소리를 담아내며, 경기 날이면 경기장 주변에서 팬들이 들고 다니는 또 하나의 응원 도구 역할을 했다. 비록 현재는 발행이 중단되었지만 온라인 메시지보드에서 팬들은 여전히 활발하게 소통하며 스토크 시티만의 독특한 문화를 이어가고 있다.

한국에서 직관 준비하기

1 경기 티켓 구매하기

경기일 약 3주 전부터 일반 예매가 시작되며 멤버십 가입 없이도 티켓 예매가 가능하나 홈페이지를 통해 반드시 회원가입을 해야 한다. 직관하고 싶은 경기의 예매가 시작되면 'Buy Tickets' 버튼을 클릭하여 좌석표상 원하는 구역을 지정, 구체적인 좌석을 선택하면 된다. 단, 2인 이상 관전할 경우 계정당 1장씩만 할당되므로 각각 계정을 생성해야 한다. '마이페이지 → My Friends & Family'에서 계정을 연결시켜야 2장 이상 또는 연석 구매가 가능한 점을 기억하자.

홈페이지 tickets.stokecityfc.com

2 좌석 선택

스토크 시티 선수는 프랭클린 스탠드(The Franklyn Stand, 서측 스탠드)를 기준으로 왼쪽인 부덴 엔드(The Boothen End, 북측 스탠드) 그라운드에서, 상대팀 선수는 원정석이 있는 콜드웰 컨스트럭션 스탠드(The Caldwell Construction Stand, 남쪽 스탠드) 그라운드에서 워밍업이 이루어진다. 선수단이 에스코트 키즈와 함께 입장할 때도 마찬가지로 스토크 시티 선수는 왼쪽, 원정팀은 오른쪽에 선다는 점을 인지하고 좌석을 선택하도록 하자.

3 스타디움 투어

상시가 아닌 예약제로 스타디움 투어를 운영하고 있다. 약 한 시간 동안 진행되는 투어를 통해 라커룸, 벤치, 인터뷰 룸 등 평소에는 가보지 못할 공간을 체험한다. 시즌 동안 경기일과 경기가 있는 주말을 제외한 날에 이용할 수 있으며 최소 2주일 전까지 전화(+44-178-259-2252)로 예약해야 한다. 요금은 예약 시 지불해야 하는데, 그룹당 부가하므로 가격이 합리적이다.

	5명 이하	6~10명	11~15명	16~20명	21~25명	25~30명
가격	£40	£50	£60	£65	£80	£95

4 추천 숙박 지역

경기장에서 도보 10분 거리에 유명 호텔 체인 중 하나인 홀리데이 인 익스프레스(Holiday Inn Express Stoke on Trent)가 있다. 객실 수가 123개니 스토크온트렌트 중심지에서 다소 떨어진 위치인지라- 만실이 될 확률은 그다지 높지 않다. 조식이 무료로 제공되고 호텔 바로 옆에도 레스토랑이 있으니 끼니 해결에 어려움은 없다. 경기만을 위해 이 도시를 방문한다면 좋은 선택지가 될 수 있다. 참고로 스토크온트렌트(Stoke-On-Trent) 기차역 주변은 호텔 수가 빈약하고 번화가가 있는 헌리(Hanley) 지역에 호텔이 비교적 많은 편이다.

홈구장 정보 bet365 Stadium

홈구장
베트365 스타디움

완공
1997년

주소
Stanley Matthews Way, Stoke-on-Trent ST4 4EG

수용 인원
3만89명

현지에서 경기 직관하기

1 경기장 찾아가기

킥 오프 90분 전부터 스토크온트렌트(Stoke-On-Trent) 기차역 부근 글리브 스트리트(Glebe Street)에서 경기장을 오가는 셔틀버스를 운행한다. 약 5~10분 간격으로 출발하며 요금은 왕복 16세 이상 £3, 16세 미만 £2이다. 경기장에서 출발하는 셔틀버스에 한해 편도 이용이 가능한데 요금은 16세 이상 £2, 16세 미만 £1이다. 경기 종료 후 한 시간까지 운행한다.

셔틀버스 외에 기차역 주변에서 24번 버스를 승차해 'bet365 Stadium' 정류장에서 하차하면 된다. 버스 1일 승차권의 요금은 19세 이상 £6, 19세 미만 £3.90이며 버스에서 구입할 수 있다. 버스 시간대가 맞지 않다면 우버(Uber) 같은 배차 시스템을 이용하는 것도 하나의 방법이다. 약 10분이 소요되며 요금은 £6~7선이다.

2 경기장 입장하기

경기 시작 90분 전부터 입장할 수 있다. 티켓에 명시된 개찰구(TURNSTILE)의 번호를 찾아가자. 간단한 가방 검사와 함께 티켓을 제시하면 바로 입장 가능하다. 지정된 구역(BLOCK)으로 들어가면 좌석까지 빠르게 이동할 수 있다.

3 반입 가능 가방 크기 및 반입 금지 물품

음식물 및 알코올 포함 액체류, 날카로운 물건, 신호탄, 폭죽, 장우산, 캐리어 가방 등 부피가 큰 가방.

4 매점 이용하기

경기장 주변에 햄버거나 핫도그를 파는 노점이 들어서고 경기장 내 매점에서도 식사가 될 만한 햄버거, 핫도그, 파이 등을 판매한다. 맥주, 탄산음료, 물 등도 쉽게 구입할 수 있지만 맥주는 좌석에 들고 들어갈 수 없다는 걸 명심하자.

CHECK!

- 매치데이 프로그램은 경기장 밖 간이 판매소에서 £3.5에 구매할 수 있다.
- 경기 시작 90분 전후로 경기장 밖 공식 스토어 주변과 스토어 안에서 마스코트인 포터머스와 포터미스가 돌아다닌다. 사진 촬영에 적극적이니 반갑게 투샷을 요청해보면 어떨까?

- 경기 당일 경기장 앞 공식 스토어 부근 주차장 입구에서 출퇴근하는 선수들을 가까이서 만날 수 있는 기쁨을 누릴 수 있다. 선수들은 보통 킥 오프 2시간 전에 출근, 경기 종료 후 한 시간 내로 퇴근한다. 대부분의 선수들은 기다리는 팬들을 위해 기꺼이 사인과 사진 촬영 등의 팬 서비스를 한다. 배준호에게 응원의 한마디를 건넬 좋은 기회가 되지도.

5 응원가 & 구호

가장 유명한 응원가인 'We'll Be With You'는 1972년 EFL컵 우승을 기념하여 만들어진 곡이다. 매 경기 선수들이 그라운드로 입장할 때 배경 음악으로 흘러나오면서 경기장 안 스토크 시티 팬 모두가 목청 높여 다라 부른다.

배준호 응원가는 입단 후 눈에 띄는 활약으로 일찌감치 탄생했다. 스웨덴의 국민가수 아바(ABBA)의 히트곡 'Voulez-Vous(블레이 부)'의 멜로디에서 따왔다. 참고로 맨시티의 베르나르도 실바도 같은 멜로디의 응원가를 가지고 있다.

🎵 배준호 응원가

Bae Jun-ho Aha
Running down the wing Aha
Make the city sing Aha
He's our South Korean king

6 공식 스토어

Bet365 경기장 입구에 공식 스토어가 있다. 유니폼을 비롯해 다양한 MD상품을 판매하고 있다. 계산 시 마킹이 안 된 유니폼과 함께 마킹할 선수의 이름과 번호를 전달하자. 시즌 후반으로 갈수록 유니폼 재고 수가 줄어들면서 원하는 사이즈를 구할 수 없는 경우가 있다. 다만 시즌이 끝날 무렵에는 높은 할인율이 적용되어 가격이 저렴해진다.

스토크 시티 FC 클럽 스토어
Stoke City FC Club Store

주소 bet365 Stadium, Stanley Matthews Way, Stoke-on-Trent ST4 4EG
영업 화~금요일 10:00~16:00, 토요일 10:00~18:00, 월·일요일 휴무(단, 경기일은 운영)

Birmingham City FC

버밍엄 시티 FC

잉글랜드 2부 리그 격인 EFL 챔피언십에 소속되어 있는 클럽. 2023/24 시즌 잉글랜드의 레전드 선수인 웨인 루니가 감독으로 취임했으나 15경기 중 불과 2승밖에 거두지 못해 3개월 만에 해임되었다. 이로 인해 2부에서 3부로 강등되는 결과로 이어졌으나 1시즌 만에 다시 2부로 승격되었다. 현재 남성팀에는 백승호, 여성 팀에는 이금민, 지소연 등 한국인 선수들이 활약하고 있다.

 구단정보

팀 정식 명칭 버밍엄 시티 FC
Birmingham City Football Club

창단 연도 1875년
소속 리그 영국 EFL 챔피언십
연고지 버밍엄, 영국
구단주 톰 와그너(Thomas Wagner, 미국)
감독 크리스 데이비스(Chris Davies, 웨일스)
주장 6번 크리스토프 클라러(Christoph Klarer, 오스트리아)
마스코트 보 브루미(Beau Brummie),
벨 브루미(Belle Brummie)
애칭 Blues(블루스)
약칭 BIR, BCFC
팀 컬러 파란색
더비 버밍엄 더비(Birmingham derby) 또는 세컨드 시티 더비(Second City Derby) VS 애스턴 빌라

유니폼 스폰서 언디피티드(Undefeated)
공식 웹사이트 www.bcfc.com
한국인 선수 소속 이력
남성 팀: 이명재(2025), 백승호(2024~)
여성 팀: 조소현(2023~2025),
최유리(2023~2025), 아금민(2024~),
지소연(2025~)

최근 3시즌 주요 성적표

시즌	주요 성적
2022/23	◦ EFL 챔피언십 17위 ◦ FA컵 32강
2023/24	◦ EFL 챔피언십 22위 ◦ FA컵 32강
2024/25	◦ EFL 리그 원 1위 ◦ FA컵 32강

알고 가면 재미있는 클럽 이야기

 2010/11시즌 칼링컵(현 카라바오 컵) 결승전에서 벌어진 버밍엄 시티 FC(이하 버밍엄 시티)와 아스널 FC의 경기는 약체가 강호를 꺾은 대표적인 '자이언트 킬링'으로 기억된다.
당시 프리미어리그 하위권에서 강등권 싸움을 벌이고 있던 버밍엄 시티는 결승 상대로 전력 차이가 뚜렷한 명문 아스널을 만났다. 많은 이들이 아스널의 우세를 예상했으나 경기는 팽팽했고 결국 버밍엄이 2-1로 승리하며 48년 만의 메이저 트로피를 들어올렸다.

 2019/20시즌을 마친 뒤 17세의 나이로 도르트문트에 이적한 주드 벨링엄의 등번호 22번을 영구 결번으로 지정했다.
버밍엄 유스 아카데미 출신인 벨링엄은 16세에 데뷔해 구단 최연소 출전 기록을 세웠고, 뛰어난 실력과 성실함을 인정받았다. '너무 이른 영구 결번'이라는 논란에도 불구하고 구단은 그를 '한 세대를 대표할 재능'이라 평가하며 결정을 고수했다.

한국에서 직관 준비하기

1 경기 티켓 구매하기

공식 홈페이지 티켓 페이지에서 회원가입만으로 예매할 수 있다. 경기일 10~14일 전에 예매가 시작되며 경기마다 티켓 예매가 열리는 일정을 메일로 알려주는 오픈 알림을 설정할 수 있다. 잔여석이 남아 있다면 경기 당일 매표소에서 티켓을 구매하는 것도 가능하다. 단, 현장 구매 시 홈페이지의 회원가입을 통해 발급된 멤버십 번호가 필요한 점을 기억하자. 예매가 완료되면 모바일 티켓은 메일을 통해 PDF 파일로 전송되며 애플 페이로도 저장할 수 있다.

홈페이지 www.eticketing.co.uk/bcfc

2 좌석 선택

세인트 앤드루스 경기장은 선수가 그라운드로 등장하는 터널이 메인 스탠드(Main Stand) 기준으로 오른쪽 측면에 있다. 보통 일반 경기장은 정중앙에 위치하고 있는 데 반해 코너킥 부근에 자리하고 있어 독특한 풍경을 지켜볼 수 있다. 홈팀 벤치는 오른쪽, 원정팀 벤치는 왼쪽에 위치하지만 워밍업은 버밍엄 선수의 경우 벤치와는 반대편 그라운드인 틸튼 로드 스탠드(Tilton Road Stand)에서, 원정팀은 길 메릭 스탠드(Gil Merrick Stand)에서 이루어진다. 숏사이드의 틸튼 로드 스탠드 1층 구역은 경기 내내 서서 응원하며 관전하는 버밍엄의 서포터 구역이다. 좌석에 앉아서 관전하고 싶다면 다른 구역을 추천한다. 메인 스탠드의 앞 구역(Lower)은 필드보다 낮은 위치에 있어 관전 시 시야 제한이 발생하므로 단차가 높은 뒷 구역(Upper) 좌석을 추천한다. 다만 같은 롱 사이드라도 더 콥 스탠드(The Kop Stand)의 앞 열은 선수들과 시야가 일치한다.

3 추천 숙박 지역

버밍엄 시내 중심가인 시티 센터(City Centre)에 호텔이 모여 있어 선택지가 풍부하다. 시티 센터와 경기장 간 거리가 가까우며, 기차역이나 버스터미널에서도 그다지 멀지 않아 이동이 용이하다.

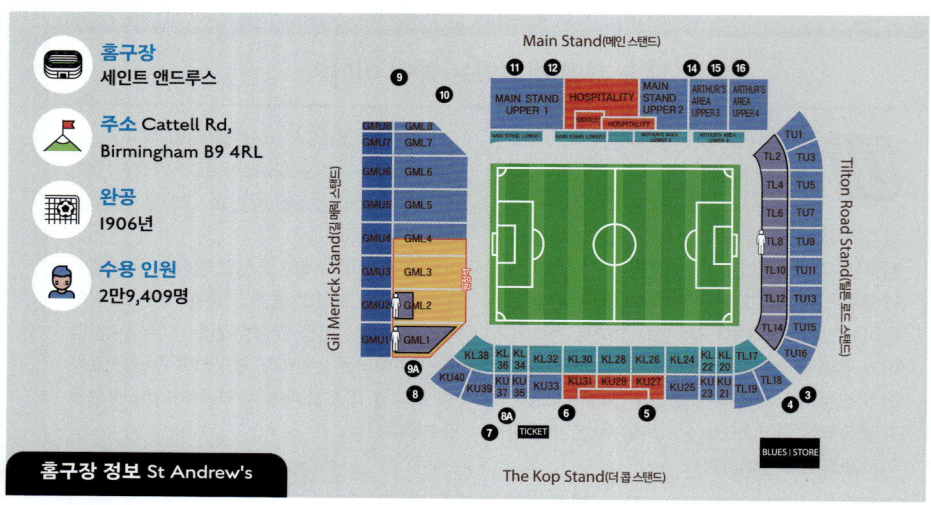

홈구장 정보 St Andrew's

홈구장 세인트 앤드루스
주소 Cattell Rd, Birmingham B9 4RL
완공 1906년
수용 인원 2만9,409명

현지에서 경기 직관하기

1 경기장 찾아가기

시내 중심가에 위치한 열차 역인 버밍엄 뉴 스트리트(Birmingham New Street) 역과 버밍엄 무어 스트리트(Birmingham Moor Street) 역 주변 스몰브룩 퀸스웨이 정류장(Smallbrook Queensway, Stop NS7)에서 비정기적으로 무료 셔틀버스를 운행한다. 킥 오프 90분 전부터 15분 전까지 15분마다 운행되며, 탑승 시 티켓을 제시하면 된다. 셔틀버스 미운행 시 17·60번 버스를 타면 15분 만에 경기장까지 갈 수 있다. 세인트 앤드루스 스타디움(St Andrew's Stadium) 정류장에서 하차하면 경기장 입구의 공식 스토어부터 들르기 수월하다. 경기 시간이 다가오면 버스가 붐비므로 도보를 택해도 좋다. 걸어서 30분이면 경기장에 도착한다.

2 경기장 입장하기

킥 오프 90분 전부터 입장할 수 있다. 티켓에 표시된 입구(Entrance)를 통해서만 입장할 수 있다. 입장 시 간단한 짐 검사를 거쳐 스마트폰에 저장된 PDF 파일 또는 애플 페이에 저장된 모바일 티켓을 제시하면 된다.

3 반입 가능 가방 크기 및 반입 금지 물품

주류, 날카로운 물질, 유리, 캔, 막대, 폭죽.

HECK!

- ☑ 경기장 내 현금 사용 불가, 오로지 카드 결제만 가능하다.
- ☑ 경기장 전 구역이 금연이다(전자담배 포함).
- ☑ 매치데이 프로그램은 경기장 주변 및 공식 스토어에서 £3에 구매할 수 있다.
- ☑ 현재 레알 마드리드 CF에서 활약중인 주드 벨링엄은 버밍엄 시티 유스 출신이다. 유스 커리어를 시작한 2010년부터 1년간의 1군 활동을 포함해 2020년까지 10년간 버밍엄 시티에 몸 담았다. 그의 등번호였던 22번은 영구 결번되었고 3번 입구 벽에는 그의 벽화가 그려져 있다.

- ☑ 경기 종료 후 길 메릭 스탠드(Gil Merrick Stand) 부근 에멀린 스트리트(Emmeline Street) 주차장에서 선수들의 퇴근길이 이루어진다. 운이 좋으면 사인과 사진 촬영 등 팬서비스를 받을 수 있으니 경기 종료 후 여유가 있다면 추억을 쌓아보자.

Swansea City AFC

스완지 시티 AFC

웨일스에서 두 번째로 큰 도시에 연고를 둔 클럽이다. 잉글랜드 프리미어리그가 출범한 이래 웨일스 클럽으로는 사상 처음으로 1부 리그에 소속되었다. 우리나라에서는 기성용이 2012년 입단하여 인지도가 올라갔으며 최근에는 광주 FC에서 활약 중이던 엄지성이 이적하면서 다시금 국내에서 주목하기 시작했다.

구단정보

팀 정식 명칭 스완지 시티 AFC
Swansea City Association Football Club

창단 연도 1912년
소속 리그 잉글랜드 EFL 챔피언십
연고지 스완지, 영국 웨일스
감독 앨런 시한(Alan Sheehan, 아일랜드)
주장 5번 벤 카방고(Ben Cabango, 웨일스)
마스코트 시릴(Cyril), 시빌(Cybil)
애칭 The Swans(더 스완즈, 백조들)
약칭 SWA
팀 컬러 흰색과 검정색
더비 웨일스 더비 Wales Derby(VS 카디프 시티)
유니폼 스폰서 레비바 커피(Reviva Coffee)
공식 웹사이트 www.swanseacity.com
한국인 선수 소속 이력 기성용(2012~2018), 엄지성(2024~)

최근 3시즌 주요 성적표

시즌	주요 성적
2022/23	◦ EFL 챔피언십 10위 ◦ FA컵 64강
2023/24	◦ EFL 챔피언십 14위 ◦ FA컵 32강
2024/25	◦ EFL 챔피언십 11위 ◦ FA컵 64강

알고 가면 재미있는 클럽 이야기

 웨일스 축구팀들이 잉글랜드 리그에서 뛰는 것은 19세기 말부터 시작된 역사적 배경 때문이다. 당시 웨일스에는 전국 규모의 프로 리그가 없어 카디프, 스완지, 렉섬 같은 클럽들이 더 높은 수준의 경쟁을 위해 잉글랜드 리그에 합류했다. 이들 도시가 잉글랜드 서부와 지리적으로 가까워 이동이 편리했던 것도 중요한 요인이었다. 현재도 웨일스 클럽들은 잉글랜드 리그에 속해 있으며, 승강제와 각종 규정을 잉글랜드 FA 기준에 따른다. 웨일스에 국내 리그가 생긴 후에도 역사적 관행과 경쟁력 유지를 위해 주요 클럽들은 여전히 잉글랜드 리그에서 활동하고 있다.

 2025년 4월 레알 마드리드 CF와 크로아티아 대표팀에서 활약하며 발롱도르를 수상한 세계적인 미드필더 루카 모드리치가 스완지 시티 AFC의 공동 구단주가 되었다. 은퇴 후 스포츠 경영에 관심을 갖던 그는 구단의 뚜렷한 정체성과 열정적인 팬 문화, 도전적인 비전에 매력을 느껴 투자하였다. 구단 측도 대중적 영향력과 명망을 겸비한 인물을 찾고 있었으며, 모드리치는 그 조건에 완벽히 부합하는 인물이었다.

한국에서 직관 준비하기

1 경기 티켓 구매하기

공식 홈페이지 회원가입만으로 티켓을 예매할 수 있으며, 공식 예매 페이지나 스완지 시티 AFC(이하 스완지 시티) 공식 애플리케이션을 통해 접속할 수 있다. 경기 4~5주 전에 예매가 시작되며, 보고 싶은 경기의 'BUY TICKETS'을 클릭하면 절차가 진행된다. 예매 완료한 티켓은 스완지 시티 공식 애플리케이션이나 애플 월렛에 저장하면 된다. 잔여석이 있다면 경기 당일 매표소에서 오전 9시부터 판매한다.

홈페이지 www.eticketing.co.uk/swanstickets

2 좌석 선택

스완지 시티 선수는 웨스트 스탠드(West Stand)를 기준으로 오른쪽인 사우스 스탠드(South Stand) 그라운드에서, 상대팀 선수는 원정석이 있는 노스 스탠드(North Stand) 그라운드에서 워밍업이 이루어진다. 선수단이 에스코트 키즈와 함께 입장할 때도 마찬가지로 스완지 시티 선수는 오른쪽, 원정팀은 왼쪽에 선다는 점을 인지하고 좌석을 선택하도록 하자. 참고로 강성 서포터스는 이스트 스탠드(East Stand)에 모여 응원하며 관전하며, 아이와 함께 보러 온 가족 단위 방문객이나 젊은 층 팬들은 사우스 스탠드에 주로 몰려 있다.

3 추천 숙박 지역

스완지 도시 자체가 그다지 숙박시설이 많은 편이 아니므로 다른 도시에 비해 선택지는 적다고 할 수 있다. 스완지(Swansea) 역과 핵심 관광지인 스완지 성(Swansea Castle), 스완지 마켓(Swansea Indoor Market), 국립 워터프런트 박물관(The National Waterfront Museum)이 모여 있는 시내 중심가에 그나마 숙소가 있으므로 이쪽 부근에 숙소를 잡는 것이 좋다.

홈구장 정보 The Swansea.com Stadium

- **홈구장**: 더 스완지닷컴 스타디움
- **주소**: Landore, Swansea, SA1 2FA
- **완공**: 2005년
- **수용 인원**: 2만1,088명

현지에서 경기 직관하기

1 경기장 찾아가기

경기장은 스완지의 철도 중앙역인 스완지(Swansea) 역에서 도보 30분 거리에 위치한다. 걸어서 가는 것이 부담스럽다면 역 앞 하이 스트리트(High Street Station) 정류장에서 4번 또는 4A번 버스를 타고 약 8분간 이동하여 리버티 스타디움(Liberty Stadium)에 하차하면 경기장 부근까지 근접할 수 있다.

2 경기장 입장하기

킥 오프 90분 전부터 경기장에 입장할 수 있다. 티켓에 명시된 개찰구(TURNSTILE)로 입장해야 하므로 좌석표상의 위치를 확인한 다음 이동하도록 하자.

3 반입 가능 가방 크기 및 반입 금지 물품

A4 용지(21×29.7cm) 크기를 넘지 않는 가방만 반입할 수 있다. 주류, 데트병 및 유리병 음료, 깃발, DSLR 카메라는 반입이 금지된다.

- 경기장 내 현금 사용 불가, 오로지 카드 결제만 가능하다.
- 공식 애플리케이션으로 음식과 음료를 주문하고 결제할 수 있다. 보통 하프타임에 수령할 수 있으며, 애플리케이션에 공지된 시간이 되면 지정 매점에서 주문한 상품을 픽업할 수 있다

Celtic FC

셀틱 FC

아일랜드 출신의 한 신부가 글래스고의 가난한 사람들과 배고픈 이들에게 식사를 제공하고자 창단한 축구 클럽이 셀틱 FC(이하 셀틱)의 시작이다. 이 영향으로 셀틱은 지금까지도 아일랜드인의 전폭적인 응원과 사랑을 받고 있다. 스코틀랜드 리그의 절대 강자로, 축구 클럽 최초로 트레블과 쿼드러플(4관왕)을 기록하였으며, 특히 쿼드러플을 기록한 구단은 현재까지도 셀틱이 유일하다. 기성용을 시작으로 차두리, 양현준, 오현규, 권혁규 등 한국인 선수도 적극적으로 영입하고 있어 우리에게도 친숙하다.

구단 정보

팀 정식 명칭 셀틱 FC
The Celtic Football Club

창단 연도 1887년
소속 리그 스코틀랜드 스코티시 프리미어십
연고지 글래스고, 영국 스코틀랜드
감독 브렌던 로저스(Brendan Rodgers, 영국)
주장 42번 칼럼 맥그리거
(Callum McGregor, 스코틀랜드)
부주장 5번 리암 스케일(Liam Scales, 아일랜드)
마스코트 후피(Hoopy), 헤일리(Hailey)
애칭 The Bhoys(보이즈), The Celts(셀츠),
The Hoops(훕스)
약칭 CEL, CFC, CELT
팀 컬러 초록색과 흰색
더비 올드 펌 Old Firm(VS 레인저스 FC)
유니폼 스폰서 다파벳(Dafabet)
공식 웹사이트 www.celticfc.com

한국인 선수 소속 이력 기성용(2010~2012), 차두리(2010~2012), 오현규(2023~2024), 권혁규(2023~2025), 양현준(2023~)

최근 3시즌 주요 성적표

시즌	주요 성적
2022/23	◦ 스코티시 프리미어십 1위 ◦ 스코티시 컵 우승 ◦ UEFA 챔피언스리그 조별리그
2023/24	◦ 스코티시 프리미어십 1위 ◦ 스코티시 컵 우승 ◦ UEFA 챔피언스리그 조별리그
2024/25	◦ 스코티시 프리미어십 1위 ◦ 스코티시 컵 준우승 ◦ UEFA 챔피언스리그 조별리그

알고 가면 재미있는 클럽 이야기

01 1967년 스코틀랜드 구단 최초로 유러피언컵(현 UEFA 챔피언스리그) 우승을 차지했다. 결승전에서 당시 강호인 이탈리아의 인테르를 만나 2-1로 제압한 것이다. 이 우승이 더욱 특별한 이유는 출전 선수 전원이 셀틱 FC(이하 셀틱)의 홈구장이 위치하는 글래스고 반경 30마일(약 48km) 이내 출신이었다는 점이다. 이는 세계 축구사에서도 극히 드문 기록으로 남아 있다. 결승전이 열린 포르투갈 리스본에서의 영광을 기념해 이들은 '리스본 라이언스(Lisbon Lions)'라는 별명을 얻었다. 지역 출신 선수들의 뛰어난 팀워크로 이뤄낸 역사적 승리는 오늘날까지도 셀틱 팬들에게 자부심을 상징하는 전설로 기억되고 있다.

02 스코틀랜드 글래스고의 셀틱 FC와 레인저스 FC(Rangers FC) 간의 맞대결은 '올드 펌(Old Firm)'이라 불리며 매 경기 치열하고 뜨거운 열기를 자아낸다. 19세기 말부터 시작된 두 구단의 대립은 가톨릭과 개신교, 아일랜드계와 스코틀랜드계라는 종교적, 민족적 배경과 깊이 얽혀 있다. 이러한 역사적 맥락으로 인해 경기 당일은 글래스고 전체의 분위기를 좌우할 정도로 강력한 영향력을 지니고 있다.

한국에서 직관 준비하기

1 경기 티켓 구매하기

보통 경기일 약 10~14일 전 현지 시간 오전 10시부터 일반 예매가 시작된다. 멤버십을 가입하지 않아도 예매할 수 있다. 계정당 1장만 구입할 수 있어 여러 명이 함께 관전할 경우, 모든 인원이 회원가입을 해야만 티켓을 예매할 수 있다. 다만 일반 예매 시 잔여석이 많지 않아 연석을 구하기 쉽지 않다.

같은 글래스고를 연고로 하는 레인저스 FC와의 더비 매치나 챔피언스리그 경기는 시즌권 소지자 판매분에서 티켓이 완판되는 경우가 많다. 그 외 경기도 이른 시기에 매진되는 확률이 굉장히 높다. 잔여석이 있다면 경기일 티켓오피스에서 당일 티켓을 구매할 수 있지만 반드시 구하리라고는 장담할 수 없다. 메일(tickets@celticfc.co.uk)로 매진 경기의 티켓에 관해 문의해보는 것도 좋다.

홈페이지 www.eticketing.co.uk/celtic

2 좌석 선택

셀틱 선수는 메인 스탠드(Main Stand)를 기준으로 왼쪽인 조크 스타인 스탠드(Jock Stein Stand) 그라운드에서, 상대팀 선수는 원정석이 있는 리스본 라이언즈 스탠드(Lisbon Lions Stand) 그라운드에서 워밍업이 이루어진다. 선수단이 에스코트 키즈와 함께 입장할 때도 마찬가지로 셀틱 선수는 왼쪽, 원정팀은 오른쪽에 선다는 점을 인지하고 좌석을 선택하자.

3 추천 숙박 지역

경기장 주변은 호텔이 전무하며 대부분의 숙박 시설은 글래스고 시내 중심부에 집중되어 있다. 교통의 요충지인 글래스고 센트럴(Glasgow Central) 기차역 또는 퀸 스트리트(Queen Street) 기차역 주변에 묵는 것이 좋다.

홈구장 정보 Celtic Park

- 홈구장: 셀틱 파크
- 주소: Janefield St, Glasgow G40 3RE
- 완공: 1892년
- 수용 인원: 6만,411명

현지에서 경기 직관하기

1 경기장 찾아가기

글래스고 시내 중심부의 글래스고 센트럴(Glasgow Central) 역에서 경기장에서 가까운 역인 브리저튼(Bridgeton) 또는 달마녹(Dalmarnock)까지 기차로 약 7분이면 도착한다. 두 역에서 경기장까지는 걸어서 약 15분 정도 소요된다. 글래스고 중심부에는 다른 노선의 기차역인 글래스고 센트럴역과 퀸 스트리트(Queen Street)역이 있는데, 두 기차 역은 도보 10분 거리에 위치해 매우 가깝다. 퀸 스트리트 역에서 출발하는 기차는 경기장과는 다소 거리가 먼 역에 정차하므로 센트럴 역에서 기차를 타는 것을 추천한다. 센트럴 역 출발 기차는 10분 간격으로 운행된다.

버스로 이동할 경우, 시내 중심부 드루리 스트리트(Drury Street)에서 2·60·61·240번 버스를 타고 약 25분 이동한 후 세인트 마이클스 레인(St Michaels Lane) 또는 이스트 웰링턴 스트리트(East Wellington Street) 정류장에서 하차하면 경기장에서 도보 10분 거리에 내리게 된다.

2 경기장 입장하기

경기장은 킥 오프 90분 전부터 입장할 수 있다. 티켓에 명시된 개찰구(Turnstile)로 입장해야 하므로 좌석표상의 위치를 확인한 다음 이동하도록 하자. 간단한 짐 검사와 티켓 바코드 스캔을 거쳐 경기장 안으로 입장하면 각 구역(Area)의 좌석 열과 번호마다 좌석 입구가 다르니 안내 간판을 유심히 살피자.

3 반입 가능 가방 크기 및 반입 금지 물품

A5 용지(21×14x8cm) 크기를 넘지 않는 가방만 반입할 수 있다. 캐리어 정도 되는 크기의 가방과 백팩을 비롯해 액체류를 담을 수 있는 병, 폭죽, 알코올 음료는 반입 금지다.

 HECK!

- 경기장 앞에는 셀틱을 창단한 아일랜드 출신의 신부 월프리드(Brother Walfrid) 수사의 동상이 있다.

SPAIN

스페인

FC 바르셀로나
레알 마드리드 CF
아틀레티코 마드리드
지로나 FC

라리가는 1929년 창설된 스페인 1부 프로축구 리그로, 정교한 기술력과 창의적인 공격 축구를 통해 독창적인 정체성을 구현해 내고 있다. 유명 더비 매치 '엘 클라시코'를 비롯해 스펙터클한 경기들로 스페인 축구의 위상을 전 세계에 각인시켜 왔으며, 카탈루냐와 바스크 등 지역적 특색이 클럽 문화에 깊숙이 뿌리내려 경기장 안팎에서 독특한 사회적 의미를 발산한다. 유럽 대항전에서 지속적으로 우승팀을 배출하며 유럽 축구의 중심축 역할을 담당하고 있다.

스페인 국가 정보 및 도시 교통 정보

수도 마드리드(Madrid)
레알 마드리드와 아틀레티코 마드리드는 수도를 연고지로 한다.

비자
90일 이내 단기 체류 시 무비자 입국
2026년 하반기부터 유럽연합의 전자여행허가제(ETIAS) 시행으로 인해 수수료가 필요하다.

전압 230V, 50Hz
대부분의 한국 전자기기 사용 가능. 플러그 모양은 유럽 전역에서 공통적으로 쓰이는 C형이다. 제품에 따라 플러그 두께가 다르므로 어댑터가 필요하다.

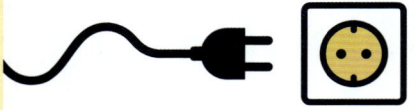

언어 스페인어
HOLA!
바르셀로나가 위치하는 카탈루냐 지역에서는 카탈루냐어가, 바스크 지역에서는 바스크어가 함께 사용된다. 주요 관광지에서는 영어로 소통이 가능하나 기본 인사말 정도는 익혀두면 좋다.

시차 한국보다 8시간 느리다
단, 서머타임 기간은 한국보다 7시간 늦어진다. 서머타임은 매년 3월 마지막 일요일부터 10월 마지막 일요일까지 적용된다.

화폐 유로(€)
대부분의 상점과 식당에서 카드 결제 가능하나 소규모 시장이나 노점에서는 현금만 사용 가능하다. 반대로 카드만 사용 가능한 경우도 있다.

주요 통신사
Movistar, Orange, Vodafone
대부분의 관광 도시에 매장이 있어 유심 구매 및 상담이 가능하며, 출국 전 온라인 여행 플랫폼에서 미리 신청해 구매할 수 있다.

주요 공항

마드리드
바라하스 국제공항
Aeropuerto Adolfo Suárez Madrid-Barajas, MAD

인천 직항 15시간 5분 소요

바르셀로나
바르셀로나 엘 프라트 공항
Aeropuerto Josep Tarradellas Barcelona-El Prat, BCN

인천 직항 14시간 20분 소요

공항에서 시내 이동

도시	이동 수단	소요 시간	요금	비고
마드리드 (MAD)	공항버스 203번	35~40분	€5	24시간 운행, 아토차, 시벨레스 정차
	지하철 L8	20분	€4.50~5.20	종점 누에보스 미니스테리오스역에서 환승해 중심가 이동
	근교열차 Cercanías	20~30분	€2.6	T4 터미널 출발
	택시	25~30분	€30~33	정액제 운행, 주말 및 야간 추가 요금 발생
바르셀로나 (BCN)	공항버스 A1·A2	35분	€7.45	카탈루냐 광장까지 직행
	지하철 L9 Sud	40분	€5.7	T1, T2 터미널 출발, 도중 환승하여 중심가 이동
	열차 RENFE R2N	30분	€4.6	T2 터미널 출발, 산츠, 파세이그 데 그라시아 연결
	택시	30~35분	€30~40	카탈루냐 광장 기준

시내 주요 교통

도시	주요 수단	티켓
마드리드	지하철 / EMT 버스	1회권 €1.50~2.00 10회권 €12.20 (~2025.12.31. €7.30)
바르셀로나	트램 / 버스	10회권 T-casua €12.55 올라 트래블패스 (Hola BCN) €18.10~42.10

도시 간 이동 (마드리드 ↔ 바르셀로나)

이동 수단	소요 시간	요금	특징
고속열차 (Renfe AVE, OUIGO, iryo)	약 2시간 30분~3시간	€38~100	사전 예매 시 대폭 할인 가능, 보안검색으로 시간이 소요되니 일찍 도착해야 한다
국내선 항공편 (라이언에어, 부엘링, 이지젯, 이베리아)	약 1시간 15분	€26~85 (저가항공 기준)	공항 수속 포함 시 열차와 시간 차이가 크지 않다
고속버스 (ALSA, Avanza, Samar, Damas)	약 7~8시간	€19~40	야간 운행은 숙박비 절감 효과

FC Barcelona

FC 바르셀로나

레알 마드리드 CF와 더불어 라리가를 대표하는 스페인 명문 축구 클럽. 일세를 풍미했던 티키타카 전술과 축구 역사상 가장 위대한 선수 중 한 명으로 평가받는 리오넬 메시가 데뷔부터 전성기에 이르기까지 오랜 기간 활약했던 소속팀으로 한국 팬에게도 인지도가 높다. 발롱도르 최다 수상(12회)과 라 마시아 유소년 선수 육성 시스템을 보유한 구단 답게 걸출한 선수들을 많이 배출하고 있다. 2025년 여름 서울과 대구에서 K리그 클럽과 친선 경기를 펼치며 한국 팬들과 만남을 가졌다.

구단 정보

팀 정식 명칭 FC 바르셀로나
Futbol Club Barcelona

창단 연도 1899년
소속 리그 스페인 라리가
연고지 바르셀로나, 스페인
회장 조안 라포르타(Joan Laporta, 스페인)
감독 한지 플릭(Hansi Flick, 독일)
주장 1번 마르크안드레 테어슈테겐
(Marc-André Ter Stegen, 독일)
부주장 4번 로날드 아라우호
(Ronald Araújo, 스페인)
마스코트 캣 꾸레(CAT CULER)
애칭 Barça(바르사), Blaugrana(파란색과 선홍색)
팬 애칭 Culers, Culés(꾸레)
약칭 FCB, BAR
더비 엘 클라시코 El Clásico(VS 레알 마드리드 CF),
데르비 바르셀로니 Derbi Barceloní
(VS RCD 에스파뇰)
팀 컬러 파란색과 선홍색 줄무늬
유니폼 스폰서 스포티파이(Spotify)
공식 웹사이트 www.fcbarcelona.com
한국인 선수 소속 이력 없음

최근 3시즌 주요 성적표

시즌	주요 성적
2022/23	◦ 라리가 1위 ◦ 코파 델 레이 4강 ◦ UEFA 챔피언스리그 조별리그 탈락
2023/24	◦ 라리가 2위 ◦ 코파 델 레이 8강 ◦ UEFA 챔피언스리그 조별리그 탈락
2024/25	◦ 라리가 1위 ◦ 코파 델 레이 우승 ◦ UEFA 챔피언스리그 4강

주요 더비

엘 클라시코(El Clásicc) VS 레알 마드리드 CF

FC 바르셀로나(이하 바르사)와 레알 마드리드 CF(이하 레알)가 맞붙는 스페인 축구 최고의 라이벌전으로 정치, 역사, 문화적 갈등이 얽힌 대결이다. 두 클럽 모두 수많은 리그 우승과 유럽 무대의 화려한 성과를 자랑하는 스페인을 대표하는 강호로 오랜 시간 세계 최고 수준의 경쟁을 펼쳐 왔다. 엘 클라시코는 스페인 내의 강력한 지역주의와 중앙집권주의의 오랜 대립을 상징한다. 바르사는 카탈루냐 지역의 자존심과 정체성을 대표하는 클럽으로 중앙 정부의 상징과도 같은 레알과의 경기는 단순한 스포츠 이상의 의미를 지닌다. 특히 프랑코 독재 정권 시절 바르사는 억압받는 카탈루냐인의 상징으로 자리 잡았다. 대표적인 사건으로 1943년 코파 델 헤네랄리시모(훗 코파 델 레이) 준결승에서 바르사가 1차전 3-0으로 이긴 뒤 2차전에서 레알에 1-11로 대패했는데 그 배경에는 정치적 압박이 있었다는 설이 제기되기도 했다.

관련 에피소드

① 바르사의 레전드 선수 요한 크루이프(Johan Cruyff)가 1973년 프랑코 정권을 상징하는 레알의 제안을 거절하고 바르사를 선택했다. 그는 이적하자마자 데뷔 경기부터 2득점을 올렸고 프랑코가 지켜보는 엘 클라시코 원정 경기에서 거둔 5-0 역사적 대승에도 기여했다. 리그 우승을 이끈 그를 바르사 팬들은 '구세주(El Salvador)'라고 불렀다.

② 2016/17시즌 산티아고 베르나베우에서 열린 엘 클라시코는 축구 역사상 최고의 라이벌인 슈퍼스타 리오넬 메시와 크리스티아누 호날두가 정점에서 맞붙은 대결이다. 후반 2-2 동점 상황에서 종료 직전 추가 시간에 메시의 극적인 추가 골로 승리를 거뒀다. 메시는 유니폼을 벗어 레알 홈 팬들 앞에서 들어올리는 세리머니를 선보였다. 유니폼 상탈로 옐로 카드를 받았지만 엘 클라시코 역사에 길이 남을 장면이 되었다.

알고 가면 재미있는 클럽 이야기

01 카탈루냐어로 '농장'을 의미하는 FC 바르셀로나(이하 바르사)의 유소년 육성 시스템인 라 마시아(La Masia)는 한국인 선수 백승호, 이승우, 장결희가 성장했던 곳으로도 알려져 있다. 유소년 선수들이 훈련하고 생활하는 클럽 하우스를 지칭하지만 세계 최고가 될 축구 유망주를 발굴하는 유스 아카데미를 가리키기도 한다. 대표적인 라 마시아 출신 선수로 메시, 푸욜, 이니에스타, 차비, 피케, 부스케츠, 파브레가스 등이 있으며, 현재 바르사를 책임지고 있는 라민 야말과 가비, 쿠바르시 등도 이에 속한다. 맨체스터 시티 감독이자 전 바르사 선수이자 감독이었던 펩 과르디올라 또한 라 마시아 출신이다.

CLUB QUIZ!

① FC 바르셀로나의 상징적인 유니폼 색깔은 무엇인가요?
가. 빨간색과 파란색   나. 빨간색과 검은색
다. 흰색   라. 초록색과 흰색

② 바르셀로나의 슬로건 'Més que un club'은 무슨 의미인가요?
가. 우리는 최고의 클럽   나. 하나된 클럽
다. 영원한 클럽   라. 클럽 그 이상

③ FC 바르셀로나 유스 출신으로 FC 바르셀로나의 전성기를 이끌었고 축구 역사상 가장 위대한 선수로 꼽히는 아르헨티나인 공격수는 누구인가요?
가. 크리스티아누 호날두   나. 루이스 수아레스
다. 리오넬 메시   라. 네이마르

바르사 하면 메시는 자동적으로 뒤따라오는 수식어와도 같은 존재다. 신동이었던 10세 때 성장 호르몬 결핍증을 진단받아 치료를 받지 않으면 키가 자라지 않을 상황에 처했다. 치료비를 지원하기 어려웠던 메시의 부모를 대신해 그의 재능을 알아본 구단은 그를 영입하여 책임지기로 한다. 당시 기술이사가 레스토랑에서 내프킨에 계약서를 작성한 일화는 유명하다. 라 마시아를 거쳐 2004년 10월 17세 나이로 1군에 데뷔해 2021년 PSG로 이적하기 전까지 바르사에서 공식 경기 778경기에서 672골을 넣었다. 발롱도르를 8회나 수상한 전설적인 선수로 평가되고 있다.

바르사 서포터는 자신들을 꾸레(Culers)라는 애칭으로 불리는 것을 자랑스럽게 여긴다. 카탈루냐어로 엉덩이를 뜻하는 'Cul'이란 단어에서 유래된 이 애칭의 근원을 알려면 구단 초창기로 거슬러 올라가야 한다. 당시 경기장의 좌석수는 6,000석으로 바르사의 팬층을 수용하기에는 턱없이 부족한 숫자였다. 이로 인해 안으로 입장하지 못한 팬들은 경기장 외벽에 걸터앉아 경기를 지켜보기 시작했다. 경기장 밖에서는 벽에 줄지어 앉은 그들의 엉덩이만 보인다 하여 꾸레라 불렸고, 자연스레 바르사 서포터 애칭으로 정착했다.

바르사의 유니폼, 머플러, 경기장, 티켓 등에서 볼 수 있는 클럽 슬로건 'Més que un club'. 카탈루냐어로 '클럽 그 이상'이라는 뜻으로 팬들과 지역 사회, 역사와 가치를 공유한다는 메시지를 담고 있다. 단순한 축구팀이 아니라 카탈루냐 지역의 정체성과 자부심을 대변하는 존재임을 보여준다.

바르사의 상징적인 홈구장 '캄 노우(Camp Nou)'는 9만 9,000여 명을 수용할 수 있는 유럽 최대 규모의 축구 전용 구장이다. 카탈루냐어로 '새로운 경기장'이란 뜻으로 1957년 개장했다. 이 구장의 특징은 관중석이 가파르게 설계되어 어느 자리에서도 경기가 잘 보인다는 점이다. 현재 대대적인 리모델링 공사 중으로 2023/24시즌부터 2시즌 동안 임시 구장에서 홈경기를 치렀다. 완공 시기는 2026년을 목표로 하고 있으나 캄 노우에서의 경기는 공사와 병행하며 2025년 9월에 재개할 예정이다.

한국에서 직관 준비하기

▍경기 티켓 구매하기

① 티켓 예매 정보

공식 홈페이지에서 회원가입을 하지 않아도 티켓 구매가 가능하다. 8월부터 모든 티켓 판매가 일제히 시작되며, 챔피언스리그 등 대회 경기는 일정이 정해지는 대로 판매가 개시된다. 결제 완료 후 경기 날짜와 좌석 변경, 취소 및 환불이 불가능하므로 신중하게 선택해서 구매하도록 하자.

참고로 판매 시작 전인 경기는 메일로 티켓 예매 시기를 알려주는 서비스를 제공 중이다. 티켓 구매 페이지에서 원하는 경기의 'LET ME KNOW' 버튼을 클릭하여 메일 주소 및 거주 국가명을 입력하면 신청이 완료된다.

② 빅매치 예매

레알 마드리드 CF와의 엘 클라시코 경기나 챔피언스리그의 토너먼트 등 인기가 높은 경기는 티켓 확보가 쉽지 않다. 일반 예매일보다 1~2일 전 우선 예매할 수 있는 혜택이 있는 꾸레 프리미엄(Culer Premium) 멤버십을 가입하는 것도 티켓 확보 확률을 높일 수 있는 방법이 될 수 있다. 다소 리스크가 있으나 경기날 2~3일 전부터 시즌 티켓과 클럽 회원의 취소 표가 나오므로 수시로 예매 사이트를 확인하며 티켓을 노리는 방법도 있다. 단, 반드시 구매할 수 있을지는 운에 달렸다.

③ 인적 사항 입력

티켓을 구매한 즉시 입력한 메일 주소로 티켓 구매 확인 메일이 전송된다. 이후 순차적으로 오는 메일을 반드시 확인할 필요가 있는데, 경기 당일 경기장을 찾을 방문자의 인적 사항을 입력해야 하기 때문이다. 메일 속 링크를 클릭하면 뜨는 입력창에 이름 영문명과 함께 여권 번호, 메일 주소, 생년월일, 국적을 기입하면 된다. 입력이 완료되면 경기 시작 24시간 전부터 3시간 전 사이에 PDF 파일 형식의 티켓이 첨부된 메일이 전송된다. 인적 사항을 입력하지 않으면 티켓을 받을 수 없으므로 이 점 주의하여 진행하도록 하자.

TIP TBA란?

티켓 구매 페이지의 경기 일정을 확인하다 보면 'KO: TBA'란 글자와 함께 두 개의 날짜가 표기되어 있는 경우가 있다. KO는 킥 오프(Kick Off)의 약자이고, TBA는 'To Be Announced'의 약자로 '곧 발표될 것'을 의미한다. 이는 경기 날짜가 아직 확정되어 있지 않은 상태로, 경기일은 표시된 이틀 중 하루가 될 예정임을 나타낸다. 보통 10~20일 전에 확정되므로 이를 염두에 두고 여행 일정을 여유롭게 세우는 것이 좋다.

TIP 멀티 게임 팩

1주일 동안 두 경기가 치러질 때 두 경기를 동시에 구매하면 할인 혜택이 주어지는 패키지를 판매하고 있다. 간혹 챔피언스리그와 같은 클럽 대항전과 ㄹ 그 정규 경기가 짧은 텀을 두고 열리기에 되도록 많은 경기를 보고 싶어 하는 팬에게는 구미가 당기는 상품이다. 티켓 예매 페이지에서 'MULTIGAME PACK' 버튼이 활성화되어 있다면 이에 해당하는 경기임을 나타낸다. 자세한 사항은 버튼을 클릭하면 확인할 수 있다.

2 좌석 선택

바르사 선수는 트리부나(Tribuna)를 기준으로 왼쪽인 골 노드(Gol Nord, 북측 스탠드) 그라운드에서, 상대팀 선수는 원정석이 있는 골 수드(Gol Sud, 남측 스탠드) 그라운드에서 워밍업이 이루어진다. 선수단이 에스코트 키즈와 함께 입장할 때도 마찬가지로 바르사 선수는 왼쪽, 원정팀은 오른쪽에 선다는 점을 인지하고 좌석을 선택하도록 하자.

골 노드(Gol Nord) 111구역은 서포터스 좌석으로 경기 내내 서서 응원하며 관전한다. 티켓 구매 시 직접 좌석을 선택할 수 없어 111구역 부근으로 지정하기는 쉽지 않으나 1st Gol구역을 선택하면 반반의 확률로 자리를 배정 받을 수도 있다.

3 티켓 예매 방법

공식 티켓사이트(https://www.fcbarcelona.com/en/tickets/football)에서 일반 티켓을 구매하는 법을 소개한다.

1 공식 티켓사이트에 접속한 후 직관하고자 하는 경기의 **TICKETS** 버튼을 클릭한다.

홈구장 정보 Camp Nou

- **홈구장** 캄 노우
- **주소** Les Corts, 08028 Barcelona
- **완공** 1957년
- **수용 인원** 9만9,354명

캄 노우는 현재 리뉴얼 공사중으로 좌석표 일부가 변경될 가능성이 있다. 아울러 캄 노우가 아닌 B팀 경기가 열리는 요한 크루이프 스타디움(Estadi Johan Cruyff) 또는 임시 구장인 에스타디 올림픽 루이스 컴파니스(Estadi Olímpic Lluís Companys)에서 열리는 경우도 있다.

2 경기 티켓만 구매하고 싶을 경우 '베이직 Basic' 의 **BUY TICKETS** 버튼을 클릭한다.

3 '베이직'과 '베이직 플러스 Basic Plus'의 비교 화면이 뜨면서 '베이직 플러스'의 구매 유도 화면이 뜬다. 베이직으로 유지 하고 싶으면 **CONTINUE WITH BASIC**을 클릭한다.

4 각 구역을 대면 티켓 가격이 표시된다. 마음에 드는 구역을 눌러 **CONTINUE** 버튼을 클릭한다.

5 구매가 망설여진다면 결제 전 좌석 시야를 확인 하는 것도 좋다. 구역 리스트의 작은 경기장 창을 클 릭하면 해당 구역의 시야가 팝업창으로 뜬다. 마우 스로 좌우를 클릭해가며 시야를 확인할 수 있다. 확 인이 끝났다면 엑스 버튼을 누르자.

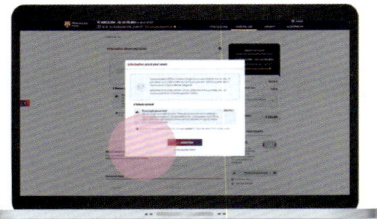

6 만일 두 장 이상을 구매한다면 페어 좌석을 보장 하겠다는 알림이 뜬다. 바르사 측 페어 좌석에는 나 란히 연석, 앞뒤 좌석, 대각선 두 좌석 등 여러 종류 가 있다. 되도록 연석을 배정하지만 인기 경기나 경 기 날짜가 임박한 경우 나란히 앉을 수 있는 좌석이 없을 수도 있음을 인지하자. 확인했다면 **UNDER-STOOD** 버튼을 클릭한다.

7 메일 주소, 성명, 국가명(Republic of Korea), 전화 번호 입력 후 **CONTINUE TO PAYMENT** 버튼을 클릭한다. 확인이 끝났다면 엑스 버튼을 누르자. 카 드 타입(비자, 마스터카드 등)을 선택하고 체크카드 또 는 신용카드 번호와 카드 유효기간, 카드 서명란 오 른쪽에 표시된 CVV 정보를 입력한 다음 **PAY AND END PURCHASE** 버튼을 클릭, 한국 신용카드의 인증을 거치면 티켓 구매가 완료된다.

> **+ PLUS 경기 티켓 종류**
>
> 티켓을 예매할 때 세 가지 옵션 중 한 가지를 선택해야 한다. 그중 경기 티켓만 구매하는 '베이직(Basic)'으로 예매 방법 예시를 들었으나 나머지 두 가지 선택지에 대해서도 소개한다.
> '베이직 플러스(Basic Plus)'는 경기 티켓과 함께 박물관 투어, 베이직 좌석 중 최적의 자리, 바르사 기념품, 꾸레 프리미엄(Culer Premium) 멤버십 1년 구독권이 포함된 옵션이다. 꾸레 프리미엄 멤버십은 경기 우선 예매, 축구와 농구 티켓 10% 할인, 온라인 스토어 5% 할인, 박물관 입장 50% 할인 등의 혜택이 주어진다. 바르셀로나를 자주 방문하거나 장기적으로 체류할 계획이 있는 팬에게 좋은 선택지가 될 듯하다.
> 'VIP 프리미엄(VIP Premium)'은 타 구단의 호스피탈리티 티켓과 유사한 옵션이다. 프리미엄 VIP 좌석에서의 관전, VIP 라운지, 케이터링 서비스 등을 이용할 수 있다. 가격대는 €200 후반대부터 시작한다.

4 티켓 다운로드

인적사항을 입력했다면 예매 시 입력한 메일 주소로 PDF 파일 형식의 티켓이 첨부된 메일이 전송된다. 스마트폰에 저장한 후 PDF 파일을 열어 제시해도 되고 종이에 인쇄해서 소지해도 좋다.

5 박물관 투어

투어 종류는 두 가지가 있다. 박물관을 오디오 가이드(한국어 지원)를 들으며 둘러볼 수 있는 '베이직(Basic)'과 유효기간 내 날짜와 시간 지정 없이 아무 데나 방문할 수 있는 '플렉시블 베이직(Flexible Basic)'이다. 이 밖에도 경기 당일 경기장 그라운드를 직접 밟아볼 수 있는 매치데이 투어(Match Day Tour), 선수들이 직접 이용하는 라커룸, 훈련장, 식당 등을 둘러볼 수 있는 플레이어스 익스피리언스 트레이닝 시티 투어(Player Experiences Training City Tour) 등도 있다.

공식 사이트에서 투어를 예약했다면 방문 날짜 또는 시간을 변경할 수 있으며 1인당 €10의 수수료가 부과된다. 다만 경기장 티켓 오피스를 직접 방문해야 하는 번거로움이 있다. 단, '매치데이 투어'와 '플레이어스 익스피리언스 트레이닝 시티 투어'는 구매 후 변경 및 환불이 불가능하다.

바르사 이머시브 투어 Barça Immersive Tour

주소 C/d'Arístides Maillol, s/n, Les Corts, 08028 Barcelona
운영 [1/2~3/22, 10/14~12/31] 월~토요일 10:00~18:00, 일요일 10:00~15:00, [3/23~10/13] 월~일요일 09:30~19:00(30분마다 진행), 12/25~1/1 휴무
홈페이지 www.fcbarcelona.com/en/tickets/camp-nou-experience

온라인 가격 기준

	11~64세	65세 이상	4~10세	10~3세
베이직 투어	€28~	€21~	€21~	무료
플렉시블 베이직 투어	€36~	€30~	€30~	
매치 데이 투어, 플레이어스 익스피리언스 트레이닝 시티 투어	-	€99	-	-

6 추천 숙박 지역

경기장은 바르셀로나 시내 관광지이자 최대 번화가인 카탈루냐 광장(Plaça de Catalunya)에서 지하철로 환승 없이 30분 정도 소요되는 거리에 위치한다. 시내 관광과 경기 관전 두 마리 토끼를 잡고 싶다면 관광지의 접근성이 좋은 카탈루냐 광장을 추천한다. 다만 밤늦게까지 소음으로 시끄러울 수 있다. 경기 당일 이동 시간을 최소화하고 싶다면 경기장 도보권을 고려하자.

경기장과의 접근성을 최우선으로 생각한다면 레스 코르츠(Les Corts) 지역이 좋은 선택지다. 경기장 주변은 활발하지만 대부분은 조용한 주거지다. 지하철역과 버스 노선이 잘 갖춰져 있어 주요 관광지로 이동하기 편리하다.

현지에서 경기 직관하기

1 경기장 찾아가기

경기장 근처까지 갈 수 있는 교통편은 지하철과 버스로, 바르셀로나 교통카드로 승차할 수 있다. 바르셀로나 시내 관광지인 카탈루냐 광장(Plaça de Catalunya)에서 지하철 L3호선으로 팔라우 레이알(Palau Reial)역 또는 레스 코르츠(Les Corts)역까지 20분 정도 소요된다. 경기장은 지하철 L5호선 콜블랑크(Collblanc)역과 바달(Badal)역에서도 가깝다.

2 경기장 입장하기

경기장은 경기 시간 90분 전부터 입장할 수 있다. 좌석마다 입장 가능한 입구가 정해져 있으므로 티켓에 명시된 입구(Acces)의 번호를 확인한 후, 경기장 좌석 배치도에 기재된 번호 위치로 이동하도록 하자. 티켓 확인과 간단한 짐 검사가 끝나면 티켓에 적힌 좌석 입구(Porta/Gate)를 통해 티켓의 QR 코드를 스캔하면 바로 입장할 수 있다. 좌석 번호(Seat)는 같은 구역(Boca)이라도 홀수 좌석은 왼쪽 구역, 짝수는 오른쪽 구역에 위치한다. 연석 티켓을 예매했을 경우 좌석 번호가 이어지지 않고 1·3 또는 2·4로 표기된다.

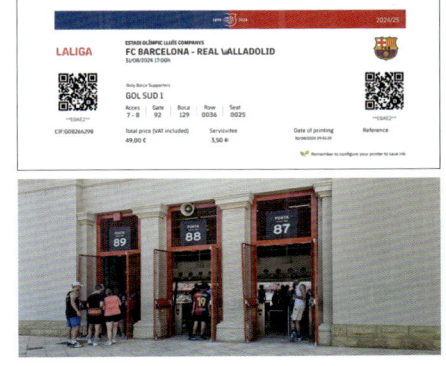

3 반입 금지 물품

알코올 음료, 500g/ml가 넘는 음료, 마약류, 폭죽, 캐리어 등 큰 가방, 장우산, DSLR, 비디오 카메라, 드론, 자전거나 유모차.

- 짐 보관 서비스를 제공하지 않는다.
- 경기장 전 구역이 금연이다 (전자담배 포함).
- 뚜껑을 제거한 500g/ml 이하의 페트병 음료는 반입할 수 있다.

4 매점 이용하기

경기장 안팎으로 노점과 매점을 운영하고 있다. 맥주, 물, 다양한 탄산음료 등 음료와 햄버거, 핫도그 등 간단한 음식을 판매한다. 명심해야 할 건 경기장 밖 노점에서 구매한 맥주는 경기장에 반입할 수 없다는 점이다. 경기장 내 매점에서 구매한 맥주는 마실 수 있지만 외부 알코올은 반입이 금지되어 있으므로 밖에서 구매한 주류는 경기장 입장 전 모두 해결해야 한다.

경기장 내 매점은 카드 결제 전용 창구와 카드/현금 결제 가능 창구가 분리되어 있으니 창구 간판을 확인하고 줄을 서도록 하자.

TIP 플라스틱 컵 보증금 제도

경기장 안팎 노점과 매점에서 음료를 구매하면 바르사 특유의 줄무늬를 본뜬 플라스틱 컵에 담아 플라스틱 동전과 함께 제공된다. 플라스틱 컵과 동전을 반환하면 €2.50를 돌려받을 수 있다. 하지만 대부분의 구매자는 반환하지 않고 가지고 돌아간다. 음료를 다 마시는 순간 훌륭한 기념품으로 변신하기 때문이다. 경기장을 자주 찾는 사람에게 유용한 제도이자 친환경을 생각하는 마음도 담겨 있다.

5 응원가 & 구호

바르사의 공식 찬가는 클럽 창단 75주년을 맞이하여 1974년에 만든 곡 '칸트 델 바르사(Cant del Barça)'이다. 카탈루냐어로 이루어진 가사는 바르사의 위대함을 칭송하고 클럽에 대한 자부심을 표현한다. 경기 시작 직전 선수진이 입장할 때와 종료 후에 들을 수 있다. 바르사 공식 유튜브 채널에도 가사와 함께 음원 영상이 공개되어 있다.

경기 도중 많이 부르는 응원가로는 후렴구에 '알레 알레 알레 Ale Ale Ale'란 가사를 반복하는 '운 디아 데 파르팃(Un Dia De Partit, 경기가 있는 날)'이다. 나폴리, 아틀레티코 마드리드, 리버풀 등 다른 클럽에서도 즐겨 부르는 응원가(Allez, allez, allez!)에 카탈루냐어 가사를 붙여 부르고 있다. 이 밖에 가사가 '오레 레 오라 라, 세르 델 바르사 에스 엘 미요르 께 이야(Ole-le Ola-la, ser del Barça és el millor que hi ha, 바르사 팬이 되는 건 최고의 일이야)'가 전부인 심플한 응원가와 클럽 탄생 연도 '1899'를 주제로 한 응원가가 있다.

6 공식 스토어

경기장 안팎으로 규모가 작은 매점만 들어서 있다. 다양한 제품을 판매하는 메가스토어는 바르셀로나 시내 대표 관광지인 람블라스 거리, 카탈루냐 광장, 파세이그 데 그라시아, 사그라다 파밀리아에 지점을 거느리고 있다. 람블라스 거리점은 브랜드 의류점을 방불케 하는 매장 디스플레이가 눈길을 끈다. 사그라다 파밀리아점의 2층은 바르사의 역사와 역대 선수들의 소개 등을 전시하고 있다. 바르셀로나 엘 프라트 공항 1터미널과 2터미널에도 매장이 있다. 계산대에서 바로 면세 혜택을 받을 수 있으므로 방문 시 여권을 지참하도록 하자.

람블라스 거리점 Barça Store Canaletes

주소 La Rambla, 124, Ciutat Vella, 08002 Barcelona
영업 월~토요일 10:00~21:00, 일요일 휴무

카탈루냐 광장점 Barça Store Ronda Universitat

주소 Ronda de la Univ., 37, L'Eixample, 08007 Barcelona
영업 월~토요일 10:00~21:00, 일요일 12:00~20:00

파세이그 데 그라시아점
Barça Store Passeig de Gràcia

주소 Pg. de Gràcia, 15, L'Eixample, 08007 Barcelona
영업 월~토요일 10:00~21:00, 일요일 휴무

사그라다 파밀리아점

주소 C/ de Mallorca, 406, L'Eixample, 08013 Barcelona
영업 월~토요일 10:00~21:00, 일요일 휴무

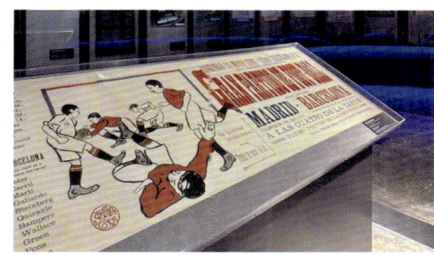

Real Madrid CF

레알 마드리드 CF

라리가 최다 우승(36회)과 챔피언스리그 역대 최다 우승(15회)에 빛나는 스페인 명문 축구 클럽. 세계 최고의 선수를 대거 영입하기로 유명하여 한때 한국에서는 '지구 방위대'라는 별칭으로 불리기도 했다. 축구 선수라면 한 번쯤 레알 마드리드 CF(이하 레알)에서 뛰는 것을 꿈꾸기도 할 만큼 꿈의 구단이다. 2011년 2년간 팀을 맡았던 안첼로티 감독이 2021년 다시 부임하면서 리그 우승 2회, UEFA 챔피언스리그 2회 등 클럽 명성에 걸맞은 성적을 내어 세계 최고 클럽의 위용을 뽐냈다. 2025년 레알 마드리드 CF의 레전드 선수이기도 한 사비 알론소가 안첼로티 후임 감독으로 선임되었다.

구단 정보

팀 정식 명칭 레알 마드리드 CF
Real Madrid Club de Fútbol

창단 연도 1902년
소속 리그 스페인 라리가
연고지 마드리드, 스페인
회장 플로렌티노 페레스(Florentino Pérez, 스페인)
감독 사비 알론소(Xabi Alonso, 스페인)
주장 `2번` 다니 카르바할(Dani Carvajal, 스페인)
부주장 `8번` 페데리코 발베르데
(Federico Valverde, 우루과이)
애칭 Madridista(마드리디스타),
Los Blancos(하얀 군단), Los Merengues(머랭)
약칭 RMA
더비 엘 클라시코 El Clásico(VS FC 바르셀로나),
데르비 마드릴레뇨 Derbi Madrileño(VS 아틀레티코 마드리드), 엘 비에호 클라시코 El Viejo Clásico(VS 아틀레틱 클루브)
팀 컬러 하얀색
유니폼 스폰서 에미레이트 항공(Emirates)
공식 웹사이트 www.realmadrid.com
한국인 선수 소속 이력 없음

최근 3시즌 주요 성적표

시즌	주요 성적
2022/23	○ 라리가 2위 ○ 코파 델 레이 우승 ○ UEFA 챔피언스리그 4강
2023/24	○ 라리가 1위 ○ 코파 델 레이 16강 ○ UEFA 챔피언스리그 우승
2024/25	○ 라리가 2위 ○ 코파 델 레이 준우승 ○ UEFA 챔피언스리그 8강

주요 더비

엘 클라시코(El Clásico) VS FC 바르셀로나

스페인 라리가의 양대 명문 클럽인 레알 마드리드 CF(이하 레알)과 바르셀로나(이하 바르사)가 맞붙는 엘 클라시코는 스페인의 정치, 역사, 지역 감정이 복합적으로 얽힌 상징적인 대결이다. 두 클럽 모두 수많은 리그 우승과 유럽 무대의 화려한 성과를 자랑하는 스페인을 대표하는 강호로 오랜 시간 세계 최고 수준의 경쟁을 펼쳐 왔다. 레알은 수도 마드리드를 연고로 하며 중앙 권력과 전통을 대표하는 이미지가 강한 반면, 바르사는 카탈루냐 지방의 정체성과 자치권을 상징하는 클럽으로 정치와 문화적 저항의 아이콘으로 여겨져 왔다. 특히 프랑코 독재 정권 시절 카탈루냐 문화가 억압받는 가운데 바르사는 지역민의 자존심을 지키는 통로였고 레알은 정권의 후원을 받는 클럽이라는 인식이 퍼지며 양측의 경쟁은 더욱 격화되었다. 이러한 역사적 배경 속에서 펼쳐지는 엘 클라시코는 단순한 90분 경기가 아닌 라리가의 위상을 결정짓고 양 지역과 전 세계 팬들의 자존심이 맞붙는 뜨거운 격돌로 자리 잡았다.

관련 에피소드

① 1953년 아르헨티나 슈퍼스타 알프레도 디 스테파노의 이적을 두고 레알과 바르셀로나가 동시에 영입을 추진하며 갈등이 발생했다. 바르셀로나와 계약 직전까지 갔지만 스페인 축구협회와 프랑코 정권의 개입으로 결국 디 스테파노는 레알 유니폼을 입었다. 그는 레알의 유럽 제패를 이끌며 구단의 상징이 되었으나 이 사건으로 두 클럽 간의 경쟁을 정치적 긴장으로까지 확산시키는 결정적 계기가 되었다.

② 포르투갈 레전드 루이스 피구는 바르사에서 활약하며 팀의 리그 우승을 이끌고 부주장까지 맡았던 선수다. 2000년 그가 레알로 이적하면서 바르사 팬들에게 엄청난 충격을 안겼고 배신자로 낙인 찍혀 원성을 샀다. 그들은 엘 클라시코 경기 도중 피구를 향해 쓰레기를 투척하거나 유니폼 화형식을 가지기도 했다. 이 희대의 이적 스토리는 넷플릭스 다큐멘터리로도 제작되었다.

알고 가면 재미있는 클럽 이야기

01 레알 마드리드 CF의 '레알'은 1920년 스페인 알폰소 13세 국왕이 공식적으로 수여한 칭호로 스페인어로 '왕실(Royal)'을 뜻한다. 클럽명에 레알이 붙으면서 엠블럼에도 왕관 문양을 새겨 넣었다. 이후 레알 마드리드 CF는 왕실 후원을 받은 '엘리트 구단'으로 이미지가 굳어졌고 훗날 바르셀로나와의 정치적이자 지역적인 라이벌 구도를 더욱 강하게 만든 상징이 되었다. 레알 마드리드 CF 외에도 레알 베티스, 레알 소시에다드 등 레알 칭호를 받은 클럽들이 존재한다.

CLUB QUIZ!

① 수년간 레알 마드리드 CF 이적설에 시달리다가 마침내 2024년 여름 레알에 합류한 프랑스인 공격수는 누구인가요?
가. 앙투앙 그리즈만　나. 카림 벤제마
다. 킬리안 음바페　라. 우스만 뎀벨레

② 레알 마드리드 CF는 유럽 축구 최고 권위의 대회인 UEFA 챔피언스리그에서 역사상 가장 많은 우승을 차지한 클럽이다.
가. O　　　　나. X

③ 레알 마드리드 CF와 FC 바르셀로나의 뜨거운 라이벌전을 무엇이라고 불리나요?
가. 맨체스터 더비　나. 엘 클라시코
다. 북런던 더비　라. 데르비 마드릴레뇨

02 2000년대 초반 당시 회장이었던 페레스가 내건 선수 영입 정책 '갈락티코(Galáctico)'는 파격적이다 못해 전 세계 축구 이적 시장을 뒤흔들어 놓았다. 스페인어로 은하수를 뜻하는 정책명은 말 그대로 최고의 실력과 스타성을 겸비한 선수를 모아 초호화 은하계를 형성하고자 했다. 거액을 투자하여 루이스 피구를 필두로 지네딘 지단, 호나우두, 데이비드 베컴 등 세계적인 스타 선수를 줄줄이 영입하여 전 세계 축구팬에게 레알을 각인시켰다. 하지만 소문난 잔치에 먹을 것 없다는 속담처럼 눈부신 라인업에 비해 성적은 그다지 화려하지 못했다. 정책 초반에는 리그 우승 2회와 챔피언스리그 우승 1회를 일궈냈지만 그 이후에는 별다른 성과 없이 수년간 무관에 그쳤다. 그러나 유니폼 판매량에 따른 엄청난 수익과 이전보다 폭발적으로 상승한 클럽의 브랜드 가치는 갈락티코 정책이 어느 정도 성공했다는 방증이 아닐까?

03 지네딘 지단(Zinédine Zidane)은 레알에서 선수와 감독으로 모두 전설이 된 인물이다. 2001년 당시 세계 최고 이적료로 유벤투스에서 레알로 이적해 이른바 '갈락티코 1기'의 핵심으로 활약했다. 특히 2002년 챔피언스리그 결승전에서 보여준 왼발 발리 골은 클럽 역사상 가장 아름다운 골로 꼽힌다. 은퇴 후 2016년 레알 감독으로 부임한 그는 2015/16, 2016/17, 2017/18 세 시즌 연속 챔피언스리그 우승이라는 전무후무한 기록을 세우며 레알의 유럽 지배를 다시 이끌었다. 감독으로서 스타 플레이어들을 통솔하면서도 실리적인 전술르 안정감을 더했고 위기의 순간마다 리더십을 발휘하며 팀을 정상으로 이끌었다.

04 매 경기 남쪽 골대 뒤 관중석에는 레알의 공식 서포터스 그룹인 '그라다(Grada de Animación)'가 자리하고 있다. 2014년에 창단된 이 조직은 클럽의 승인이 떨어져야 정식 멤버로 활동할 수 있다. 멤버가 지켜야 할 조건과 의무는 14~45세 연령, 흰색 유니폼 필수 착용, 경기 전부터 끝날 때까지 서서 응원, 일정 횟수 이상 경기 관전 필수 등이 있다.

05 레알의 홈구장명 '산티아고 베르나베우'는 레알 역사상 가장 영향력 있는 전설적인 존재다. 선수와 감독으로서 활약했고 1943년부터 1978년까지 35년간 회장직을 역임하며 클럽의 근대화를 이끈 핵심 인물이다. 디 스테파노를 비롯한 최정상급 선수들을 영입하고 유러피안컵(현 챔피언스리그) 창설에 주도적으로 참여했으며 당시 유럽 최대 규모의 축구 전용 구장 건설을 추진해 레알을 세계적인 클럽으로 도약시켰다. 그의 리더십 아래 레알은 유러피안컵 5연패와 수많은 리그 우승을 차지하며 황금기를 맞았다. 그의 공로를 기리기 위해 1955년 새로 지은 구장에 그의 이름을 붙였고 이는 오늘날에도 클럽의 상징으로 남아 있다.

정답 ① 다 ② 가 ③ 나

한국에서 직관 준비하기

┃ 경기 티켓 구매하기

① 티켓 예매 정보

티켓 판매는 시즌 티켓 소지자, UEFA 회원, 클럽 회원, 마드리디스타 프리미엄(유료 멤버십), 일반 순서로 열린다. 현지 거주자가 아닌 여행자 입장에서는 마드리디스타 프리미엄과 일반 예매만이 현실적으로 구매 가능한 방법이다. 공식 홈페이지 회원으로 가입하지 않은 경우는 일반 예매에 해당하며, 경기일 5~7일 전 티켓 판매를 시작한다.

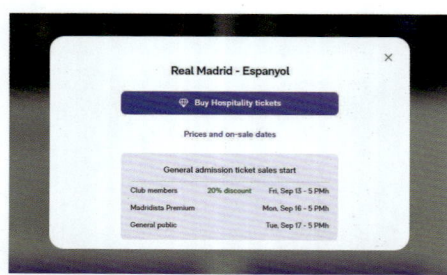

홈페이지에서 고지되는 티켓 판매 날짜와 시간은 홈페이지를 접속하는 국가에 맞춰 표시된다. 만약 한국에서 예매 페이지를 접속했다면 한국 표준시간 기준으로 알려준다는 점을 명심하자. 티켓 가격은 좌석 위치에 따라 세부적으로 나뉘어 있으며, 숏 사이드보다 롱 사이드가 비싸고 높은 층으로 올라갈수록 저렴해진다.

② 빅매치 예매

FC 바르셀로나, 아틀레티코 마드리드 등 라이벌 팀과의 대전이나 챔피언스리그의 토너먼트 등 인기가 높은 경기는 티켓 확보가 쉽지 않다. 일반 예매 1~2일 전에 우선 예매 기회가 주어지는 마드리디스타 프리미엄에 가입하는 것이 티켓 확보 확률이 높아지지만 잔여석이 남아 있지 않을 경우도 허다하다. 다소 리스크가 있으나 경기일 2~3일 전부터 시즌 티켓과 클럽 회원의 취소 표가 나오므로 수시로 예매 사이트를 확인하며 티켓을 노리는 것도 하나의 방법이다.

2 좌석 선택

레알 선수는 라테랄 에스테(Lateral Este, 동측 스탠드)를 기준으로 왼쪽인 폰도 수르(Fondo Sur, 남측 스탠드) 그라운드에 서, 상대팀 선수는 원정석이 있는 폰도 노르테(Fondo Norte, 북측 스탠드) 그라운드에서 워밍업이 이루어진다. 선수단이 에스코트 키즈와 함께 입장할 때도 마찬가지로 레알 선수는 왼쪽, 원정팀은 오른쪽에 선다는 점을 인지하고 좌석을 선택하도록 하자.

폰도 수르(Fondo Sur) 116~120구역은 서포터스 좌석으로 경기 내내 서서 응원하며 관전한다. 레알의 열혈 서포터스 그룹인 그라다(Grada)의 뜨거운 응원을 가까이서 지켜보고 싶다면 이 구역 주변을 예매하자.

홈구장 정보 Estadio Santiago Bernabéu

홈구장
에스타디오 산티아고 베르나베우

완공 1947년
(2024년 돔구장으로 리뉴얼)

수용 인원
8만 5,000명

주소
Av. de Concha Espina, 1, Chamartín, 28036 Madrid

3 티켓 예매 방법

공식 티켓사이트(www.realmadrid.com/en-US/tickets)에서 일반 티켓을 구매하는 법을 소개한다.

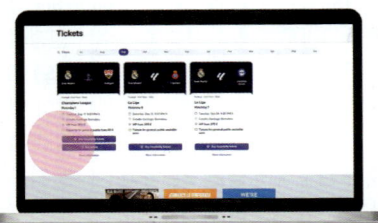

[1] 공식 티켓사이트에 접속한 후 직관하고자 하는 경기의 **Buy Tickets** 버튼을 클릭한다.

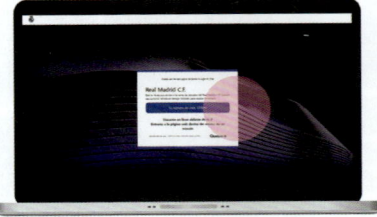

[2] 대기실 페이지가 뜨고 얼마 정도 대기하면 본격적인 예매 페이지로 이동한다.

[3] 좌석도의 파란색 활성화 구역을 클릭하자. 하늘색 비활성화 구역은 잔여석이 없다는 것을 의미한다.

[4] 파란색으로 활성화된 구역 중 마음에 드는 구역을 클릭하자. 커서를 대면 해당 구역의 가격이 표시된다.

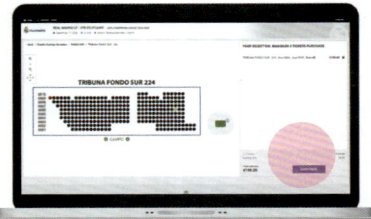

[5] 초록색으로 표시된 동그라미가 예매 가능한 좌석이다. 원하는 좌석을 선택한 후 **CONTINUE** 버튼을 클릭한다.

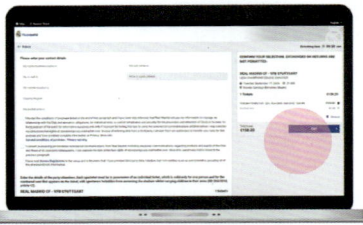

[6] 이름, 메일 주소, 전화번호, 국가(South Korea), 우편번호 등 개인정보를 입력한다. 하단에는 경기를 관전할 사람의 이름과 여권 번호를 입력한다. 입력을 완료하면 **PAY** 버튼을 클릭한다.

[7] 체크카드 또는 신용카드 번호와 카드 유효기간, 카드 서명란 오른쪽에 표시된 CVV 정보를 입력한 후 **PAY** 버튼을 클릭, 한국 신용카드의 인증을 거치면 티켓 구매가 완료된다.

4 티켓 다운로드

티켓을 예매한 직후 예매 시 입력한 메일 주소로 모바일 티켓 다운로드 메일이 전송된다. 티켓을 저장할 스마트폰에서 해당 메일을 열람하자. 티켓 디테일(TICKET DETAILS)의 '다운로드 월렛(Download Wallet)' 버튼을 클릭하면 아이폰은 애플 월렛에 자동적으로 저장된다. 갤럭시를 비롯한 안드로이드 기기라면 미리 구글 스토어에서 패스월렛(PassWallet) 애플리케이션을 다운로드 해두자. '다운로드 월렛(Download Wallet)' 버튼을 클릭하면 애플리케이션이 열리면서 모바일 티켓이 저장된다.

> **주의 사항**
> 캡처한 티켓 이미지 또는 PDF 파일 형식, 티켓 이미지를 인쇄한 종이 티켓은 유효하지 않고 오로지 모바일 티켓 형태로만 입장 가능한 점을 명심하자. 만일 티켓 다운로드에 문제가 생겼다면 경기 당일 킥 오프 2시간 전에 경기장 티켓 오피스를 방문하자.

5 스타디움 투어

① 투어 종류

투어에는 예매 시 지정한 날짜와 시간에 입장하여 경기장과 박물관을 자유롭게 둘러볼 수 있는 '클래식(Classic) 투어', 예매 시 지정한 날짜의 원하는 시간에 입장하여 경기장과 박물관을 자유롭게 둘러볼 수 있는 '클래식 플렉시블 타임(Classic Flexible Time) 투어', 전문 투어 가이드(영어, 스페인어, 프랑스어 선택 가능)의 상세한 설명과 함께 둘러보는 '프리미엄(Premium) 투어' 등 세 종류가 있다. 경기장 내부 방문, 박물관 관람, 챔피언스리그 우승 트로피와 기념 촬영 등을 경험할 수 있다.

② 투어 가격 및 주의 사항

예매 후에는 날짜 및 시간 변경과 환불이 불가하다. 만일 일정이 확실치 않다면 날짜만 지정하는 '클래식 플렉시블 타임 투어'를 선택하자. 온라인 예약 시 현장 구매가에서 €3 할인 혜택을 받을 수 있다. 아래의 표는 온라인 가격을 기준으로 작성하였다.

	15세 이상	5~14세	0~4세
클래식 투어	€39	€33	
클래식 플렉시블 타임 투어	€46	€40	무료
프리미엄	€58	€52	

투어 베르나베우 Tour Bernabéu

주소 Access Tower B, Av. de Concha Espina, 1, Chamartín, 28036 Madrid
운영 월~토요일 09:00~19:00,
일요일 및 공휴일 09:30~18:30, 30분마다 진행
홈페이지 www.realmadrid.com/sites/en/tour-bernabeu

6 추천 숙박 지역

경기장은 마드리드 시내 관광지에서 지하철로 30분 정도 소요되는 거리에 위치한다. 경기장 인근에도 여러 호텔이 존재하나 경기일 전후로 숙박 요금이 치솟는 점이 단점이다.

시내 관광과 경기 관전 둘 다 놓치고 싶지 않다면 주요 관광 명소가 모여 있는 솔 광장, 마요르 광장, 그랑 비아 등 마드리드 중심가의 호텔에 숙박하는 것이 좋다. 다만 저렴한 요금의 호텔을 찾기는 쉽지 않다. 숙박비를 절약하고 싶다면 시내 중심가에서 다소 떨어져 있으나 경기장까지 버스, 지하철로 20분 정도 걸리고 합리적인 가격과 좋은 컨디션의 호텔이 모여 있는 차마르틴(Chamartín) 역 부근도 괜찮다.

현지에서 경기 직관하기

┃ 경기장 찾아가기

지하철 10호선 산티아고 베르나베우(Santiago Bernabeu) 역 출구로 빠져나오면 경기장이 바로 보인다. 경기장 인근에 정차하는 14·27·40·43·120·126·147·150번 버스와 도보 10분 거리에 위치하는 근교열차인 렌페 세르카니아스의 누에보스 미니스테리오스(Nuevos Ministerios) 역도 있어 교통편의 선택지가 다양하다.

경기일엔 경기장 주변 도로를 막아 관중이 자유롭게 드나들 수 있도록 보행자 전용 도로로 바뀌어 교통 통제가 이루어진다. 8만 명의 관중 규모를 고려하여 가급적 이른 시간에 도착하는 편이 좋으며 버스보다는 제시간에 도착하는 지하철 이용을 권장한다.

TIP 선수진 출근길 버스 맞이하기

킥 오프 90분 전 선수진은 클럽 버스를 타고 경기장으로 출근한다. 플라자 데 로스 사그라도스 코라소네스 (Pl. de los Sagrados Corazones) 부근 보행자 전용 도로에서 버스를 맞이하기 위해 대기하는 팬이 다수 목격된다. 버스 안 선수들의 얼굴이 뚜렷하게 보이는 건 아니지만 곧 있을 경기에 뛸 그들을 응원하고자 모여 있는 것이다. 시간이 되면 경찰의 경호를 받으며 경기장으로 진입하는 버스를 지켜볼 수 있다.

2 경기장 입장하기

경기장 입장은 경기 시간 90분 전부터 입장할 수 있다. 좌석마다 입장 가능한 입구가 정해져 있으므로 티켓에 명시된 입구(Puerta/Gate)의 번호를 확인한 후, 경기장 좌석 배치도상 번호 위치로 이동하도록 하자.

좌석 입구는 구역(Sector) 번호로 구분되어 있고 좌석 열(Fila/Row)은 0부터 시작한다. 좌석 번호는 홀수와 짝수로 나뉘어 있다. 같은 구역이라도 홀수는 왼쪽, 짝수는 오른쪽에 위치한다. 연석 티켓을 예매했을 경우 좌석 번호가 이어지지 않고 1·3 또는 2·4로 표기된다.

3 반입 금지 물품

알코올 음료, 500g/ml를 초과하는 음식 또는 음료, 금속, 유리, 세라믹, 나무 또는 유사한 유형의 용기에 담긴 모든 음식 또는 음료, 마약류.

 **HECK!**

- ☑ 경기장과 경기장 공식 숍 내 무료 와이파이(Bernabeu_Wifi)를 제공한다.
- ☑ 짐 보관 서비스를 제공하지 않는다.
- ☑ 경기장 전 구역이 금연이다 (전자담배 포함).
- ☑ 경기장에 입장한 후의 재입장은 한 번만 허용된다. 경기장을 나갈 때는 반드시 개찰구에서 티켓을 스캔하자. 티켓을 스캔하지 않고 나갔을 경우, 수용 인원 통제 규정에 따라 다시 경기장으로 입장할 수 없다는 점을 기억하자. 경기 시작 전과 하프타임 사이에 나간 경우에만 재입장이 허용되며, 전반 종료 후 하프타임 이후에 다시 들어올 수 있다.

4 매점 이용하기

경기장 내 매점에서는 물, 다양한 탄산음료, 에너지 드링크 등 각종 음료를 비롯해 햄버거, 스패니시 샌드위치 보카디요, 스낵 과자, 젤리, 초코바 등 간편하게 즐길 수 있는 먹거리를 판매하고 있다. 카드 결제 창구와 현금 결제 가능 창구가 분리되어 있으니 창구 간판을 확인하고 줄을 서도록 하자.
참고로 경기장 주변에도 노점이 있으며, 경기장 내 매점보다 가격이 저렴한 편이다. 경기장 밖에서 구매한 음식과 뚜껑을 제거한 페트병 음료는 반입이 가능하다.

5 응원가

레알 마드리드 CF의 대표적인 응원 구호는 '나아가자 마드리드!', '마드리드 파이팅!'을 의미하는 'iHala Madrid! 알라 마드리드'다. 유니폼에도 새겨진 이 구호는 응원하는 팬들뿐만 아니라 선수들도 외치며 분위기를 고조시키는 문구이며, 여러 공식 응원가의 가사에 자주 등장하기도 한다.
선수들이 그라운드로 입장할 때 흘러나오는 웅장한 멜로디의 '알라 마드리드 이 나다 마스(Hala Madrid y Nada Más, 나아가자 마드리드, 단지 그것뿐)'는 대표적인 레알의 응원가로, 2014년 UEFA 챔피언스리그 10번째 우승(La Décima, 라 데시마)을 자축하고자 만든 곡이다. 남쪽 골대 뒤에 자리하는 서포터스가 머플러를 들어올려 흰 물결을 만들며 목놓아 합창한다.

TIP 비공식 머플러

경기장 주변 노점에 걸린 머플러에 주목하자. 클럽 공식 숍과는 다른 디자인의 비공식 머플러가 팬들을 반기고 있기 때문이다. 경기 날짜와 대진 상대의 팀명이 새겨진 매치데이 머플러와 인기 선수의 얼굴과 이름이 새겨진 인물 머플러가 있다. 머플러 가격은 각각 €10, €15선으로, 부담 없는 가격에 구매할 수 있어 기념품으로도 좋다. 경기가 끝난 후 반값으로 판매하기도 한다.

6 공식 스토어

산티아고 베르나베우 경기장 앞에 규모가 가장 큰 메가스토어가 있으며, 마드리드 시내 그랑 비아에 한 곳, 솔 광장에 두 곳, 마드리드 바라하스 공항에서 한 곳을 운영 중이다. 경기장 앞 공식 숍은 계산대에서 바로 면세 혜택을 받을 수 있으므로 여권 제시와 함께 환급 받을 수단(현금 또는 카드)을 선택하도록 한다. 때에 따라 1층 카운터에서 절차를 밟아야 할 경우가 있다. 2층에서 계산 후 받은 구매 영수증과 여권을 지참하자.

경기장 메가스토어 Estadio Santiago Bernabéu

주소 Calle Padre Damián, 3, Chamartín, 28036, Madrid
영업 10:00-21:30

솔 광장 지점 Puerta del Sol

주소 C. del Carmen, 3, Centro, 28013 Madrid
영업 11:00-21:00

TIP 유니폼 마킹

유니폼을 마킹하고 싶은 경우, 계산 시 선수 번호와 이름을 전하면 된다. 소속 이름이 아니더라도 구매자 본인 이름이나 원하는 문구를 새기는 것도 가능하다. 마킹 후 환불이 불가능하다는 동의서에 사인해야 한다. 계산이 끝나면 마킹 센터에 유니폼을 가져가면 된다. 참고로 머 가스토어의 마킹 센터는 계산대 구역 왼쪽 2.5층에 위치한다.

Atlético Madrid

아틀레티코 마드리드

레알 마드리드 CF, FC 바르셀로나와 함께 라리가 3강 중 하나인 축구 클럽. 같은 마드리드를 연고지로 둔 라이벌 '레알 마드리드'가 부유층의 클럽으로 불린다면, 아틀레티코 마드리드(이하 AT 마드리드)는 서민과 노동 계층의 클럽이라 불린다. 2011년 시메오네 감독이 부임하면서 리그 우승 2회, 코파 델레이 1회, 챔피언스리그 준우승 2회 등 중하위권에 머물던 AT 마드리드를 상위권 팀으로 끌어올렸다. 2023년 여름 구단 역사상 처음으로 내한해 맨체스터 시티와 멋진 승부를 펼친 바 있다.

구단 정보

팀 정식 명칭 아틀레티코 데 마드리드
Club Atlético de Madrid, S.A.D.

창단 연도 1903년
소속 리그 스페인 라리가
연고지 마드리드, 스페인
구단주 아틀레티코 홀드코(Atlético HoldCo, 65.98%), 이단 오퍼(Idan Ofer, 33%)
감독 디에고 시메오네(아르헨티나)
주장 6번 코케(Koke, 스페인)
부주장 13번 얀 오블락(Jan Oblak, 슬로베니아)
마스코트 인디(Indi)
애칭 Atleti(아틀레티, 알레띠), Los Colchoneros(로스 콜초네로스), Los Indios(인디언), Los Rojiblancos(빨간색과 하얀색)
약칭 ATM
더비 데르비 마드릴레뇨 Derbi Madrileño (VS 레알 마드리드 CF)
팀 컬러 빨간색과 하얀색 줄무늬
유니폼 스폰서 리야드 항공(Riyadh Air), 현대자동차(Hyundai Motors)
공식 웹사이트 www.atleticodemadrid.com
한국인 선수 소속 이력 없음

최근 3시즌 주요 성적표

시즌	주요 성적
2022/23	◦ 라리가 3위 ◦ 코파 델 레이 8강 ◦ UEFA 챔피언스리그 조별리그 탈락
2023/24	◦ 라리가 4위 ◦ 코파 델 레이 4강 ◦ UEFA 챔피언스리그 8강
2024/25	◦ 라리가 3위 ◦ 코파 델 레이 4강 ◦ UEFA 챔피언스리그 16강

주요 더비

데르비 마드릴레뇨(Derbi Madrileño) VS 레알 마드리드 CF

스페인 수도 마드리드를 대표하는 두 축구 명문 간의 자존심이 걸린 라이벌전이다. 귀족적인 이미지의 레알 마드리드 CF와 서민적 배경의 AT 마드리드는 역사적으로도 계급과 이념을 상징해 왔다. 과거에는 레알 마드리드 CF가 압도적인 전적을 자랑했지만 최근 들어 AT 마드리드도 리그 우승과 UEFA 챔피언스리그 결승 진출 등을 통해 존재감을 키우며 팽팽한 경쟁을 이어가고 있다. 특히 2011년 디에고 시메오네 감독의 부임 이후 견고하고 단단한 수비와 강한 정신력을 앞세워 레알 마드리드 CF와 대등한 라이벌로 자리 잡았다.

관련 에피소드

① 레알 마드리드 CF와 AT 마드리드는 UEFA 챔피언스리그 결승에서 무려 두 번이나 만난 적이 있다. 2013/14시즌 결승에서는 1-0으로 앞서던 후반 추가 시간에 레알 마드리드 CF의 세르히오 라모스가 극적인 동점골을 터뜨리며 승부가 연장전으로 이어졌다. 연장전에서 가레스 베일, 마르셀루, 크리스티아누 호날두가 연달아 골을 넣으며 레알 마드리드 CF가 4-1로 챔피언스리그 10번째 우승(라 데시마)을 거머쥐었다.

② 2015/16시즌 결승에서는 1-1 동점 상황에서 연장전까지 이어졌으나 승부가 나지 않아 승부차기에 돌입했다. 아쉽게도 레알 마드리드 CF의 모든 키커가 성공하면서 또다시 레알 마드리드 CF에게 우승컵을 내주었다. 이 두 번의 결승전은 AT 마드리드 팬들에게 우승의 꿈을 좌절시킨 통한의 기억으로 남아 있으며 데르비 마드릴레뇨의 승리에 대한 갈증을 더욱 키우는 요인이 되었다.

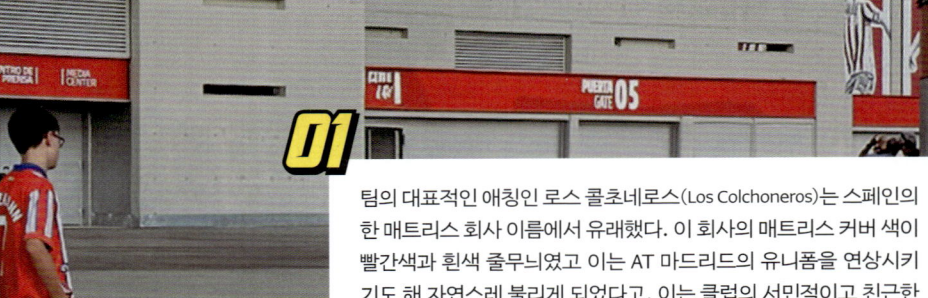

알고 가면 재미있는 클럽 이야기

01

팀의 대표적인 애칭인 로스 콜초네로스(Los Colchoneros)는 스페인의 한 매트리스 회사 이름에서 유래했다. 이 회사의 매트리스 커버 색이 빨간색과 흰색 줄무늬였고 이는 AT 마드리드의 유니폼을 연상시키기도 해 자연스레 불리게 되었다고. 이는 클럽의 서민적이고 친근한 이미지를 잘 보여주는 별명이다.

CLUB QUIZ!

① 2013/14시즌과 2016년 UEFA 챔피언스리그 결승전에서 아틀레티코 마드리드와 맞붙었던 상대 팀은 어디였나요?
가. 리버풀 FC 나. 레알 마드리드 CF
다. FC 바이에른 뮌헨 라. FC 바르셀로나

② 현재 AT 마드리드에서 가장 인기가 높은 앙투안 그리즈만 선수의 국적은 어디일까요?
가. 프랑스 나. 스페인
다. 이탈리아 라. 독일

③ 1998년 프랑스 월드컵 16강 아르헨티나 대 잉글랜드 경기에서, 현 AT 마드리드 감독인 시메오네와의 충돌로 인해 레드카드를 받고 퇴장당한 잉글랜드의 유명 선수는 누구일까요?
가. 폴 스콜스 나. 지네딘 지단
다. 호나우두 라. 데이비드 베컴

02 2011년에 부임한 디에고 시메오네 감독은 AT 마드리드에 혁명적인 변화를 가져왔으며 클럽은 역사상 최고의 전성기를 구가하고 있다. 견고한 수비 조직력과 강력한 압박 그리고 효율적인 역습을 기반으로 하는 축구 스타일은 투지와 끈기를 강조하는 AT 마드리드의 정신과 부합했다.
그의 선수 시절 별명이었던 엘 초로(El Cholo)는 투쟁적이고 강인한 인물을 지칭하는데, 이 기질이 그대로 투영되어 AT 마드리드 전술에서도 고스란히 드러난다.

03

100경기 이상 뛴 선수들을 기념하고자 만든 명예의 전당 명판이 라테랄 오에스테(Lateral Oeste) 구역 앞 광장 바닥에 설치되어 있다. 403경기에 출전한 레전드 선수 '페르난도 토레스(Fernando Torres)', 현 감독이자 전 AT 마드리드 선수였던 '디에고 시메오네' 등 추억의 이름들을 만나볼 수 있다. 이 중 유독 더럽혀진 명판이 눈에 띄는데, 경솔한 언행으로 팬의 원성을 사며 결국 타 구단으로 이적한 주앙 펠릭스의 것이다.

04

AT 마드리드를 이야기할 때 빼놓을 수 없는 선수로 페르난도 토레스가 있다. 그는 AT 마드리드 유스 출신으로 17세에 성인 팀에 데뷔해 '엘 니뇨(El Niño, 소년)'라는 별명으로 불리며 7시즌 동안 클럽의 상징적인 존재가 되었다. 리버풀, 첼시 등 빅 클럽을 거쳐 다시 고향 팀인 AT 마드리드로 돌아와 선수 생활의 마지막을 보냈다. 그의 복귀는 많은 팬들에게 감동을 주었고 클럽에 대한 충성과 팬심을 상징하는 아이콘으로 기억된다. 현재 AT 마드리드 B팀의 감독을 맡고 있다.

05

마드리드의 중심부에 자리하는 솔 광장의 터줏대감이자 AT 마드리드 엠블럼에도 등장하는 곰을 경기장 앞에서도 만나볼 수 있다. 산딸기 나무에서 열매를 따 먹는 배고픈 곰의 모습을 하고 있는데, 곰은 마드리드의 심벌로 과거 마드리드에서 수많은 곰이 서식했던 것에서 유래했다.

06

프라도 미술관 부근에 있는 포세이돈 분수대(Fuente de Neptuno)는 AT 마드리드 팬들에게 승리를 자축하고 만남을 가지는 성지다. 경기 승리 후 팬들은 바다의 신 '포세이돈' 조각상이 중앙에 자리한 유서 깊은 분수 앞에 한데 모여 열정적으로 기쁨을 나눈다. 레알 팬들이 시벨레스 분수(Fuente de Cibeles)에서 우승을 기념하는 것과 대조를 이루며, 마드리드라는 한 도시 안에서 두 거대 클럽의 정체성과 팬 문화가 극명하게 대비되는 상징적인 장소다.

한국에서 직관 준비하기

1 경기 티켓 구매하기

공식 홈페이지에서 회원가입을 하지 않아도 예매 페이지의 'buy tickets as a general public'을 클릭하여 티켓을 구매할 수 있다. 일부 서포터석 (Fondo Sur 구역)은 멤버십에 가입을 해야만 구매가 가능하다. 이는 리그 경기뿐만 아니라 챔피언스리그 경기도 동일하다. 경기일 약 열흘 전부터 티켓 판매가 시작된다. 판매 시작 전인 경기는 메일로 티켓 예매 시기를 알려주는 서비스를 제공 중이다. 티켓 구매 페이지에서 원하는 경기의 'NOTIFY ME' 버튼을 클릭하여 이름 및 메일 주소, 전화번호 등 개인 정보를 입력한 후 신청하자. 단, 같은 연고지 라이벌인 레알 마드리드 CF와의 경기는 티켓을 구하기가 쉽지 않음을 참고하자.

2 좌석 선택

AT 마드리드 선수는 라테랄 오에스테(Lateral Oeste, 서측 스탠드)를 기준으로 오른쪽인 폰도 수르 (Fondo Sur, 남측 스탠드) 그라운드에서, 상대팀 선수는 원정석이 있는 폰도 노르테(Fondo Norte, 북측 바닥) 그라운드에서 워밍업이 이루어진다. 선수단이 에스코트 키즈와 함께 입장할 때도 마찬가지로 AT 마드리드 선수는 오른쪽, 원정팀은 왼쪽에 선다는 점을 인지하고 좌석을 선택하도록 하자.

서포터스석은 폰도 수르(Fondo Sur, 남측 스탠드) 구역 1층 127~133번으로 경기 내내 서서 응원하면서 관전해야 한다. 경기를 앉아서 보고 싶다면 다른 구역을 선택하자.

SPAIN
Atlético Madrid

홈구장 정보 Riyadh Air Metropolitano

- 홈구장: 리야드 에어 메트로폴리타노
- 완공: 2017년
- 주소: Av. de Luis Aragonés, 4, San Blas-Canillejas, 28022 Madrid
- 수용 인원: 7만 460명

3 티켓 예매 방법

공식 티켓사이트(en.atleticodemadrid.com/atm/tickets)에서 일반 티켓을 구매하는 법을 소개한다.

① 공식 티켓사이트에 접속한 후 **MEN'S FIRST TEAM**을 클릭한다.

② First Team의 **General Admission**을 클릭한다.

③ 직관하고자 하는 경기의 **BUY TICKETS** 버튼을 클릭한다.

④ **SIGN IN** 버튼 하단의 빨간 글씨 **buy tickets as a general public**을 클릭한다.

⑤ 경기장 그림상 구매하고 싶은 구역을 클릭한다.

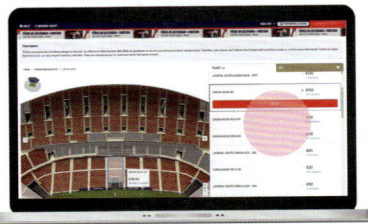

⑥ 각 구역에 커서를 대면 해당 구역의 가격대와 남은 좌석 수가 표시된다. 원하는 구역을 클릭한다.

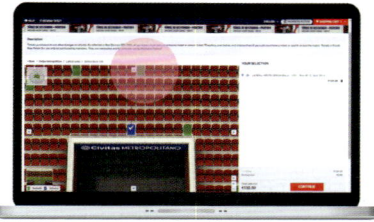 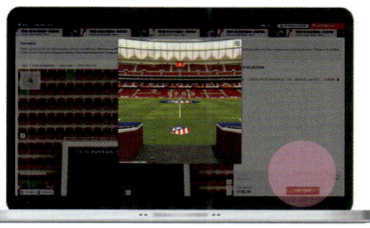

7 구매 가능한 좌석이 초록색으로 표시된다. 좌석을 클릭하면 구체적인 좌석 열, 번호와 함께 티켓 가격과 수수료가 표시된다.

8 왼쪽 하단의 그림을 클릭하면 좌석 시야를 확인할 수 있다. 시야 창 외 다른 부분을 클릭하면 원래 화면으로 돌아간다. 결정했다면 **CONTINUE** 버튼을 클릭한다.

9 '스타디움 투어', '매치데이 투어', '버스 출근길 지켜보기' 등 유료 옵션을 추가하고 싶다면 **ADD EVENT** 버튼을, 티켓만 구매하고 싶다면 **CONTINUE** 버튼을 클릭한다.

10 위부터 차례대로 이름, 메일 주소, 전화번호, 생년월일, 여권 번호, 주소 등 개인정보를 입력한다. 하단의 Attendees Data 항목에는 경기를 관전할 사람의 이름과 여권 번호를 입력한다. 입력을 완료하면 **PAY** 버튼을 클릭한다.

11 체크카드 또는 신용카드 번호와 카드 유효기간, 카드 서명란 오른쪽에 표시된 CVV 정보를 입력한 후 **PAY** 버튼을 클릭, 한국 신용카드의 인증을 거치면 티켓 구매가 완료된다.

4 티켓 다운로드

티켓을 예매한 직후 회원가입 시 등록한 메일 주소로 티켓 구매 확인 및 모바일 티켓 다운로드 메일이 전송된다. 메일 내용 하단에 'DOWNLOAD TICKETS FOR MOBILE'을 클릭하면 PDF 파일 형태의 티켓을 다운로드받을 수 있다.

5 스타디움 투어

대표적으로 경기장과 박물관을 자유롭게 둘러볼 수 있는 '셀프 가이드'와 전문 투어 가이드의 상세한 설명과 함께 둘러보는 '가이드 투어' 2종류가 있다. 공통적으로 경기장 내 라커 룸, 선수 벤치, 인터뷰 룸 등 선수가 실제로 이용하는 시설과 박물관을 각각 한 시간 동안 관람할 수 있다. 셀프 가이드는 11:00, 11:30, 12:00, 12:30, 13:00, 16:00, 16:30, 17:00, 18:00 총 1일 9회 날짜와 시간을 지정해야 한다. 가이드 투어는 1일 1회 월~목요일 11:30, 금요일 17:00에 운영하며 예약 시 날짜 지정이 필요하다. 구매 후 환불은 불가하다. 단, 이메일(atleti-tour@atleticodemadrid.com)을 통해 날짜 변경은 가능하고 수수료 €5가 부과된다. 투어는 메가스토어 좌측 알레띠 투어&뮤지엄(ATLETI TOUR&MUSEUM)에서 실시한다.

홈페이지 en.atleticodemadrid.com/atm/tour_museum

6 추천 숙박 지역

경기장이 마드리드 도심에서 다소 떨어진 지역에 위치하고 있으며 경기장 부근 가까운 거리에도 호텔이 전무하다시피 하다. 경기장은 지하철역에서 접근성이 좋은 편이므로 관광의 중심인 솔 광장, 마요르 광장, 그랑 비아에 숙소를 두고 대중교통으로 이동하는 것을 추천한다.

관광할 시간이 없거나 비행기로 다른 지역으로 이동해야 할 상황이라면 경기장에서 자동차로 10분 거리에 마드리드 바라하스 국제공항이 위치해 있으므로 공항 근처 호텔에서 숙박하면서 우버(Uber), 프리나우(FREENOW), 캐피파이(Cabify), 볼트(Bolt) 등 배차 서비스를 이용하는 것도 괜찮은 방법이다.

		14세 이상	4~13세	0~3세
셀프 가이드	비회원	€25	€19	무료
	회원	€24	€18	
가이드 투어		€32	€25	

현지에서 경기 직관하기

1 경기장 찾아가기

지하철 7호선 에스타디오 메트로폴리타노(Estadio Metropolitano)역 출구를 빠져나오면 눈앞에 경기장이 바로 위치한다. 출발 지점에 따라 지하철에서 버스로 환승해야 하는 경우가 있는데, 경기장 앞에 하차하는 167·286·288·289번 버스를 이용하자. 지하철역과 버스 정류장 앞에서 경기장으로 향하는 계단을 걸어 올라가면 최대 규모의 공식 메가스토어가 있고 좌측 계단을 한 번 더 올라가야 경기장 입구에 다다른다.

2 경기장 입장하기

경기장 입장은 경기 시작(이하 킥 오프) 1시간 전부터 입장할 수 있다. 좌석마다 입장 가능한 입구가 정해져 있으므로 티켓에 명시된 입구(PUERTA/GATE)의 번호를 확인한 후, 경기장 좌석 배치도상 번호 위치로 이동하도록 하자. 개찰구에 QR코드를 찍기 전에 간단한 가방 검사가 이루어지는데 외부 음식을 포함해 500g/ml 이하의 뚜껑을 제거한 페트병 음료는 반입이 가능하지만 알코올 음료는 불가하다.

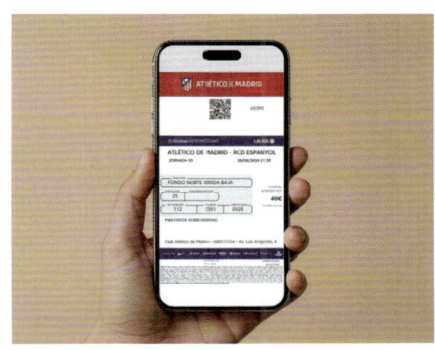

3 반입 금지 물품

알코올 음료, 500g/ml를 초과하는 음료, 날카로운 물건, DSLR, 비디오 카메라, 레이저 포인터, 우산, 셀카봉, 노트북, 젖병, 조명탄, 폭죽.

CHECK!

- [x] 경기장 내 무료 와이파이(CIVITAS_METROPOLITANO)를 제공한다.
- [x] 경기장 입장 후 하프타임 포함 킥 오프 30분부터 70분 사이 개찰구를 통해 나간 후 다시 들어올 수 있다. 재입장 시 티켓의 QR 코드를 한 번 더 스캔해야 한다.

4 매점 이용하기

경기장 내·외부 음식 반입이 가능하다. 다만 주류 반입 금지이므로 아쉽게도 경기를 지켜보며 맥주를 마실 수는 없다. 대신 경기장 밖 레스토랑과 노점에서 맥주를 구매해 마신 후 입장할 수 있다. 경기장 메가스토어 주변에 두세 군데 음식점이 입점해 있지만 테이블이 한정적이다. 경기장 곳곳에 있는 노상 매점 외에 라레탈 에스테(Laretal Este)와 폰도 수르(Fondo sur) 구역 부근에는 우리에게 익숙한 도미노 피자나 타코벨 같은 패스트푸드와 마드리드 시내 맛집 중 하나인 라 캄파냐(La Campana) 푸드트럭 등 간단하게 요기를 하기 좋은 노점이 들어서 있다. 테이블 수가 많지 않아 자리를 잡지 못하고 서서 먹거나 경기장 내부로 반입해 먹기도 한다. 경기장 내에도 구역 곳곳에 음료와 간식을 파는 매점이 있다.

5 응원가 & 구호

선수단이 그라운드로 입장하고 킥 오프 직전 경기장 원정팀을 제외하고 모든 관중이 한마음 되어 AT 마드리드의 머플러를 들고 그들의 응원가인 '엘 임노 델 아틀레티코 데 마드리드(El Himno del Atlético de Madrid, 아틀레티코 마드리드 찬가)'를 열창한다. 선발 명단을 발표할 때는 화려한 조명쇼와 함께 AC/DC의 '선더스트럭(Thunderstruck)'을 배경음악으로 선수 이름이 호명된다. AT 마드리드가 골을 넣으면 화이트 스트라이프스(The White Stripes)의 '세븐 네이션 아미(Seven Nation Army)'가 흘러나온다.

TIP 비공식 머플러

경기장으로 향하는 길목에 AT 마드리드 색으로 물든 노점들이 들어서 있다. 클럽 공식 스토어의 머플러와 다른 개성 있는 디자인의 비공식 머플러를 판매하고 있어 절로 눈길이 간다. 경기마다 경기 날짜와 대진 상대의 팀명이 새겨진 매치데이 머플러는 €10선으로, 경기일을 추억할 수 있는 기념품으로도 손색이 없다.

6 공식 스토어

시비타스 메트로폴리타노 경기장 곳곳에 스토어를 운영 중이며, 가장 큰 메가스토어는 지하철역 입구 근처에 있다. 마드리드 시내 관광지인 그랑비아에도 공식 숍이 있다. 모든 스토어에서 택스 리펀드 요청이 가능하므로 여권을 지참하자.

경기장 메가스토어 Cívitas Metropolitano

주소 Av. de Luis Aragonés, 4, San Blas-Canillejas, 28022 Madrid
영업 월~토요일 10:00~20:00, 일요일 11:00~20:00

그랑 비아 스토어 Gran Vía

주소 Gran Vía, 47, Centro, 28013 Madrid
영업 월~목요일 10:00~21:30, 금·토요일 10:00~22:00, 일요일 11:00~21:00

TIP 페르난도 토레스

메가스토어의 유니폼 판매 구역에 조그맣게 마련된 유리 장식장 코너에는 AT 마드리드의 레전드 선수인 '페르난도 토레스'의 사인 유니폼과 축구화, 그와 관련된 물품이 전시되어 있다. 유니폼은 2018년 5월 20일 AT 마드리드에서의 마지막 경기일에 입은 것으로 그는 이 날 두 골의 작별 선물을 선사했다.

Girona FC

지로나 FC

2023/24시즌 그 누구도 예상하지 못한 활약으로 라리가에 돌풍을 일으킨 팀이 바로 지로나 FC(이하 지로나)다. 최종 순위 3위를 기록해 유럽 최고의 클럽을 가리는 챔피언스리그에도 처음으로 출전했다. 2부 리그 세군다에 속했던 2021년에 현 감독인 미첼이 부임하면서부터 탄탄한 조직력을 갖추게 되었다. 한국인 선수 김민수가 소속되어 있었으나 2025/26시즌은 FC 안도라로 임대되었다.

구단정보

팀 정식 명칭 지로나 FC
Girona Futbol Club, S.A.D

창단 연도 1930년
소속 리그 스페인 라리가
연고지 지로나, 스페인
회장 델피 젤리(Delfí Geli, 스페인)
감독 미첼 산체스(Míchel Sánchez, 스페인)
주장 7번 크리스티안 스투아니
(Cristhian Stuani, 우루과이)
부주장 8번 포르투(Portu, 스페인)
마스코트 시사(SISA)
애칭 Albirrojos (알비로호스, 빨간색과 하얀색),
Gironaistas (지로나이스타스, 지로나 사람들)
약칭 GIR
팀 컬러 빨간색과 하얀색 줄무늬
유니폼 스폰서 에티하드 항공(Etihad Airways)
공식 웹사이트 www.gironafc.cat
한국인 선수 소속 이력
백승호(2017~2019),
김민수(2022~FC 안도라 임대)

최근 3시즌 주요 성적표

시즌	주요 성적
2022/23	◦ 라리가 10위 ◦ 코파 델 레이 2차 예선 탈락
2023/24	◦ 라리가 3위 ◦ 코파 델 레이 4강
2024/25	◦ 라리가 16위 ◦ 코파 델 레이 2차 예선 탈락

알고 가면 재미있는 클럽 이야기

지로나 FC의 'Orgull Gironí'는 카탈루냐어로 '지로나의 자부심'을 의미한다. 클럽과 팬, 지로나 지역 사회가 깊은 유대감을 형성하고 있음을 보여준다. 스타디움 현수막, 머플러, 구단 공식 콘텐츠 등에서 자주 등장하니 직관 갔을 때 유심히 살펴보자.

한국에서 직관 준비하기

1 경기 티켓 구매하기

경기일 약 한 달 전부터 예매가 시작된다. 회원가입을 하지 않아도 개인정보 입력과 카드 결제만으로 티켓을 구매할 수 있다. 단, 리그 상대가 레알 마드리드 CF, FC 바르셀로나 등 강팀이거나 챔피언스 리그 경기일 경우 멤버십 가입이 필요하다. 호스피탈리티에 해당하는 'VIP 티켓'도 있으나 좌석 수가 한정적이므로 빨리 매진되는 편이다. 매진이 되지 않은 경기라면 경기 당일 경기장 티켓 오피스에서 구매할 수 있다.

2 좌석 선택

지로나 FC 선수는 메인 스탠드(Tribuna)를 기준으로 오른쪽인 남측 스탠드(Gol Sud) 그라운드에서, 상대팀 선수는 원정석이 있는 북측 스탠드(Gol Nord) 그라운드에서 워밍업이 이루어진다. 선수단이 에스코트 키즈와 함께 입장할 때도 마찬가지로 지로나 선수는 오른쪽, 원정팀은 왼쪽에 선다는 점을 인지하고 좌석을 선택하도록 하자.

골 수드 인페리어(Inferior) C 304구역 1~10열 정도까지는 서포터스 좌석으로 경기 내내 서서 응원하며 관전한다. 지로나 서포터스의 뜨거운 응원을 가까이서 지켜보고 싶다면 이 구역을 추천한다. 골 노드 인페리어 E 402구역 좌측은 원정석 구역으로 원정을 온 상대팀 서포터스의 열정적인 응원을 보는 재미도 쏠쏠하다.

3 티켓 예매 방법

직관하고 싶은 경기의 'BUY TICKETS' 버튼을 클릭하여 좌석표 상 원하는 구역을 지정, 구체적인 좌석을 선택하면 된다. 결제하기 전, 상세페이지에서 영문명, 성별, 메일 주소, 한국 주소, 여권 번호, 생년월일을 입력할 필요가 있다. 티켓은 이메일로 모바일 전송되며 메일 내용 하단에 'DOWNLOAD TICKETS'을 클릭하면 PDF 파일의 티켓이 다운로드된다. 인쇄할 필요 없이 모바일 화면 QR코드로 입장할 수 있다.

홈페이지 www.gironafc.cat/en/entrades

4 스타디움 투어

약 한 시간 동안 전문 가이드와 함께 라커룸, 인터뷰룸, 벤치 등 관계자 외 출입금지 구역을 둘러볼 수 있는 기회가 주어진다. VR 체험을 통해 선수가 된 기분으로 직접 터널을 통과해 그라운드로 입장해볼 수 있다. 경기장 투어 시작 10분 전 4번과 5번 게이트 사이에서 집합한다. 투어 참가자에게는 공식 숍 5% 할인 혜택과 기념 팔찌가 주어진다.

운영 목·금요일 18:00, 19:00, 토요일 11:00, 12:00, 18:00, 19:00, 일요일 11:00, 12:00
대응 언어 카탈로니아어, 스페인어, 영어, 프랑스어
가격 14세 이상 비회원 €16, 14세 이상 회원 €12, 14세 미만 비회원 €9.50, 14세 미만 회원 €6, 5세 미만 무료

홈구장 정보 Estadi Montilivi

홈구장 에스타디 몬틸리비
주소 Avinguda de Montilivi, 141, 17003 Girona
완공 1970년
수용 인원 1만 4,624명

5 추천 숙박 지역

경기장 근처에는 호텔이 거의 전무하다시피 하고, 대다수의 숙박시설이 시내 중심부인 지로나 기차역 부근과 관광 명소가 몰려 있는 지로나 구시가지에 집중되어 있다. 시내 관광에 편리한 중심부에 숙소를 잡고 경기 당일 도보나 버스로 경기장으로 이동하도록 하자.

현지에서 경기 직관하기

1 경기장 찾아가기

지로나 기차역 부근에서 L8·L9 버스로 20분이면 도착한다. 지로나 대성당이 있는 구시가지에서 관광 후 경기장으로 향한다면 L1버스를 이용하자 (약 35분 소요). 호텔이 밀집한 지로나 도심에서는 도보로 35분 정도 걸리므로 걸어서 가는 현지인도 많다.

2 경기장 입장하기

경기장 입장은 경기 시작(이하 킥 오프) 90분 전부터 입장할 수 있다. 총 6개의 입구가 있다. 티켓에 명시된 입구(Gate) 번호를 찾아가자. 간단한 가방 검사 후 기계에 QR 코드를 찍으면 된다.

3 반입 금지 물품

날카로운 물건, 신호탄, 폭죽, 캐리어 가방 등 부피가 큰 가방, 백팩 및 힙색.

HECK!

☑ 지로나는 바르셀로나와 같은 카탈루냐 지방에 위치한 도시로, 고속열차로는 약 40분, 직통버스로는 1시간 50분 정도 소요되어 여행자가 부담 없이 방문할 수 있다.

4 매점 이용하기

경기장 주변에 들어선 노점에서 맥주를 비롯한 음료와 간단한 음식을 구매할 수 있다. 경기장 안은 알코올 반입이 금지되어 있으므로 경기장에 입장하기 전 잠시나마 맥주로 목을 축이는 시간을 보내자. 경기장 안 매점은 협소하고 판매하는 메뉴 수도 한정적이므로 외부 음식을 사오는 것을 추천한다. 단, 페트병에 든 음료는 병뚜껑을 제거해야 반입할 수 있다.

5 공식 스토어

몬틸리비 경기장에 1곳, 지로나 시내에 1곳, 총 2군데에서 공식 숍을 운영 중이다. 경기장 숍은 10평도 안 되는 조그마한 매장인 반면, 시내에 위치한 숍은 규모가 크고 제품 수도 많다. 경기 날이면 경기장 숍의 입장 인원이 제한되어 있어 줄을 서야 하는 경우가 있으므로 여유롭게 쇼핑을 하거나 다양한 제품을 구경하고 싶다면 시내에 위치한 숍을 추천한다.

에스타디 몬틸리비 지로나 FC 공식 숍
Estadi Montilivi Botiga

주소 Avinguda de Montilivi, 141, 17003 Girona
영업 월~금요일 09:00~20:00, 토·일요일 휴무

지로나 시내 지로나 FC 공식 숍
Botiga Oficial Girona FC

주소 Rambla de la Llibertat, 17004 Girona
영업 월~토요일 10:00~20:00, 일요일 휴무

GERM*

독일

FC 바이게른 뮌헨
1. FSV 마인츠 05
FC 우니온 베를린
바이어 04 레버쿠젠
보루시아·도르트문트

분데스리가는 1963년 창설된 독일 프로축구 1부 리그다. 강인한 피지컬과 효율적인 전술 운영을 바탕으로 독일만의 스타일을 구현해내며, 체계적인 유스 시스템과 팬 친화적 운영 철학으로도 널리 인정받고 있다. 세계 최고 수준의 평균 관중 동원력과 합리적인 티켓 가격 정책을 통해 대중성을 확보했으며, 지역 중심의 뿌리 깊은 팬 문화와 경기장 인프라가 어우러져 안정적 기반을 제공하고 있다. 차범근을 필두로 한국 선수들의 활발한 진출로 현재까지도 지속적인 경쟁력과 우수한 성과를 이어가고 있다.

독일 국가 정보 및 도시 교통 정보

수도 베를린(Berlin)
우니온 베를린은 수도를 연고지로 한다.

비자
90일 이내 단기 체류 시 무비자 입국
2026년 하반기부터 유럽연합의 전자여행허가제(ETIAS) 시행으로 인해 수수료가 필요하다.

전압 230V, 50Hz
대부분의 한국 전자기기 사용 가능. 플러그 모양은 유럽 전역에서 공통적으로 쓰이는 C형이다. 제품에 따라 플러그 두께가 다르므로 어댑터가 필요하다.

언어 독일어
관광지에서는 영어로 의사소통이 가능하나 간단한 독일어를 익혀두면 좋다.

GUTEN MORGEN

시차 한국보다 8시간 느리다
단, 서머타임 기간은 한국보다 7시간 늦어진다. 서머타임은 매년 3월 마지막 일요일부터 10월 마지막 일요일까지 적용된다.

화폐 유로(€)
대부분의 상점과 식당에서 카드 결제 가능하나 소규모 시장이나 노점에서는 현금만 사용 가능하다. 반대로 카드만 사용 가능한 경우도 있다.

주요 통신사
Telekom, Vodafone, O2
대부분의 관광 도시에 매장이 있어 유심 구매 및 상담이 가능하며, 출국 전 온라인 여행 플랫폼에서 미리 신청해 구매할 수 있다.

주요 공항

프랑크푸르트
프랑크푸르트 국제공항
Flughafen Frankfurt am Main, FRA

인천 직항 13시간 5분 소요

뮌헨
뮌헨 국제공항
Flughafen München, MUC

인천 직항 12시간 50분 소요

베를린
브란덴부르크 공항
Flughafen Berlin Brandenburg, BER

인천 경유 약 14시간 55분 소요

공항에서 시내 이동

도시	이동 수단	소요 시간	요금	비고
프랑크푸르트 (FRA)	S-Bahn S8·S9	13분	€6.60	중앙역(Hbf)까지 직통
	61번 버스	35분	€5	프랑크푸르트 남역 방면 운행
	택시	20분	€45~55	거리제 운행, 주말·야간 할증
뮌헨 (MUC)	S-Bahn S1·S8	38~47분	€14.30	시내 중심가까지 직통
	공항버스 Lufthansa Express	45분	€12	중앙역까지 직행
	택시	40분	€100~110	짐 많을 시 편리
베를린 (BER)	공항열차 FEX	30분	€4.70	중앙역(Hbf) 직행
	S-Bahn S9·S45	50분	€4.70	주요 환승역 경유
	택시	35~40분	€65~75	도심·관광지까지 바로 이동

공항에서 시내 이동

도시	주요 수단	티켓
프랑크푸르트	지하철 / 트램 / 버스	1회권 €4.50 1일권 €12.90
뮌헨	지하철 / 트램 / 버스	1회권 €4.10 1일권 Zone M €9.70
베를린	지하철 / 트램 / 버스	1회권 AB권역 기준 €3.80 24시간 €10.60

도시 간 이동 (프랑크푸르트↔뮌헨)

이동 수단	소요 시간	요금	특징
고속열차 (ICE)	3시간 15분~ 3시간 35분	€20~90	도심 간 빠른 이동, 미리 예약 시 할인 가능
국내선 항공편 (루프트한자 등)	1시간	€70~130	공항 이동·수속 포함 시 열차와 시간 차이 크지 않음
장거리버스 (FlixBus 등)	5~7시간	€19~45	이동 시간 길지만 저렴한 요금, 야간편은 숙박비 절감 가능

FC Bayern München

FC 바이에른 뮌헨

독일을 넘어서 유럽을 대표하는 축구 명문 구단. 면면이 화려한 세계 최정상급 선수들의 활약으로 트레블 2회를 비롯해 분데스리가 34회 최다 우승, DFB-포칼 20회 최다 우승, UEFA 챔피언스리그 6회 우승 등 기록적인 성적을 오랜 시간 꾸준히 거두고 있다. 베켄바우어, 게르트 뮐러, 마테우스 등 독일 축구 역사에 길이 남을 레전드 선수가 소속되었던 클럽이자 현재도 독일 국가 대표팀의 핵심 선수들이 다수 포진되어 있다. 2023년 대한민국 김민재 선수가 입단했으며, 2024년 여름 처음으로 한국을 방문해 친선 경기를 가지기도 했다.

구단정보

팀 정식 명칭 FC 바이에른 뮌헨
Fußball-Club Bayern München eV

창단 연도 1900년
소속 리그 독일 분데스리가
연고지 뮌헨, 독일
회장 헤르베르트 하이너(Herbert Hainer, 독일)
감독 뱅상 콤파니(Vincent Kompany, 벨기에)
주장 1번 마누엘 노이어(Manuel Neuer, 독일)
부주장 6번 조슈아 키미히(Joshua Kimmich, 독일)
마스코트 베르니(Berni)
애칭 Der FCB, Die Bayern(바이에른 사람들), Stern des Südens(남부의 별), Die Roten(적색 군단)
약칭 BAY
더비 뮌헨 더비 Münchner Stadtderby(VS TSV 1860 München), 바이에른 더비 Bayerische Derby(VS FC 뉘른베르크 FC Nürnberg)
팀 컬러 빨간색, 하얀색
유니폼 스폰서 티 모바일(T Mobile)
공식 웹사이트 www.fcbayern.com/en
한국인 선수 소속 이력 정우영(2018~2019), 김민재(2023~)

최근 3시즌 주요 성적표

시즌	주요 성적
2022/23	◦ 분데스리가 1위 ◦ DFB-포칼 8강 ◦ UEFA 챔피언스리그 8강
2023/24	◦ 분데스리가 3위 ◦ DFB-포칼 32강 ◦ UEFA 챔피언스리그 4강
2024/25	◦ 분데스리가 1위 ◦ DFB-포칼 16강 ◦ UEFA 챔피언스리그 8강

주요 더비

데어 클라시커(Der Klassiker)
VS 보루시아 도르트문트(Borussia Dortmund)

분데스리가에서 가장 주목받는 빅 매치다. 2012/13시즌 UEFA 챔피언스리그 준결승에서 바이에른 뮌헨과 보루시아 도르트문트(이하 도르트문트)가 각각 레알 마드리드와 FC 바르셀로나를 꺾고 결승에 진출하면서 마치 스페인의 양강 대결을 연상시키는 구도가 형성되었다. 하지만 일부 독일 현지 팬들은 이 용어에 대해 부정적인 반응을 보인다. 역사적 지역감정이나 정치와 문화적 배경이 부족하고 뮌헨의 우세가 이어지는 등 긴장감이 떨어진다는 게 그 이유다. 또한 데어 클라시커라는 명칭 자체가 방송사와 리그의 마케팅 목적에서 비롯된 인위적인 표현이라며 거부감을 나타내는 경우도 많다. 그럼에도 불구하고 두 팀의 경기는 항상 뜨거운 관심 속에 진행되며 분데스리가의 흥행을 이끄는 중요한 요소 중 하나다.

뮌헨 더비(Münchner Stadtderby)
VS TSV 1860 뮌헨(TSV 1860 München)

같은 도시를 연고로 하는 두 클럽의 자존심을 건 대결이다. 1860 뮌헨은 우승 경험도 보유한 분데스리가 초창기 강호였으며 한때는 바이에른 뮌헨보다 더 큰 영향력을 자랑하기도 했다. 하지만 1970년대 이후 바이에른 뮌헨이 국내외에서 압도적인 성과를 거두며 세계적인 명문 클럽으로 성장한 반면, 1860 뮌헨은 심각한 재정난과 성적 부진에 시달리며 2부와 3부 리그를 오가는 신세가 되었다. 이로 인해 뮌헨 더비는 정규 리그에서는 거의 볼 수 없는 경기가 되었고 현재는 컵 대회나 바이에른 뮌헨 2군이 참가하는 리그에서 간헐적으로만 성사되고 있다. 그럼에도 불구하고 과거의 치열했던 경기 분위기와 팬들의 뜨거운 열정은 여전히 중요한 역사적 의미를 간직하고 있다.

알고 가면 재미있는 클럽 이야기

01 독일 전역에 많은 팬을 보유함과 동시에 많은 안티를 가진 클럽이다. 팬클럽 회원수는 약 32만 명으로 전 세계에서 손에 꼽힐 정도다. 독일 국내에는 이에 비례할 만큼 뮌헨의 고전을 바라는 안티도 많은데, 그 이유는 FC 바이에른 뮌헨(이하 뮌헨)이 잇달아 우승을 독식하여 뻔한 전개가 계속되었기 때문이다.

02 1990년대 마테우스, 클린스만, 에펜베르크 등 소속 선수들과 임원들이 경기장 밖 구설수로 인해 자주 신문의 헤드라인에 장식되면서 'FC 할리우드(FC Hollywood)'라는 별칭이 붙었다. 이는 엄청난 자본을 투자해 세계적인 스타 플레이어를 영입하는 점을 꼬집는 의미이기도 하다.

03 분데스리가 경기를 보러 가면 자수 와펜을 덕지덕지 붙인 청조끼를 입은 서포터를 마주할 때가 있다. 독일 축구 서포터의 전통적인 패션 '쿳테(Kutte)'는 1970년대 유행하던 스타일이 축구판까지 번진 것으로 주로 오랫동안 응원해온 올드 팬이 즐겨 입는다. 와펜에는 엠블럼, 마스코트 등 응원하는 구단이나 소속된 팬클럽 패치, 우호관계에 있는 팀과의 우정의 의미가 담긴 패치, 라이벌 팀을 향한 부정적인 의미가 담긴 패치 등이 있으며 서포터 본인들이 직접 꾸며 입는다.

GERMANY

FC Bayern München

04 뮌헨의 등 번호 12번은 특정 선수를 위한 것이 아니라 팬들에게 헌정된 번호다. 축구는 11명이 뛰는 경기이기 때문에 '12번째 선수'는 항상 팀을 응원하는 팬들을 의미한다. 뮌헨은 어떤 선수에게도 12번을 배정하지 않고 사실상 팬들을 위한 영구 결번으로 지정했다. 이는 팬이 팀의 일부이며 함께 싸우는 존재임을 상징한다.

CLUB QUIZ!

① 2023/24 시즌에 바이에른 뮌헨으로 이적하여 분데스리가에서 뛰어난 득점력을 보여주고 있는 잉글랜드 출신 공격수는 누구일까요?
가. 토마스 뮐러
나. 로베르트 레반도프스키
다. 해리 케인
라. 플로리안 비르츠

② 바이에른 뮌헨은 UEFA 챔피언스리그에서 몇 번 우승했을까요?
가. 3회   나. 4회   다. 5회   라. 6회

③ 바이에른 뮌헨의 엠블럼에는 독일 바이에른 주의 상징인 어떤 무늬가 새겨져 있을까요?
가. 독수리 문양   나. 체스판 무늬
다. 월계수 잎   라. 스트라이프 무늬

05 뮌헨의 홈구장 '알리안츠 아레나'는 건축적 독창성과 조명 효과로 '세계에서 가장 아름다운 축구 경기장' 중 하나로 평가받는다. 경기장 외벽은 LED 조명 시스템이 장착되어 있어 다양한 색으로 연출이 가능하다. 뮌헨의 경기가 있는 날이면 팀 컬러인 빨간색으로 점등되고 독일 대표팀 경기나 UEFA 챔피언스리그 등 국제 경기에서는 흰색으로 점등된다.

한국에서 직관 준비하기

1 경기 티켓 구매하기

경기 티켓을 구매하는 온라인 티켓(ONLINE TICKETS), 티켓을 요청하는 티켓 리퀘스트(TICKET REQUEST), 취소된 티켓을 재판매하는 티켓 익스체인지(TICKET EXCHANGE), VIP 티켓인 호스피탈리티(HOSPITALITY TICKETS)로 나뉜다. 멤버십에 가입하지 않아도 예매는 가능하나 티켓 대부분의 경기가 멤버십 회원 선예매에서 매진되는 일이 허다하다. 재판매도 멤버십에 가입한 회원에게 우선적으로 기회가 주어지므로 확실한 티켓 확보를 위해서는 멤버십 가입이 필수인 상황이다. 멤버십 없이 시도할 수 있는 티켓 리퀘스트는 좌석 카테고리와 장수를 지정해 신청하면 티켓이 확보되는 대로 결제가 이루어지는 시스템이다. 당첨 여부는 경기일 약 한 달 전에 메일로 통보된다. 멤버십에 가입했다면 당첨될 가능성이 높아진다는 점을 참고하자.

2 멤버십 가입

우선 회원가입이 돼야 멤버십에 가입할 수 있다. 공식 홈페이지에 접속한 후 팬(Fans) 메뉴의 멤버십(Membership)을 클릭하면 가입 절차 페이지로 이동한다. 유료 클럽 잡지 구독권, 이메일 뉴스레터 구독, 회원가입 이유 등을 선택하면 멤버십 결제가 이루어진다. 멤버십 비용은 연 €50이고 수수료 €3가 청구된다. 시즌제이므로 시즌 마지막 날까지 유효한 점을 기억하자. 예를 들어 2025/26 시즌의 막바지인 2026년 5월 1일에 가입했더라도 2026년 7월 1일에 만료된다.

멤버십 가입 기념으로 멤버십 카드와 함께 머플러, 배지가 배송된다. 각종 할인 혜택도 적용되는데, 홈경기 €2.50 할인(DFB-포칼 경기 및 익스체인지 티켓 제외), 공식 숍 10% 할인, 박물관 €2.00 할인 등을 받을 수 있다.

3 좌석 선택

뮌헨 선수는 남측 입구(Eingang Süd) 그라운드에서, 상대팀 선수는 북측 입구(Eingang Nord) 그라운드에서 워밍업이 이루어진다. 선수단이 에스코트 키즈와 함께 입장할 때도 마찬가지로 뮌헨 선수는 왼쪽, 원정팀은 오른쪽에 선다는 점을 인지하고 좌석을 선택하도록 하자.

골대 뒤 1층 109~117구역과 126~128·133·134구역은 경기 내내 서서 관전하는 스탠딩 좌석 구역이다. 앉아서 경기를 보고 싶다면 다른 구역을 선택하는 것을 추천한다.

홈구장 정보 Allianz Arena / Fufball Arena Munchen

홈구장: 알리안츠 아레나 / 푸스발 아레나 뮌헨
완공: 2005년
수용 인원: 7만 5,024명
주소: Franz-Beckenbauer-Platz 5, 80939 München

4 티켓 예매 방법

뮌헨 공식 티켓사이트(https://fcbayern.com/en/tickets)에서 티켓을 요청하는 법을 소개한다.

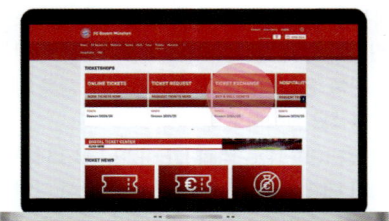

1 뮌헨 공식 홈페이지에서 회원가입 후 티켓사이트에 접속한 다음 **TICKET EXCHANGE** 버튼을 클릭한다.

2 직관하고자 하는 경기의 **CREATE INQUIRY** 버튼을 클릭한다.

3 앉고 싶은 구역 카테고리의 **MORE** 버튼을 클릭한다.

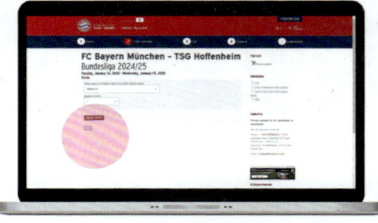

4 신청하고자 하는 티켓 수량을 설정한 후 **INQUIRY TICKET(s)** 버튼을 클릭한다.

5 티켓 가격 종류에는 13세 이하 어린이(Children), 연금 수급자(Pensioners), 장애인(People with disabilities), 멤버십 가입자(Members), 일반(Full Price)이 있으니 해당 옵션을 클릭한 후 **CHECK OUT** 버튼을 클릭한다.

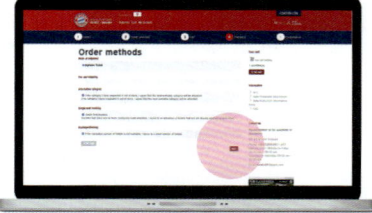

6 티켓 배송 방식(디지털 티켓 고정) 외에 설정해야 할 항목은 아래와 같다. 동의한다면 체크 버튼을 누르고 **NEXT** 버튼을 클릭한다.

- **Alternative category** 요청한 카테고리의 티켓 재고가 없을 경우 이용 가능한 카테고리를 대체 할당
- **Single seat booking** 2장 이상 요청했을 시 연석 좌석이 없을 경우 따로 떨어진 좌석으로 할당
- **Kontingentierung** 요청한 수량이 부족한 경우 적은 티켓 수량으로 할당

7 요청한 내용과 티켓 수수료 내역, 총액을 확인한 후 **NEXT** 버튼을 클릭한다.

8 티켓 요청에 성공했을 경우 결제할 신용카드 정보 입력, 이용약관 동의에 체크한 후 **Create Request** 버튼을 클릭한다

5 스타디움 투어

L 입구를 통해 2층으로 가면 투어 티켓 판매소와 박물관 입구가 있다. 매일 오전 10시부터 오후 6시까지 운영한다. 투어 상품으로는 박물관만 입장하는 박물관 투어(FC BAYERN MUSEUM), 박물관과 경기장 구석구석을 둘러보는 아레나 투어(MUSEUM+ARENA TOUR), 박물관과 경기장 일부만을 도는 아레나 뷰(MUSEUM+ARENA VIEW) 총 3가지가 대표적이다(시간은 각각 약 1.5시간, 2.5시간, 2시간 소요). 아레나 뷰는 북쪽 스탠드에서 경기장 그라운드 전체를 바라보는 정도로 경기장을 간략하게 돌아본다. 벤치나 인터뷰 룸같이 평소에는 출입이 금지된 곳까지 보고 싶다면 아레나 투어를 선택하자. 경기가 있는 날에 박물관을 방문할 예정이라면 입장 인원수를 제한하고 있으므로 온라인으로 미리 예매하도록 하자. 투어별 가격은 아래와 같다.

6 추천 숙박 지역

경기장은 뮌헨 시내에서 다소 떨어진 지역에 위치해 뮌헨 중앙역(München Hauptbahnhof)에서 전철과 지하철로 약 1시간이 소요된다. 경기장 주변에는 숙박 시설이 전무하므로 관광의 중심지인 올드 타운이나 뮌헨 중앙역 부근에 묵는 것을 추천한다. 숙박의 선택지가 늘어나고 뮌헨 시내 관광도 겸할 수 있어 여러모로 이득이다.

	박물관	박물관&경기장 투어	박물관&경기장 뷰
14세 이상	€12	€25	€19
6~13세	€6	€11	€11
0~5세	무료	무료	무료
학생, 65세 이상	€10	€22	€17

※ 박물관 오디오 가이드 이용료: €3

현지에서 경기 직관하기

1 경기장 찾아가기

지하철 U-bahn 6호선 프뢰트마닝(Fröttmaning) 역 출구에서 나와 안내 표지판을 따라가면 넓은 대지에 덩그러니 있는 경기장이 눈에 들어온다. 경기장까지는 지하철역 앞으로 조성된 긴 산책로를 거쳐 걸어서 약 15분 소요되며 남쪽 입구(Eingang Süd)로 입장하게 된다. 택시를 탈 경우, 남측 또는 북측 버스 주차장 부근에 하차할 수 있다. 북측에는 택시 승강장도 있으니 귀가 시 참고하자.

2 경기장 입장하기

킥 오프 2시간 15분 전부터 입장할 수 있다. 경기장에 입장하기 전 보안 검사를 거치는데, 남성과 여성 줄이 따로 있으니 안내 표지판을 확인하고 서도록 하자. 보안 검사 및 티켓 개찰구를 지나면 티켓에 명시된 출입구(Kern)로 입장한다. 좌석 입구는 구역(Block)별로 구분되어 있고 열(Reihe)과 좌석 번호(Platz)를 확인한 후 착석하도록 하자.

3 반입 가능 가방 크기 및 반입 금지 물품

A4 용지(21×29.7cm) 크기를 넘지 않는 가방만 반입할 수 있다. 금지 물품은 모든 종류의 액체, 유리 또는 플라스틱 병, 날카로운 물체, 레이저 포인터, 셀카봉, 무게가 100g이 넘는 보조 배터리, 전문가용 카메라 관련 장비, 삼각대, 인화성 물품, 모든 종류의 공, 과일, 표준 렌즈가 장착된 DSLR 카메라만 허용된다(렌즈는 최대 200mm까지).

CHECK!

- ☑ 경기장 내 현금 사용 불가, 오로지 카드 결제만 가능하다.
- ☑ 경기장 내 무료 와이파이를 제공한다.
- ☑ 경기장 입구 들어가기 직전 남쪽 입구(Eingang Süd) 부근에 서비스 포인트2와 3 2곳, 북쪽 입구(Eingang Nord)의 서비스 포인트4 1곳 총 3곳에 유료 물품보관소가 마련되어 있다. 원정석 입구에도 있으며 수수료는 물품당 €2이다.

4 매점 이용하기

경기장 내 2·3·6층에 다양한 음식점이 있고 2층과 6층 곳곳에 매점이 있다. 맥주, 탄산음료, 생수 등 음료와 햄버거, 핫도그, 피자, 커리 부어스트, 감자튀김 등 간단한 음식을 판매한다. 맥주는 다른 유럽 리그와는 달리 경기장 좌석까지 반입이 가능하여 마시면서 경기를 관전할 수 있다.

TIP 다회용 플라스틱 컵 보증금 제도

경기장 내 매점에서 음료를 구매하면 다회용 플라스틱 컵에 담아 제공된다. 음료 값에 컵 보증금 €2가 추가되며 컵을 반납하면 돌려받을 수 있다. 기념품으로 좋으니 소장하거나 여러 잔을 마셨다면 일부만 반납해도 좋다.

5 응원가 & 구호

뮌헨의 애칭이기도 한 'Stern des Südens(남부의 별)'을 제목으로 한 공식 응원가가 대표적이다. 킥 오프 전과 경기가 끝나면 흘러나오는 노래로 뮌헨에 대한 긍지와 자부심이 담겨 있다. 'FC Bayern Forever Number One(FC 바이에른 포에버 넘버 원)'은 독일어와 영어 가사가 섞인 곡으로 관중은 후렴구의 영어 가사를 부르는 게 일반적이다. 골이 들어갔을 때는 우리에게 익숙한 오펜바흐의 오페레타 '천국과 지옥' 중 '캉캉(Can Can)'이 흘러나오므로 주의 깊게 들어보도록. 유니폼에도 새겨진 슬로건 'Mia san mia(우리는 우리다)'는 바이에른 지방의 방언으로 2010년 창립 110주년을 맞이해 공표한 구호다. 자신감, 자부심, 독특함, 단결력 등 클럽이 추구하는 가치를 표현한다.

6 공식 스토어

경기장 3층에 있는 메가스토어와 뮌헨 시내에 4곳, 뮌헨 공항에 2곳이 있다. 아래 소개한 두 곳이 규모가 크고 제품군도 다양하다. 계산대에서 바로 면세 혜택을 받을 수 있으므로 여권 제시와 함께 환급 받을 수단(현금 또는 카드)을 선택하도록 한다. 유니폼 마킹은 결제 시 선수 번호와 이름을 전하면 되며 따로 마련된 마킹 코너로 가서 유니폼과 영수증을 함께 제시하면 된다.

경기장 메가스토어 FC Bayern Megastore

주소 Werner-Heisenberg-Allee 25, 80939 München
영업 경기가 있는 날은 킥 오프 2시간 전, 경기 종료 후 2시간까지
영업 경기가 없는 날은 10:00~18:00, 12/25·12/31·1/1 휴무

올드 타운 Old town

주소 Weinstraße 7, 80333 München
영업 10:00~20:00

1. FSV Mainz 05

1. FSV 마인츠 05

차두리를 시작으로 총 6명의 한국인 선수와 인연이 있는 분데스리가의 클럽. 창단 100년이 되던 해인 2004년 당시 감독이자 1. FSV 마인츠 05(이하 마인츠)에서 선수로 뛰었던 위르겐 클롭의 지도로 처음으로 1부 리그 승격의 꿈을 이루었다. 2009년부터 2014년까지는 현 잉글랜드 국가대표팀 감독인 토마스 투헬이 감독직을 맡았었다. 현재는 이재성이 핵심 자원으로 활약하고 있다.

구단 정보

팀 정식 명칭 1.FSV 마인츠 05
I.Fußball-und Sport-Verein Mainz 05 e.V

창단 연도 1905년
소속 리그 독일 분데스리가
연고지 마인츠, 독일
회장 슈테판 호프만(Stefan Hofmann, 독일)
감독 보 헨릭센(Bo Henriksen, 덴마크)
주장 30번 질반 비드머(Silvan Widmer, 스위스)
마스코트 요하네스(Johannes)
애칭 Die Nullfünfer(악 사람들),
Karnevalsverein(카니발클럽)
약칭 M05
주요 더비 라인-마인 더비 Rhine-Main Derby(VS 아인트라흐트 프랑크푸르트)
팀 컬러 빨간색과 하얀색 체크

유니폼 스폰서 케멀링(Kömmerling)
공식 웹사이트 www.mainz05.de
한국인 선수 소속 이력 차두리(2005~2007), 박주호(2013~2015), 구자철(2014~2015), 지동원(2019~2021), 이재성(2021~), 홍현석(2024~FC 낭트로 임대)

최근 3시즌 주요 성적표

시즌	주요 성적
2022/23	◦ 분데스리가 9위 ◦ DFB-포칼 16강
2023/24	◦ 분데스리가 13위 ◦ DFB-포칼 32강
2024/25	◦ 분데스리가 6위 ◦ DFB-포칼 32강

알고 가면 재미있는 클럽 이야기

 화려한 우승 경력보다는 세계적인 '명장' 배출 능력으로 유명한 클럽이다. 리버풀 FC의 레전드 감독인 위르겐 클롭과 현재 잉글랜드 대표팀을 맡고 있는 토마스 투헬은 마인츠에서 본격적으로 감독 커리어를 시작했다. 그들은 마인츠에서 창의적인 전술적 시도와 체계적인 팀 운영으로 주목받아 마치 축구라는 학문을 연구하는 대학처럼 여겨져 '전술 연구소' 또는 '마인츠 대학'이란 별명이 붙기도 했다. 두 감독 모두 마인츠를 떠나 각각 리버풀과 첼시의 챔피언스리그 우승을 일궈냈다.

 구단의 애칭 '카니발클럽(Karnevalsverein)'은 독일 대표 카니발 도시인 마인츠의 지역 문화를 그대로 담아낸 별명이다. 매년 11월 11일 오전 11시 11분 카니발 시즌 개막에 맞춰 마인츠 05는 화려한 한정판 유니폼을 선보이고, 팬들도 분장을 하며 축제 분위기의 응원을 펼친다. 이는 지역 공동체와 깊이 연결된 구단의 정체성을 보여주는 상징적 모습이라 할 수 있다.

한국에서 직관 준비하기

1 경기 티켓 구매하기

공식 홈페이지에서 티켓 페이지의 'Online Ticketshop' 메뉴를 클릭하면 각 경기의 예매 페이지와 예매일 일정을 소개하고 있다.
예매는 멤버십 회원, 지난 시즌 예매 이력(FC 바이에른 뮌헨, 보루시아 도르트문트, FSV 프랑크푸르트를 제외한 3경기)이 있는 일반 회원, 일반 예매순으로 열리며 일반 예매는 약 한 달 전부터 시작된다. 일반 리그 경기는 티켓 예매일에 맞춰 예매하면 어렵지 않게 티켓을 구할 수 있으나 FC 바이에른 뮌헨, 바이어 04 레버쿠젠, 보루시아 도르트문트 등 강팀과의 경기나 시즌 막바지 경기, 독일의 FA컵 축구 대회인 DFB-포칼 경기는 일반 예매로 티켓을 확보하기 쉽지 않아 유료 멤버십(26세 이상 연회비 €78)에 가입하는 것이 좋다.

홈페이지 www.mainz05.de/tickets/ubersicht

2 좌석 선택

마인츠 선수는 메인 스탠드(Gemünden Bau-Haupttribüne)를 기준으로 오른쪽인 라인란트팔츠 스탠드(Lotto Rheinland-Pfalz-Tribüne) 그라운드에서, 상대팀 선수는 원정석이 있는 메바 스탠드(MEWA-Tribüne) 그라운드에서 워밍업이 이루어진다. 선수단이 에스코트 키즈와 함께 입장할 때도 마찬가지로 마인츠 선수는 오른쪽, 원정팀은 왼쪽에 선다는 점을 인지하고 좌석을 선택하자.
라인란트팔츠 스탠드(Lotto Rheinland-Pfalz-Tribüne)의 전 구역(P, Q, R, S)은 서포터스 입석(Stehplatz)으로, 지정석 없이 경기 당일 선착순으로 좌석이 배정된다. 서포터스 구역은 가격이 저렴하고 현지 팬에게 인기가 높아 티켓 예매 및 좌석 경쟁이 치열하다. 좌석표상 A와 O구역은 아이를 동반한 가족 단위 방문객을 위한 패밀리 블록(Familienblock)이다. 일부 구역은 흡연이 허용되나 패밀리 블록만큼은 금연석으로 규정되어 있다.

3 티켓 예매 방법

회원가입 및 로그인 후 직관하고 싶은 경기의 예매 페이지에 접속해 'JETZT PLÄTZE AUS-WÄHLEN' 버튼을 클릭하여 좌석표상 원하는 구역을 지정, 구체적인 좌석을 선택하면 된다. 원하는 좌석을 장바구니에 담았다면 20분 내에 결제해야 한다. 티켓 수령 방식은 모바일 티켓(Mobile Ticket)으로 고정되어 있으며 결제 방식은 신용카드(Kreditkarte) 또는 페이팔(PayPal) 중 택일하면 된다. 티켓 구매를 완료하면 회원가입 시 등록한 이메일로 모바일 티켓이 전송되며, 애플 페이에 저장하거나 PDF 파일을 스마트폰에 저장하면 된다.

4 스타디움 투어

선수들이 입장하는 터널을 통과해 그라운드를 둘러보고 벤치, 인터뷰 룸 등 마인츠의 홈 경기장을 체험해보자. 경기 관전만으로는 갈 수 없는 경기장 구석구석을 약 60분간 즐길 수 있다.
공식 일정 페이지에서 투어 날짜를 확인할 수 있는데, 대체로 수~금요일은 1일 1회, 토요일은 1일 2회 진행한다. 요금은 성인 €13, 어린이 €9이며, 경기장 공식 스토어 앞 'Stadionführungen(스타디움 투어)'라고 적힌 빨간색 기둥에서 집합하여 시작한다.

홈구장 정보 MEWA ARENA

홈구장	메바 아레나
주소	Salomon-Straße 1, 55128 Mainz
완공	2011년
수용 인원	3만3,305명

5 추천 숙박 지역

마인츠는 경기장 티켓으로 무료 탑승 가능한 지역 열차 RE·RB·S-bahn으로 프랑크푸르트에서 약 40분이면 도착하는 근교 도시다. 프랑크푸르트에 숙소를 두고 당일치기로도 충분히 다녀올 수 있는 거리라 꼭 마인츠에서 숙박할 필요는 없다. 다만 경기 종료 후 열차 시간을 의식해 쫓기듯 돌아가야 하는 상황이 부담스럽다면 호텔이 밀집한 마인츠 중앙역(Mainz Hauptbahnhof) 부근에 숙소를 잡는 편이 좋다. 참고로 마인츠 중앙역에서 경기장까지는 대중교통으로 20분 정도 소요된다.

현지에서 경기 직관하기

1 경기장 찾아가기

경기 당일 마인츠 중앙역(Mainz Hauptbahnhof)의 S 버스 승강장에서 무료셔틀버스(Arena행)를 운행한다. 또한 마인츠 중앙역 앞에서 54·56·58·630번 버스, 51·53·59번 트램으로 약 10분이면 경기장에서 가장 가까운 정류장에 도착한다(정류장에서 경기장까지 도보로 10분 소요). 경기 티켓으로 모든 대중교통을 무료로 이용할 수 있으니 이동 시 유리한 교통수단을 선택하자. 단, 트램에 한해 경기 종료 후 45분까지는 야콥-하인츠 거리/아레나(Jakob-Heinz-Straße/Arena)와 마인츠 대학(Mainz University) 정류장은 안전상의 이유로 운행하지 않는다.

TIP 무료 대중교통 이용권

경기 티켓을 구매하면 이메일로 전송되는 PDF 형식의 티켓에 경기 당일 사용할 수 있는 무료 교통권이 기재되어 있다. 티켓 소지만으로 마인츠 대중교통을 하루 종일 무료로 이용 가능하며, 주변 도시인 프랑크푸르트를 비롯해 RMV(Rhein Nahe Nahverkehrsverbund) 지역에서 마인츠를 오가는 열차는 경기 시작 5시간 전부터 경기 다음 날 오전 4시까지 무료로 이용할 수 있다.

2 경기장 입장하기

경기 시작 2시간 전부터 입장할 수 있다. 좌석마다 입장 가능한 입구가 정해져 있으므로 티켓에 명시된 입구(Eingang)를 먼저 확인해야 한다. 경기장 내에서는 좌석과 구역 이동이 불가한 구조이니 경기장 좌석 배치도상 입구 위치로 이동해야 한다. 간단한 소지품 검사가 끝나면 티켓의 QR 코드를 스캔한 후 입장하면 된다.

3 반입 가능 가방 크기 및 반입 금지 물품

크기가 30×30×15cm를 넘지 않는 가방(백팩, 핸드백)만 반입이 가능하다. 500ml 이하 테트라팩(종이팩)에 든 액체류에 한해 가지고 들어갈 수 있다. 액체류, 날카로운 물건, 신호탄, 폭죽, 장우산, 캐리어 가방이나 배낭 가방 등 부피가 큰 가방, 레이저 포인터, DSLR, 노트북, 레이저포인트, 2m가 넘는 크기의 깃발은 반입이 금지되어 있다.

CHECK!

- ☑ 경기장 내 현금 사용 불가, 카드, 페이팔, 애플 페이, 구글 페이 결제가 가능하다.
- ☑ 0~6세 어린이를 위한 무료 입장권이 있다. 별도 좌석 없이 보호자 무릎에 앉는 조건으로 이용 가능하다. 경기 당일 매표소에서 보호자 티켓과 함께 요청하면 수령할 수 있다. 별도의 좌석이 필요한 경우에는 어린이 티켓을 구매해야 한다.
- ☑ 킥 오프 한 시간 전, 경기 종료 후 T2 입구로 가면 출퇴근하는 마인츠 선수들을 만날 수 있다. 특히 경기를 보러 온 한국인 방문자는 경기가 끝나고 이재성을 만나고자 대기하는 일이 마인츠 직관의 필수 코스로 자리 잡았다. 응원의 한마디와 함께 선수들과의 추억도 쌓을 수 있는 절호의 기회다.

4 매점 이용하기

경기장 주변에 맥주와 간단한 음식을 파는 노점이 들어서 있고 경기장 안에는 총 20곳의 매점이 있다. 커리 부어스트, 각종 소시지, 미트볼, 감자튀김, 프레첼 등 다양한 독일 먹거리를 판매한다. 경기를 보면서 맥주나 탄산음료 등 음료를 구입할 땐 컵 보증금인 €2가 추가로 부과된다. 컵을 반납하면 €2를 현금 또는 카드로 환급 받을 수 있다.

5 공식 스토어

경기장 앞에 스토어 1곳, 경기장 내 매점 4곳, 마인츠 시내에 1곳이 있다. 경기장 스토어는 경기 당일에는 매우 붐비므로 유니폼 구입과 마킹을 할 계획이라면 이른 시간에 방문하거나 비교적 한산한 시내 스토어를 이용하면 좋다. 시내 스토어는 마인츠 중앙역에서 도보 약 10분 거리에 있으며, 경기장으로 향하기 전 들르면 좋다. 머플러나 모자 등의 MD 상품은 경기장 내 팬숍 매점에서도 구입할 수 있다.

경기장 스토어
05 fan shop MEWA Arena Mainz

주소 Eugen-Salomon-Straße 1, 55128 Mainz
영업 월~금요일 10:00~18:30,
토요일 10:00~14:00, 일요일 휴무

시내 스토어
05-Fanshop in der Mainzer Innenstadt

주소 Seppel-Glückert-Passage 16, 55116 Mainz
영업 월~금요일 10:00~18:30,
토요일 10:00~16:00, 일요일 휴무

FC Union Berlin

FC 우니온 베를린

독일 베를린을 연고로 하는 축구 클럽으로. 동독 시절인 1966년에 창단했다. 과거 사회주의 체제에서 억압받던 시민들의 자유와 저항의 상징으로 여겨졌으며 파란만장한 역사를 가지고 있다. 동독 시절에는 강팀이었으나 독일이 통일된 이후 서독의 거대한 축구 시스템에 밀려 하부 리그를 전전했다. 재정난으로 여러 위기가 있었지만 팬들의 헌신적인 지지로 끈질기게 버텨냈다. 2019년 창단 114년 만에 처음으로 분데스리가로 승격하는 쾌거를 이루었다. 임대생 신분이었던 한국인 선수 정우영은 2025년 완전 이적했다.

구단 정보

팀 정식 명칭 FC 우니온 베를린
FC Union Berlin

창단 연도 1966년
소속 리그 독일 분데스리가
연고지 베를린, 독일
회장 디르크 칭글러(Dirk Zingler, 독일)
감독 슈테펜 바움가르트(Steffen Baumgart, 독일)
주장 28번 크리스토퍼 트리멜
(Christopher Trimmel, 오스트리아)
부주장 8번 라니 케디라(Rani Khedira, 독일)
마스코트 리터 코일레(Ritter Keule)
애칭 철인(Die Eisernen)
약칭 FCU, UBE
팀 컬러 빨간색과 흰색
더비 베를린 더비 Berlin Derby(헤르타 베를린)
유니폼 스폰서 레이즌(Raisin)
공식 웹사이트 www.fc-union-berlin.de
한국인 선수 소속 이력 정우영(2024~)

최근 3시즌 주요 성적표

시즌	주요 성적
2022/23	◦ 분데스리가 4위 ◦ DFB-포칼 8강 ◦ UEFA 유로파 리그 16강
2023/24	◦ 분데스리가 15위 ◦ DFB-포칼 32강 ◦ UEFA 챔피언스리그 조별 리그
2024/25	◦ 분데스리가 13위 ◦ DFB-포칼 32강

알고 가면 재미있는 클럽 이야기

축구 클럽 중 이곳만큼 드라마틱한 서사를 가진 팀이 있을까? 단순히 독일의 수도인 베를린에 연고를 두고 있기 때문만은 아니다. 통일 전까지 동독을 대표하는 클럽이었으나 3부 리그 우승으로 2부 승격이 주어졌음에도 불구하고 번번이 2부 라이선스를 거부당할 만큼 침체기를 겪었다. 자금난으로 인해 낙후된 경기장을 재건할 수 없어 프로 리그가 규정하는 기준에 부합하지 못했기 때문이다. 이를 지켜보던 2,333명의 클럽 팬들은 2008/09 시즌 무려 14만 시간을 무급으로 일하며 헌혈로 모금운동을 펼치는 등 경기장 재건에 힘썼고 그 결과 자신들만의 경기장을 세울 수 있었다. 세계적으로 유례가 없는 기적을 만든 이 구단은 그로부터 10년 후 창단 첫 1부리그 승격에 성공하며 역사를 새로 쓰고 있다.

한국에서 직관 준비하기

1 경기 티켓 구매하기

공식 홈페이지 회원가입만 하면 티켓을 구매할 수 있다. 다른 경기장에 비해 수용 인원이 적은 편이라 헤르타 베를린과의 베를린 더비나 FC 바이에른 뮌헨 같은 강팀과의 경기는 시즌 티켓 소지자와 멤버십 회원을 대상으로 한 사전 판매에서 이미 매진이 되는 경우가 허다하다. 다만 이러한 빅 매치 외의 경기는 경기일 일주일 전 오전 10시(현지 시간)에 시작하는 일반 판매 시간에 맞춰 예매하면 티켓을 구할 수 있다. 티켓 전용 페이지에서 원하는 경기의 'TICKETS'을 클릭하여 앉고 싶은 구역(SEKTOR)을 선택하고 'CHEKOUT'을 눌러 결제를 진행하면 예매가 완료된다. 반드시 예매 전 회원가입을 해둘 것. 이메일로 전송된 PDF 파일을 인쇄해 지참하거나 공식 애플리케이션에서 모바일 티켓을 다운로드하여 제시하면 된다.

홈페이지 tickets.union-zeughaus.de

2 좌석 선택

우니온 베를린은 더욱 많은 이들이 저렴한 가격에 축구를 즐길 수 있도록 1구역(SEKTOR 1)을 제외한 2~5구역을 전 좌석 입석(Stehplatz)으로 운영하고 있다. 지정 좌석제인 1구역이라도 €30~45, 2~4구역은 €14라는 매력적인 가격에 판매한다(5구역은 원정팀을 위한 응원석이므로 판매하지 않는다).

경기 내내 서서 보기 부담스럽다면 1구역을, 열심히 응원하며 분위기를 만끽하고 싶다면 2~4구역을 예매하도록 하자. 1구역은 원하는 좌석을 지정할 수 있으나 2~4구역은 블록(BLÖCKE)만 지정할 수 있다.

홈구장 정보 Stadion An der Alten Försterei

홈구장 슈타디온 안 데어 알텐 푀르스테라이

주소 12555 Berlin, An der Wuhlheide 263

완공 1920년

수용 인원 2만 2,012명

3 추천 숙박 지역

베를린 중앙역에서 경기장까지는 대중교통으로 약 1시간 정도 소요된다. 이는 중심부에서 다소 떨어진 외곽에 위치하고 있다는 뜻이다. 경기장 주변보다는 숙박시설의 선택지가 많고 관광도 겸할 수 있는 중심부에 잡는 것이 좋다. 베를린 중앙역은 교통의 요충지로서 기차, 지하철, 버스, 트램 등 베를린의 핵심 대중교통이 교차한다. 중앙역 주변으로 숙박 선택지도 많고 관광지로의 이동도 용이하므로 이 지역을 추천한다.

현지에서 경기 직관하기

1 경기장 찾아가기

베를린 중앙역(Berlin Hauptbahnhof)에서 전철 S반(S-Bahn)의 S3노선 에어크너(Erkner)행을 타고 쾨페닉(Köpenick) 역에서 하차하면 도보 15분 거리에 경기장이 있다. 27·60·61·67번 트램을 타면 더욱 가깝다. 알테 푀르스테라이(Alte Försterei) 정류장에서 경기장까지 도보 5분이면 도착한다.

2 경기장 입장하기

입장권에 표시된 경로와 입구(Zugänge)를 통해서만 입장할 수 있다. 구역에 따른 입구는 경기장 좌석 배치도를 참고하자. 입장 시 인쇄한 PDF 파일 티켓 또는 애플리케이션에 저장된 모바일 티켓을 제시하면 된다.

3 반입 가능 가방 크기 및 반입 금지 물품

A4 용지(21×29.7cm) 크기를 넘지 않는 가방만 반입할 수 있다. 물품보관소가 없으므로 가급적 짐을 최소화하여 방문하도록 하자. 반입 금지 물품으로는 관객 시야에 방해되는 대형 깃발이나 현수막, 깨질 위험이 있는 병 또는 유리컵, 알코올 음료, 보조 배터리 등이 있다.

CHECK!

- ☑ FC 우니온 베를린 공식 스토어는 경기장과 S반 쾨페닉(Köpenick) 역에 위치한다.
- ☑ 화장실은 유료이며, 요금은 €0.50이다. 동전을 미리 준비하면 좋다.
- ☑ 스타디움 투어가 있으나 비정기적이고 대부분 독일어로 진행된다. 투어 일정에 관해서는 클럽에 문의하자.

Bayer 04 Leverkusen

바이어 04 레버쿠젠

한국 팬들에게는 차범근, 손흥민이 뛰었던 팀으로 친숙한 분데스리가 클럽이다. 2023/24시즌에는 유럽리그 최다 기록인 공식전 51경기 연속 무패를 달성, 장기간 우승을 놓치지 않았던 절대 강자 바이에른 뮌헨을 제치고 첫 리그 우승을 차지하였다. 그 기록의 중심에 스타 플레이어 출신이자 1부 리그 감독 경력이 전무한 사비 알론소 감독이 있었다. 지난 시즌을 마지막으로 사비 알론소는 바이어 04 레버쿠젠(이하 레버쿠젠)에 작별을 고했다.

구단 정보

팀 정식 명칭 바이어 04 레버쿠젠
Bayer 04 Leverkusen Fußball GmbH

창단 연도 1904년
소속 리그 독일 분데스리가
연고지 레버쿠젠, 독일
회장 페르난도 카로(Fernando Carro, 스페인)
감독 카스페르 히울만(Kasper Hjulmand, 덴마크)
주장 8번 로베르트 안드리히
(Robert Andrich, 독일)
마스코트 브라인(Brian the Lion)
애칭 Werkself(페어크스 엘프, 팩토리 일레븐)
약칭 B04, LEV
팀 컬러 검정색과 빨간색
더비 라이니셰스 더비 Rheinisches Derby(VS FC쾰른, 보루시아 뮌헨글라트바흐, 포르투나 뒤셀도르프)
유니폼 스폰서 바르메니아(Barmenia)
공식 웹사이트 www.bayer04.de
한국인 선수 소속 이력 차범근(1983~1989),
황선홍(1991~1992), 차두리(2002~2004),
손흥민(2013~2015), 류승우(2014~2017)

최근 3시즌 주요 성적표

시즌	주요 성적
2022/23	○ 분데스리가 6위 ○ UEFA 챔피언스리그 조별 리그 탈락 ○ UEFA 유로파 리그 4강
2023/24	○ 분데스리가 우승 ○ DFB-포칼 우승 ○ UEFA 유로파 리그 준우승
2024/25	○ 분데스리가 2위 ○ DF3-포칼 4강 ○ UEFA 챔피언스리그 16강

알고 가면 재미있는 클럽 이야기

 공업 도시 레버쿠젠을 연고로 하는 축구 클럽으로 1904년 제약회사 바이엘(Bayer) 직원들의 주도로 창단되었다. 클럽명에도 'Bayer'이 들어가며 이 때문에 '약공장 팀(Werkself)'이라는 별명이 붙었다. 제약 기업이 모태인 드문 사례로 창단 초기부터 지금까지 바이엘사가 구단 운영에 깊이 관여하고 있다. 클럽은 기업과 지역 사회가 결합된 독특한 역사를 지닌 팀으로 자리매김하고 있다.

 'Neverkusen(네버쿠젠)'이라는 별명은 레버쿠젠이 중요한 순간마다 우승을 놓치며 번번이 준우승에 그쳤던 역사에서 비롯된 조적인 표현이다. 분데스리가, DFB-포칼, UEFA 챔피언스리그에서 모두 준우승을 차지했던 2001/02시즌이 대표적인 사례다. 그러나 2023/24시즌, 사비 알론소 감독 체제에서 분데스리가 무패 우승을 거두며 이 별명을 스스로 지워내는 데 성공했다.

한국에서 직관 준비하기

1 경기 티켓 구매하기

지난 시즌 우승한 이후 티켓 예매의 경쟁이 한층 더 치열해졌다. 선예매는 약 4개월전부터 상반기 (8~12월) 경기 예매가 일제히 시작된다. 멤버십(20세 이상 €45, 19세 이하 €30)에 가입하면 선예매 혜택이 주어지므로 티켓 구매가 훨씬 수월하다. 멤버십은 가입일로부터 1년간 유효하며 팬샵 10% 할인 혜택도 제공된다. 단, 멤버십 승인 절차가 필요하므로 가입 직후에는 티켓을 구매할 수 없다. 일반 예매를 시도할 경우, 멤버십 가입은 필요 없으나 선예매 후 남은 좌석을 판매하므로 원하는 구역과 자리를 선택할 수 없다는 점을 명심해야 한다. 또한 선예매 단계에서 이미 매진된 경기도 있으므로 수시로 취소 티켓이 나오는 지 확인하여 예매해야 하는 번거로움이 있다. 경기당 한 계정으로 2장까지 구매할 수 있다.

홈페이지 www.bayer04.de/en-us/shop/tickets/home-matches

2 좌석 선택

선수 입장이 이루어지는 롱 사이드는 웨스트트리뷔네(Westtribüne, 서측 스탠드)로 웨스트트리뷔네를 기준으로 레버쿠젠 선수는 왼쪽에, 원정팀 선수는 오른쪽에 선다. 노드트리뷔네(Nordtribüne, 북측 스탠드)의 앞쪽 S로 시작하는 구역은 서포터스 좌석으로 경기 내내 서서 관전해야 한다.

홈구장 정보 BayArena

홈구장 바이아레나
주소 Bismarckstraße 122-124, 51373 Leverkusen
완공 1958년
수용 인원 3만210명

GERMANY

Bayer 04 Leverkusen

3 추천 숙박 지역

레버쿠젠은 독일 내에서는 그다지 관광에 특화된 도시가 아니기 때문에 경기장에서 가까운 숙박을 찾기는 쉽지 않다. 레버쿠젠 주변 도시로 쾰른 대성당으로 유명한 쾰른과 아시아인이 다수 거주하는 뒤셀도르프가 있다. 쾰른은 열차로 레버쿠젠 미테 역까지 15분, 뒤셀도르프는 30분이면 도착하는 거리에 있으므로 거점을 삼는다면 쾰른 또는 뒤셀도르프가 적합하다. 쾰른 중앙역 부근에 호텔이 밀집해 있어 쉽게 숙박을 구할 수 있다.

현지에서 경기 직관하기

1 경기장 찾아가기

경기장에서 가장 가까운 교통수단은 기차와 전철로, 지역 급행열차인 RE1 및 RE5와 광역 전철 S반(S-Bahn) 6호선 레버쿠젠 미테(Leverkusen Mitte) 역, 지역 열차 노선인 RB48 레버쿠젠 만포트(Leverkusen Manfort) 역을 통해 이동할 수 있다. 두 역에서 도보로 약 20분 거리에 경기장이 있다. 참고로 킥 오프 4시간 전부터 경기 다음 날인 오전 3시까지 경기 티켓을 소지한 사람에 한해 레버쿠젠과 쾰른, 뒤셀도르프, 도르트문트, 본, 뒤스부르크를 오가는 RE, RB, S반, U반, 노선버스, 트램 등 대중교통 수단을 무료로 이용할 수 있다. 경기 티켓이 곧 승차권 역할을 하는 것.

2 경기장 입장하기

킥 오프 2시간 전부터 입장할 수 있다. 경기장에 입장하기 전 보안 검사를 거친다. 보안 검사 및 티켓 개찰구를 지나면 티켓에 명시된 출입구(Tribüne)로 입장한다. 좌석 입구는 구역(Block)별로 구분되어 있으며, 그역 입장 시에도 티켓 확인을 실시한다. 열(Reihe)과 좌석 번호(Platz)를 확인한 후 착석하도록 하자.

3 반입 가능 가방 크기 및 반입 금지 물품

A4 용지(21×29.7cm) 크기를 넘지 않는 가방만 반입할 수 있다. DSLR, 페트병 음료는 반입 금지다.

HECK!

- ☑ 경기장 주변 각 OST·WEST·GAST의 서비스 센터에서 물품당 €1로 소지품을 맡길 수 있다. 서비스 센터는 킥 오프 2시간 전부터 경기 종료 45분까지 운영된다.
- ☑ 경기장 내 매점 이용 시 신용카드(비자 또는 마스터카드만 가능)와 애플 페이, 구글 페이로 결제 가능하다.

Borussia Dortmund

보루시아 도르트문트

1909년에 창단된 독일의 전통적인 명문 구단. 노란색과 검정색으로 구성된 유니폼 색깔로 인해 '꿀벌 군단(Die Schwarzgelben)'이라는 별명도 얻었다. 홈구장인 지그날 이두나 파크는 유럽 최대 관중 수용 규모를 자랑하며, 남쪽 스탠드 서포터스 구역은 '노란 벽(Gelbe Wand)'이라 불리며 유럽에서도 압도적인 응원석으로 꼽힌다. 뛰어난 경기력뿐만 아니라, 열정적인 팬 문화와 선수 육성 능력을 바탕으로 독일 축구의 중요한 축을 담당하고 있는 클럽이다.

구단 정보

팀 정식 명칭 보루시아 도르트문트
Ballspielverein Borussia 09 e.V. Dortmund

창단 연도 1909년
소속 리그 독일 분데스리가
연고지 도르트문트, 독일
감독 니코 코바치(Niko Kovač, 크로아티아)
주장 23번 엠레 잔(Emre Can, 독일)
부주장 1번 그레고르 코벨(Gregor Kobel, 스위스)
마스코트 에마(EMMA)
애칭 Die Borussen(보루시아인),
Die Schwarzgelben(검정과 노랑),
Der BVB (베파우베, The BVB)
약칭 BVB, DOR
팀 컬러 검정색과 노랑색
더비 레비어 더비 Revierderby(VS FC 샬케 04),
데어 클라시커 Der Klassiker
(VS FC 바이에른 뮌헨)
유니폼 스폰서 보다폰(Vodafone)
공식 웹사이트 www.bvb.de
한국인 선수 소속 이력 이영표(2008~2009),
지동원(2014), 박주호 (2015~2017)

최근 3시즌 주요 성적표

시즌	주요 성적
2022/23	◦ 분데스리가 2위 ◦ DFB-포칼 8강 ◦ UEFA 챔피언스리그 16강
2023/24	◦ 분데스리가 5위 ◦ DFB-포칼 16강 ◦ UEFA 챔피언스리그 준우승
2024/25	◦ 분데스리가 4위 ◦ DFB-포칼 32강 ◦ UEFA 챔피언스리그 8강

주요 더비

레비어 더비(Revierderby)
VS FC 샬케 04
(FC Gelsenkirchen-Schalke 04 e. V.)

독일 루르 지역을 연고로 한 두 팀 간의 맞대결은 분데스리가에서 치열하기로 유명하다. 탄광 지대 노동자 문화에서 뿌리내린 열정적인 팬들의 응원으로 지역의 자존심을 드러낸다.

알고 가면 재미있는 클럽 이야기

도르트문트는 상징색인 노란색과 검정색 유니폼 덕분에 '꿀벌(Bienen)'이라는 별명으로 불린다. 경기 중 서포터스 구역 팬들이 만들어내는 거대한 '노란 벽(Gelbe Wand)'은 거대한 꿀벌 떼를 연상시키는 데서도 기인한다. 꿀벌은 협동과 근면함의 상징으로 도르트문트가 지향하는 젊고 조직적인 축구 철학과도 맞닿아 있다. 구단의 공식 마스코트인 '에마(Emma)'는 전설적인 스트라이커 로타어 에머리히(Lothar Emmerich)의 애칭에서 따온 귀여운 꿀벌 캐릭터다.

한국에서 직관 준비하기

1 경기 티켓 구매하기

시즌권이나 멤버십 보유자에게 우선 구매 권한이 있어 현실적으로 한국에서 티켓을 구하기가 쉽지 않다. 경기 날짜가 다가오면 취소 표가 풀리기도 하지만 공식 티켓 페이지를 수시로 확인해야 하는 번거로움이 있다. 클럽에서 공식적으로 조식 뷔페 포함해 숙박과 경기 티켓, 기념품으로 구성된 'BVB 아드레날린 트립(BVB-Adrenalin-Trips)' 패키지 서비스도 운영하고 있다. 객실 타입과 좌석 등급에 따라 가격이 달라진다. 자세한 사항은 홈페이지를 참고하자.

홈페이지 티켓 예매
www.ticket-onlineshop.com/ols/bvb/en

BVB 아드레날린 트립 www.bvb.de/de/de/der-bvb/
besttravel/adrenalin-trips.html

2 좌석 선택

선수 입장이 이루어지는 서측 스탠드(Westtribüne, 웨스트트리뷔네)기준으로 도르트문트 선수는 왼쪽에, 원정팀 선수는 오른쪽에 선다.

골대 뒤 남측 스탠드(Südtribüne, 수드트리뷔네) 전 구역은 도르트문트의 서포터스 좌석으로 유럽 최대 규모의 입석 스탠드다. 열정적인 응원 분위기를 제대로 느끼고 싶다면 남측 스탠드 구역을 추천하지만 티켓을 구하기가 쉽지 않다.

홈구장 정보 Signal Iduna Park

홈구장 지그날 이두나 파크

주소 Strobelallee 50, 44139 Dortmund

완공 1974년

수용 인원 8만1,365명

3 추천 숙박 지역

교통 중심지인 도르트문트 중앙역(Dortmund Hauptbahnhof) 인근이 가장 추천하는 숙박 지역이다. 대중교통이 편리하며 경기장까지 경전철 유로반(Eurobahn)으로 약 10분이면 도착할 수 있다. 역 주변에는 상점, 레스토랑, 편의시설이 많아 편리하게 이용할 수 있다. 조용한 분위기를 원한다면 슈타트크로네 오스트(Stadtkrone Ost)나 클리닉피어텔(klinikviertel) 지역도 좋은 선택지로, 중심가보다는 한적하지만 경기장까지 대중교통으로 15~20분이면 도착 가능하다. 경기장 인근의 베스트팔렌파크(Westfalenpark) 주변은 도보로 이동할 수 있는 장점이 있으나 숙소 수가 적어 미리 예약해야 한다. 경기 일정이 있는 날엔 숙박 요금이 급등하므로 사전 예약이 중요하다.

현지에서 경기 직관하기

1 경기장 찾아가기

시내 중심부인 도르트문트 중앙역(Dortmund Hauptbahnhof)에서 RB52, RB53, RB57, RB59번 열차를 타면 경기장에서 도보 5분 거리인 지그날 이두나 파크(Signal-Iduna-Park) 역에 5분만에 도착한다. 지하철 U42·U45·U46번 역시 이용 가능한데, U45·U46번은 베스트팔렌할렌(Westfalenhallen) 역, U42번은 테어도어 플리트너 하임(Theodor-Fliedner-Heim) 역을 이용하면 된다. 유동인구의 증가로 인한 대중교통 혼잡을 막고자 경기 시작 약 3시간 전부터 경기 종료 후 90분까지 5분 간격으로 운행한다. 경기 티켓에는 당일 대중교통 이용권이 포함되어 있어 2등석 지역 열차, 버스, 트램 등 도르트문트 시내를 오가는 모든 수단을 무료로 이용할 수 있다.

2 경기장 입장하기

킥 오프 2시간 30분 전부터 입장할 수 있고, 경기장에 입장하기 전 보안 검사를 거친다. 모바일 티켓에 기재된 구역(Tribüne)을 확인해 지정된 입구로 입장해야 한다. 입구는 모든 티켓 소지자가 입장 가능한 일반 출입구, 여성과 어린이만 입장할 수 있는 여성 출입구, 장애인과 노년층, VIP 티켓을 소지한 이들만 입장 가능한 특별 출입구로 나뉘어 있다. 개찰구에서 모바일 티켓의 바코드를 스캔하여 통과하면 된다. 좌석 입구는 구역(Block)별로 구분되어 있으며, 열(Reihe)과 좌석 번호(Sitz)를 확인한 후 착석하도록 하자.

3 반입 가능 가방 크기 및 반입 금지 물품

A4 용지(21×29.7cm) 크기를 넘지 않는 가방(작은 우산, 소형 보조 배터리 포함)만 반입할 수 있다. 모든 종류의 음식 및 음료, 날카롭고 위험한 물체, 50ml를 초과하는 유리병 화장품, 유아차 반입이 금지된다.

HECK!

- ☑ 모든 어린이는 입장 시 티켓이 필요하다. 6세 이하 어린이는 경기장 개찰구에서 €1에 구매할 수 있으며 나이를 증빙할 서류(신분증, 출생증명서)를 제시해야 한다. 별도로 좌석은 제공되지 않고 보호자 무릎에 앉혀야 한다.
- ☑ 경기장 내 매점 이용 시 현금 결제는 불가하며 신용카드와 애플 페이, 구글 페이로 결제 가능하다.

ITALY

이탈리아

FC 인테르나치오날레 밀라노
AC 밀란
유벤투스 FC
AS 로마
SSC 나폴리

세리에 A는 1898년에 창설된 이탈리아 1부 프로축구 리그로, 120여 년의 유구한 전통을 자랑하는 유럽 최고 리그 중 하나다. 전술적 정교함과 견고한 수비 조직력을 바탕으로 세계적인 명성을 구축해왔으며, 특히 '카테나치오'로 불리는 독창적인 수비 전술은 현대 축구 전술사에 깊은 족적을 남겼다. 수많은 전설적 선수들이 펼친 명경기들로 전 세계 축구 팬들의 사랑을 받아왔으며, 오늘날에도 치열한 경쟁력과 국제적 위상을 이어가고 있다.

이탈리아 국가 정보 및 도시 교통 정보

수도 로마(Roma)
AS 로마는 수도를 연고지로 한다.

언어 이탈리아어
관광지에서는 영어로 의사소통이 가능하나 간단한 이탈리아어를 익혀두면 좋다.

시차 한국보다 8시간 느리다
단, 서머타임 기간은 한국보다 7시간 늦어진다. 서머타임은 매년 3월 마지막 일요일부터 10월 마지막 일요일 까지 적용된다.

비자
90일 이내 단기 체류 시 무비자 입국
2026년 하반기부터 유럽연합의 전자여행허가제(ETIAS) 시행으로 인해 수수료가 필요하다.

화폐 유로(€)
대부분의 상점과 식당에서 카드 결제 가능하나 소규모 시장이나 노점에서는 현금만 사용 가능하다. 반대로 카드만 사용 가능한 경우도 있다.

전압 230V, 50Hz
대부분의 한국 전자기기 사용 가능. 플러그 모양은 유럽 전역에서 공통적으로 쓰이는 C형이다. 제품에 따라 플러그 두께가 다르므로 어댑터가 필요하다.

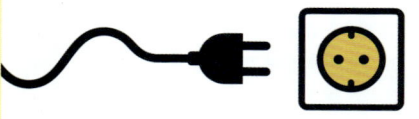

주요 통신사
TIM, Vodafone, Wind Tre
대부분의 관광 도시에 매장이 있어 유심 구매 및 상담이 가능하며, 출국 전 온라인 여행 플랫폼에서 미리 신청해 구매할 수 있다.

주요 공항

밀라노
말펜사 국제공항
Aeroporto di Milano-Malpensa, MXP

> 인천 직항 약 13시간 20분 소요

로마
피우미치노 국제공항
Aeroporto di Roma-Fiumicino "Leonardo da Vinci", FCO

> 인천 직항 약 13간 30분 소요

공항에서 시내 이동

도시	이동 수단	소요 시간	요금	비고
밀라노 (MXP)	말펜사 익스프레스 (Malpensa Express)	40분	€13	중앙역 또는 카도르나역 직행
	공항버스	50~60분	€10	밀라노 중앙역 도착
	택시	50분	€114	시내까지 정액제
로마 (FCO)	레오나르도 익스프레스 (Leonardo Express)	30~40분	€14	테르미니역 직행
	공항버스	45~60분	€6~7	테르미니역 정차
	택시	40~50분	€50~60	시내까지 정액제, 짐 포함
나폴리 (NAP)	공항버스 (Alibus)	15분	€5	중앙역 직행

시내 주요 교통

도시	주요 수단	티켓
밀라노	지하철 / 트램 / 버스	1회권 €2.20　24시간 €7.60
로마	지하철 / 트램 / 버스	1회권 €1.50　24시간 €7
나폴리	지하철	1회권 €1.50　24시간 €4.50

도시 간 이동 (밀라노 ↔ 로마)

이동 수단	소요 시간	요금	특징
고속열차 (Frecciarossa, Italo)	3시간	€25~50	시내 중심 간 빠르고 편리하게 이동 가능. 사전 예매 시 할인
국내선 항공편 (ITA Airways 등)	1시간 10분	€50~120	공항 수속 포함 시 시간 절감 효과 적음
고속버스 (FlixBus, Itabus, Marino Bus)	7시간 30분	€9~20	이동시간은 길지만 저렴한 요금. 야간편은 숙박비 절감 가능

FC Internazionale Milano

FC 인테르나치오날레 밀라노

이탈리아의 패션 도시 밀라노에 연고지를 둔 명문 구단. 최근 세리에 A, 코파 이탈리아, 챔피언스리그에서 우수한 성적을 거두었으며, 또다른 명문 클럽인 AC 밀란과 라이벌 관계를 형성하고 있어 더욱 인지도가 높은 편이다. 특히 1929년 이탈리아 1부 리그 세리에 A 출범 이후 단 한 번도 2부로 강등된 적이 없는 유일한 클럽이며, 2009/10시즌에는 이탈리아 클럽 사상 최초로 트레블을 달성하는 등 이탈리아 축구 역사에서 굵직한 족적을 남기고 있다.

구단 정보

팀 정식 명칭 FC 인테르나치오날레 밀라노
Football Club Internazionale Milano S.p.A.

창단 연도 1908년
소속 리그 이탈리아 세리에 A
연고지 밀라노, 이탈리아
회장 주세페 마로타(Giuseppe Marotta, 이탈리아)
감독 크리스티안 키부(Cristian Chivu, 루마니아)
주장 10번 라우타로 마르티네스
(Lautaro Martínez, 아르헨티나)
부주장 23번 니콜로 바렐라
(Nicoló Barella, 이탈리아)
마스코트 비스시오네(Biscione)
애칭 Nerazzurri(검정과 파랑),
La Beneamata(사랑하는 사람)
약칭 INT
더비 데르비 델라 마돈니나 Derby della Madonnina(VS AC 밀란),
데르비 디탈리아 Derby d'Italia(VS 유벤투스FC)

팀 컬러 검정색과 파랑색
유니폼 스폰서 벳손 스포츠(betsson Sports)
공식 웹사이트 www.inter.it
한국인 선수 소속 이력 없음

최근 3시즌 주요 성적표

시즌	주요 성적
2022/23	◦ 세리에 A 3위 ◦ 코파 이탈리아 우승 ◦ UEFA 챔피언스리그 준우승
2023/24	◦ 세리에 A 1위 ◦ 코파 이탈리아 16강 ◦ UEFA 챔피언스리그 16강
2024/25	◦ 세리에 A 2위 ◦ 코파 이탈리아 4강 ◦ UEFA 챔피언스리그 준우승

알고 가면 재미있는 클럽 이야기

 FC 인테르나치오날레 밀라노(이하 인테르 밀란)는 1908년 AC 밀란에서 분리되어 창단되었다. 당시 AC 밀란은 외국인 선수 영입에 소극적인 태도를 보이고 자국민 중심의 팀이 되어가고 있었다.
이에 반발한 일부 창립 멤버들과 축구계 인사들이 "우리는 세계의 형제다(Fratelli del Mondo)"라는 선언 아래 보다 개방적인 클럽을 만들고자 독립했다. 국적 상관없이 누구와도 함께 축구할 수 있어야 한다는 철학이 클럽명 'Internazionale(국제적인)'에도 그대로 반영되었다.

 인테르 밀란은 2009/10시즌 세리에 A, 코파 이탈리아, UEFA 챔피언스리그를 모두 석권하여 이탈리아 축구 역사상 최초로 트레블을 달성했다. 주제 모리뉴 감독의 지휘 아래 강력한 수비와 역습을 중심으로 팀을 구성했고, 스네이더르, 에투, 캄비아소, 사네티 등이 핵심 전력으로 활약했다. 챔피언스리그 결승에서는 독일의 강호 FC 바이에른 뮌헨을 상대로 디에고 밀리토가 두 골을 터뜨리며 2-0으로 승리했다. 흥미롭게도 뮌헨 역시 분데스리가와 DFB-포칼을 이미 우승하여 트레블을 노리고 있었으나 인테르가 그 꿈을 무산시킨 것 이 승리로 인테르는 이탈리아 클럽 최초의 트레블을 완성했고 유럽 축구사에 길이 남을 위대한 시즌을 만들어냈다.

한국에서 직관 준비하기

▎ 경기 티켓 구매하기

공식 홈페이지에 회원가입하면 티켓을 구매할 수 있다. 경기 약 한 달 전 공식 티켓 판매 사이트에 판매가 개시되며 시즌 티켓, 멤버십, Siamo Noi 카드, 일반 판매순으로 예매가 시작된다. 또한 AC 밀란, 유벤투스 FC, AS 로마, SSC 나폴리, SS 라치오 등 상대적으로 인기가 높은 경기는 일반 판매가 더욱 늦어지는 경우가 있다. 공식 홈페이지 티켓 판매 사이트에서 경기마다 티켓 예매일과 가격 정보를 확인할 수 있다. 아직 예매일이 확정되지 않은 경기일 경우 'LET ME KNOW WHEN ON SALE' 버튼을 눌러 이메일 주소를 등록해두면 티켓 구매가 열렸을 때 메일로 공지한다. 경기마다 30세 이하 또는 16세 이하 할인 티켓 프로모션을 진행하기도 하므로 예매 전 티켓 페이지를 유심히 살펴보도록 하자. 티켓 예매 시 여권 번호를 비롯한 개인정보를 입력해야 한다.

홈페이지 www.inter.it/en/tickets

TIP Siamo Noi 카드

인테르 밀란을 응원하는 팬의 신분증과도 같은 멤버십 카드 Siamo Noi 카드(Siamo Noi card)는 AC 밀란과의 밀란 더비나 유벤투스 FC, AS 로마 등 강팀과의 인기 경기가 열리는 경우 시즌 티켓 소지자, 클럽 회원 다음으로 예매 혜택이 주어진다. 물론 일반 판매로도 인기 경기의 티켓을 구할 수는 있으나 좋은 자리는 이미 다 빠지고 연석도 남아 있지 않을 가능성이 높으므로 최대한 원하는 자리를 얻고자 한다면 대안책이 될 수 있다. 가입비는 €15이며, 유효기간은 6년이다.

홈페이지 www.inter.it/en/tessera__siamo__noi

직접 선택할 수 있다. 좌석 선택 시 구체적인 좌석 번호가 나오는데, 16세 이하 또는 30세 이하 할인 티켓이 있을 경우 가격 아래 'More rates available'이 뜨므로 체크하자. 'Seat 3D View'를 눌러 해당 좌석 시야도 확인할 수 있다. 일부 구역은 Siamo Noi 카드 소지자만 구매 가능하다. 개인정보 등록 후 결제 정보를 입력하면 구매가 완료되며 메일로 모바일 티켓을 받아볼 수 있다.

4 스타디움 투어

FC 인테르 밀란과 AC 밀란, 두 명문 구단의 역사를 한눈에 살펴볼 수 있는 특별한 기회이다. 경기장 관중석은 물론, 평소에는 출입이 제한된 선수 라커룸, 기자회견실, 그리고 선수들이 필드로 향하는 선수 통로까지 직접 둘러볼 수 있다. 투어의 가장 큰 볼거리는 스타디움 내부에 마련된 박물관이다. 두 클럽 전설적인 선수들의 유니폼과 각종 트로피, 귀중한 사진 자료들이 전시되어 있어 밀라노 축구사의 살아있는 역사를 생생하게 체험 가능하다. 투어는 이탈리아어와 영어로 진행되며, 축구 팬은 물론 일반 관광객들에게도 세계적인 축구 성지의 깊이 있는 역사를 체험할 수 있는 소중한 기회를 선사한다. 8번 게이트에서 집합하니 참고하자.

홈페이지 www.sansirostadium.com
가격 4~64세 €35,70 6~13세·65세 이상 €26,52 4인 (성인 2명·어린이 2명) 가족팩 €24,48

2 좌석 선택

경기장은 총 네 구역으로 나뉘어 있고 초록, 주황, 파랑, 빨강색으로 영역이 구분된다. 북쪽 골대 뒤 초록색 구역은 인테르 밀란의 서포터스 전용석이며, 반대로 남쪽 골대 뒤 파랑색 구역은 원정석이 위치하고 있다. 일반 예매로 구매할 경우 이곳들을 제외한 롱 사이드 구역의 티켓이 남아 있을 가능성이 높다.

3 티켓 예매하기

각 경기의 'BUY' 버튼을 클릭하면 좌석 배치도와 함께 구역별 가격 안내가 표시된다. 색으로 구분되어 있어 어느 구역이 어떤 가격인지 한눈에 알아볼 수 있다. 가격 종류에는 티켓 소지자 (Ticket Holder) 정보 변경이 불가한 'BASE(베이스)', 티켓 소지자 정보 변경이 1회에 한해 가능한 'PLUS(플러스)' 그리고 호스피탈리티(HOSPITALITY)'가 있다. 기본 예매자 본인이 관전할 예정이므로 베이스를 선택하도록 하자. 구역 또는 가격을 클릭하면 좌석 배치도상 원하는 자리를

5 추천 숙박 지역

경기장 부근에 호텔이 위치하기는 하나 보통 경기 관전을 겸해 관광 목적으로 밀라노를 방문하는 이들이 대다수이므로 관광지가 밀집한 중심가에 호텔에 숙박하는 것이 좋다. 밀라노 대성당, 스칼라 극장, 비토리오 에마누엘레 2세 갤러리아 등 밀라노 핵심 명소가 도보 거리에 있어 낮에는 관광을 만끽할 수 있다. 밤에는 지하철을 이용해 경기장까지 30분 내외로 이동할 수 있으므로 경기 관람에도 불편함이 없다. 근교 당일치기 여행이 예정되어 있거나 지역 이동이 잦다면 밀라노 중앙역인 밀라노 첸트랄레(Milano Centrale) 역 주변도 추천한다. 교통의 요충지로 어디든 쉽게 이동할 수 있으며 수많은 숙소 옵션도 있다.

현지에서 경기 직관하기

1 경기장 찾아가기

경기장 부근 대중교통이 잘 되어 있어 다양한 수단을 이용해 이동할 수 있다. 지하철 M5호선을 타고 산 시로 이포드로모(San Siro Ippodromo)역 또는 산 시로 스타디오(San Siro Stadio) 역에서 하차 후 10분만 걸어가면 경기장에 도착한다. 버스 역시 49·64·78·80·98번을 타면 경기장 부근 정류장까지 갈 수 있으며, 트램 16번 라인을 타도 경기장 근처까지 도달할 수 있다.

2 경기장 입장하기

킥 오프 2시간 전부터 입장이 시작된다. 예매 후 메일로 전송되는 PDF 파일 티켓을 인쇄하거나 애플 월렛 등 스마트폰에 저장해 여권과 함께 제시하면 된다. 이탈리아에서는 신분증과 짐 검사가 철저하게 이루어져 경기장 입장까지 시간이 더 소요된다. 시간을 넉넉하게 잡고 움직이자.

3 반입 가능 가방 크기 및 반입 금지 물품

A4 용지(21×29.7cm) 크기만 한 가방만 반입 가능하다. 캐리어 정도 되는 크기의 가방과 백팩을 비롯해 크기가 큰 DSLR 카메라, 페트병 음료, 끝이 뾰족한 우산, 알코올 음료는 반입 금지다.

CHECK!

- ☑ 입장 시 반드시 신분증을 소지해야 한다. 여권을 꼭 지참하자.
- ☑ 경기장 부근과 경기장 내에는 물품보관소가 없다. 되도록 짐을 최소화하여 방문하도록 하자.
- ☑ 만 4세 이하는 성인 동반 시 지정된 좌석은 없지만 €2 특별 티켓으로 입장 가능하다. 1·9·13번 게이트에서 신분증을 제시하면 된다.

4 매점 이용하기

경기장 주변으로 푸드트럭이 들어서므로 경기 관람 전 간단하게 요기 하기에 좋다. 메뉴는 주로 포카차, 샌드위치, 감자 튀김 등이며 맥주와 탄산음료를 판매한다. 경기장 내 매점도 비슷한 메뉴가 주를 이룬다. 구역마다 매점이 있고 좌석을 돌아다니며 맥주나 탄산음료를 판매하는 판매원도 있다. 관중석에서 맥주 섭취가 가능하다.

5 공식 스토어

밀라노 시내에 두 곳, 경기장 내 한 곳, 총 3개 지점을 운영하고 있다. 시내 공식 숍은 도심 한복판에 있어 접근성이 뛰어나며 다양한 공식 상품을 구비한다. 카스텔로(Castello)점은 티켓 코너까지 갖추고 있다. 경기장 내 공식 숍은 14게이트 부근에 위치한다.

인테르 스토어 산 바빌라점
SAN INTER STORE BABILA

주소 Galleria Passarella, 2, 20122 Milano
영업 10:00~20:00

인테르 스토어 카스텔로점
INTER STORE CASTELLO

주소 Via Dante, 16, 20121 Milano
영업 10:00~20:00

인테르 스토어 산 시로점
INTER STORE SAN SIRO(경기장 내)

주소 14 게이트 부근 영업 10:00~20:00

AC Milan

AC 밀란

이탈리아의 클럽 하면 이곳을 떠올릴 이들이 많을 터. 검정과 빨강 조합의 유니폼을 휘날리며 멋진 활약상을 펼쳤던 수많은 레전드 선수가 거쳐간 클럽이자 화려한 이력을 자랑하는 명실공히 유럽의 대표 구단이다. 특히 유럽 최고의 클럽을 가리는 UEFA 챔피언스리그에서는 스페인의 레알 마드리드(15회)에 이어 2번째로 많은 7회 우승을 거머쥐었다. 영원한 라이벌 FC 인테르나치오날레 밀라노와 경기장을 공유하고 있는데, AC 밀란은 '산 시로', 인테르는 '주세페 메아차'로 서로 다른 명칭으로 부르기도 한다.

구단 정보

팀 정식 명칭 AC 밀란
Associazione Calcio Milan S.p.A.

창단 연도 1899년
소속 리그 이탈리아 세리에 A
연고지 밀라노, 이탈리아
회장 파올로 스카로니 (Paolo Scaroni, 이탈리아)
감독 마시밀리아노 알레그리
(Massimiliano Allegri, 이탈리아)
주장 16번 마이크 메냥(Mike Maignan, 프랑스)
부주장 10번 하파엘 레앙(Rafael Leão, 포르투갈)
마스코트 밀라넬로(Milanello)
애칭 Rossoneri(빨강과 검정), Diavolo(악마)
약칭 MIL
더비 데르비 델라 마돈니나 Derby della Madonnina(VS FC 인테르나치오날레 밀라노)
팀 컬러 빨강색과 검정색
유니폼 스폰서 에미레이트 항공(Emirates)
공식 웹사이트 www.acmilan.com
한국인 선수 소속 이력 없음

최근 3시즌 주요 성적표

시즌	주요 성적
2022/23	◦ 세리에 A 4위 ◦ 코파 이탈리아 16강 ◦ UEFA 챔피언스리그 4강
2023/24	◦ 세리에 A 2위 ◦ 코파 이탈리아 8강 ◦ UEFA 챔피언스리그 조별리그
2024/25	◦ 세리에 A 8위 ◦ 코파 이탈리아 준우승 ◦ UEFA 챔피언스리그 녹아웃 플레이오프 탈락

알고 가면 재미있는 클럽 이야기

밀라노를 연고지로 두고 있는 AC 밀란과 FC 인테르나치오날레 밀라노(이하 인테르 밀란)와의 더비 매치 '데르비 델라 마돈니나(Derby della Madonnina)'. 1908년 인테르 밀란이 AC 밀란에서 분리되어 창단되면서 두 팀 간의 라이벌 구도가 시작되었다. 인테르 밀란은 외국인 선수 영입을 지향했고, AC 밀란은 당시 이탈리아 자국민 선수 중심의 노선을 추구했다. 초창기 팬층의 차이에도 영향을 미쳤는데, 인테르 밀란은 부유한 중산층과 귀족 계층, AC 밀란은 노동자 계층의 지지를 받는 구단이라는 이미지가 형성되었다. 현재는 그런 경계가 흐려졌고 적대적이기보다 존중을 바탕으로 한 경쟁관계를 유지하고 있다. 두 팀 모두 산 시로(주세페 메아차) 경기장을 홈 구장으로 공유하며 화려한 대형 걸개와 함께 뜨거운 응원전을 펼치는 것으로 유명하다. 참고로 이 더비의 이름 '마돈니나'는 밀라노 대성당(Duomo di Milano) 꼭대기에 세워진 성모 마리아 동상에서 유래한다.

한국에서 직관 준비하기

1 경기 티켓 구매하기

공식 홈페이지에 회원가입하면 티켓을 구매할 수 있다. 경기 약 한 달 전 공식 티켓 판매 사이트에 판매가 개시되며 이때 시즌 티켓 소지자에게만 우선적으로 3일간 판매 후 남은 티켓을 일반 공개하는 순으로 진행된다. 일반 판매는 시즌 티켓 한정 판매가 끝난 다음 날 현지 시간 낮 12시에 개시한다. 또한 인테르 밀란이나 SSC 나폴리 등 인기가 높은 경기는 시즌 티켓 소지자 다음으로 CNR 카드 소지자에게 차선적으로 예매가 주어져 일반 판매가 더욱 늦어지는 경우가 있다. 7만명 넘게 수용 가능한 경기장이라 인기 경기라도 티켓이 남아 있는 경우가 자주 있는 편이니 참고하자. 티켓은 1인당 4장까지 구매 가능하나 모든 인원의 개인정보를 입력해야 한다.

홈페이지 booking.acmilan.com

TIP CNR카드

AC 밀란을 응원하는 팬을 위한 전용 멤버십인 CRN 카드(Cuore Rossonero Card)는 인테르 밀란과의 밀란 더비나 SSC 나폴리 등 강팀과의 인기 경기가 열리는 경우 시즌 티켓 소지자 다음으로 우선 예매 혜택이 주어진다. 물론 일반 판매로도 인기 경기의 티켓을 구할 수는 있으나 좋은 자리는 이미 다 빠지고 연석도 남아 있지 않을 가능성이 높으므로 최대한 원하는 자리를 얻고자 한다면 대안책이 될 수 있다. 가입비는 €20이며, 유효기간은 4년이다.

홈페이지 www.acmilan.com/en/tickets/crn-card

2 좌석 선택

경기장은 총 네 구역으로 나뉘어 있고 파랑, 빨강, 초록, 주황색으로 영역이 구분된다. 남측 골대 뒤 파란색 구역은 AC 밀란 서포터스 전용석이며, 반대로 북측 골대 뒤 초록색 구역은 원정석이 위치하고 있다. 일반 예매로 구매할 경우 이곳들을 제외한 롱 사이드 구역의 티켓이 남아 있을 가능성이 높다.

3 추천 숙박 지역

경기장 부근에 호텔이 위치하기는 하나 보통 경기 관전을 겸해 관광 목적으로 밀라노를 방문하는 이들이 대다수이므로 관광지가 밀집한 중심가에 호텔을 숙박하는 것이 좋다. 밀라노 대성당, 스칼라 극장, 비토리오 에마누엘레 2세 갤러리아 등 밀라노 핵심 명소가 도보 거리에 있어 낮에는 관광을 만끽할 수 있다. 밤에는 지하철을 이용해 경기장까지 30분 내외로 이동할 수 있으므로 경기 관람에도 불편함이 없다. 근교 당일치기 여행이 예정되어 있거나 지역 이동이 잦다면 밀라노 중앙역인 밀라노 첸트랄레(Milano Centrale) 역 주변도 추천한다. 교통의 요충지로 어디든 쉽게 이동할 수 있으며 수많은 숙소 옵션도 있다.

현지에서 경기 직관하기

1 경기장 찾아가기

경기장 부근 대중교통이 잘 되어 있어 다양한 수단을 이용해 이동할 수 있다. 지하철 M5호선을 타고 산 시로 이포드로모(San Siro Ippodromo)역 또는 산 시로 스타디오(San Siro Stadio) 역에서 하차 후 10분만 걸어가면 경기장에 도착한다. 버스 역시 49·64·78·80·98번을 타면 경기장 부근 정류장까지 갈 수 있으며, 트램 16번 라인을 타도 경기장 근처까지 도달할 수 있다.

2 경기장 입장하기

킥 오프 2시간 전부터 입장이 시작된다. 예매 후 메일로 전송되는 PDF 파일 티켓을 인쇄하거나 애플 월렛 등 스마트폰에 저장해 여권과 함께 제시하면 된다. 이탈리아에서는 신분증과 짐 검사가 철저하게 이루어져 경기장 입장까지 시간이 더 소요된다. 시간을 넉넉하게 잡고 움직이자.

3 반입 가능 가방 크기 및 반입 금지 물품

A4 용지(21×29.7cm) 크기만 한 가방만 반입 가능하다. 캐리어 정도 되는 크기의 가방과 백팩을 비롯해 크기가 큰 DSLR 카메라, 페트병 음료, 끝이 뾰족한 우산, 알코올 음료는 반입 금지다.

- ☑ 입장 시 반드시 신분증을 소지해야 한다. 여권을 꼭 지참하자.
- ☑ 경기장 부근과 경기장 내에는 물품보관소가 없다. 되도록 짐을 최소화하여 방문하도록 하자.

Juventus FC

유벤투스 FC

이탈리아 1부 리그 세리에 A 36회 우승, 9시즌 연속 리그 우승, 이탈리아의 프로와 아마추어 모든 팀이 겨루는 코파 이탈리아 15회 우승, 유럽 리그 대항전 우승 등 위대한 업적을 달성한 이탈리아의 대표적인 클럽. 로베르토 바조, 델 피에로, 지네딘 지단, 잔루이지 부폰, 크리스티아누 호날두 등 이름만 들어도 알 만한 스타 선수들이 핵심 멤버로 활약했던 곳으로, 이탈리아 국내에서 가장 인기가 많으면서도 안티 팬 역시 만만치 않게 많은 팀이다. 토리노 현지인뿐만 아니라 이탈리아 각지에 유벤투스를 응원하는 팬이 많은 전국구 클럽이라 할 수 있다.

구단정보

팀 정식 명칭 유벤투스 FC
Juventus Football Club S.p.A.

창단 연도 1897년
소속 리그 이탈리아 세리에 A
연고지 토리노, 이탈리아
회장 잔루카 페레로(Gianluca Ferrero, 이탈리아)
감독 이고르 투도르(Igor Tudor, 크로아티아)
주장 20번 마누엘 로카텔리
（Manuel Locatelli, 이탈리아）
부주장 3번 글레이송 브레메르
（Gleison Bremer, 브라질）
마스코트 제이 더 지브라(Jay the Zebra)
애칭 Juve(유베), Bianconeri(검정과 하양)
약칭 JUV
더비 데르비 디탈리아 Derby d'Italia
（FC 인테르나치오날레 밀라노），
데르비 델라 몰레 Derby della Mole(FC 토리노)

팀 컬러 검정색과 흰색
유니폼 스폰서 Jeep, Visit Detroit
공식 웹사이트 www.juventus.com
한국인 선수 소속 이력 없음

최근 3시즌 주요 성적표

시즌	주요 성적
2022/23	◦ 세리에 A 7위 ◦ 코파 이탈리아 4강 ◦ UEFA 챔피언스리그 조별 리그
2023/24	◦ 세리에 A 3위 ◦ 코파 이탈리아 우승
2024/25	◦ 세리에 A 4위 ◦ 코파 이탈리아 8강 ◦ UEFA 챔피언스리그 녹아웃 플레이오프 탈락

알고 가면 재미있는 클럽 이야기

 유벤투스 FC(이하 유벤투스)는 리그 통산 30회 이상 우승을 기록한 세리에 A의 유일한 팀이다. 유벤투스 유니폼 엠블럼 위에 달린 세 개의 별(★★★)은 세리에 A 리그 우승을 10회 달성할 때마다 하나씩 달 수 있는 규정에 따른 것으로, 2014년 세 번째 별을 달았으며 현재까지 36회(2006년 승부조작 사건 '칼초폴리(Calciopoli)'로 인해 2회의 우승(2004/05, 2005/06시즌)기록은 박탈되었다)의 우승을 달성했다. 유벤투스 다음으로 우승 횟수가 많은 팀은 인테르 밀란(20회)와 AC 밀란(19회) 순으로, 무려 10회나 차이나는 압도적인 국내 리그 성과를 자랑한다.

 유벤투스의 상징인 흑백 줄무늬 유니폼은 잉글랜드의 노츠 카운티(Notts County FC)의 유니폼에서 유래했다. 1903년 유벤투스는 분홍색 유니폼을 사용했으나 세탁에 약하고 색이 쉽게 바래자 더 튼튼한 유니폼을 찾게 된다. 영국 출신 공동 경영인이 영국에 있는 업자에게 유니폼 개조를 요청했고, 업자는 자신이 응원하던 노츠 카운티의 흑백 줄무늬 유니폼을 참고해 만든다. 리그 경기를 목전에 앞둔 시기에 배송 받아 변경이나 교환을 하지 못한 채 그대로 채택했고 이후 팀의 상징이 되었다. 2011년 유벤투스는 알리안츠 스타디움 개장 기념 경기 상대로 노츠 카운티를 초청해 두 클럽의 인연을 공식적으로 기념했다.

한국에서 직관 준비하기

1 경기 티켓 구매하기

공식 홈페이지에 회원가입을 하면 티켓을 구매할 수 있다. VIP 회원 격인 J1897멤버, 일반 멤버십, 시즌 티켓 소지자 등 유료 회원에게 우선 판매가 주어진 후 무료 회원의 티켓 구매가 가능해진다. 인기 경기는 유료 회원 선예매 단계에서 매진되어 구할 수 없는 경우가 있다. 무료 회원 기준 경기 약 30~45일 전 예매가 열리며, 1인당 4장까지 구매할 수 있다. 예매 시 개인정보를 반드시 입력해야 하는데 여권 성명과 일치하는 이름과 여권 번호를 기입하면 된다. 여러 장 구매하는 경우에도 관전 예정인 이들의 개인정보를 일일이 기입해야 한다. 예매 완료 후 입력한 개인정보는 변경할 수 없으므로 신중하게 기입하자.

홈페이지 www.juventus.com/en/tickets

2 좌석 선택

판매 중인 티켓 중 보고 싶은 경기의 'BUY NOW'를 클릭하여 예매를 진행한다. 하단에 있는 'DISCOVER MORE'는 티켓 예매일과 가격 정보가 기재되어 있으므로 예매 전 확인하면 좋다.

원정석인 110·211·212 구역과 VIP 회원을 위한 프리미엄 클럽 좌석으로 이루어진 서쪽(Ovest) 롱사이드 일부 구역, 열혈 서포터스가 모여 있는 남측(SUD) 구역을 제외하곤 대부분은 공석이라면 예매할 수 있다. 관중석과 필드와의 거리가 7.5m에 불과해 어느 좌석에 앉든 현장감 넘치는 분위기를 느낄 수 있다.

3 티켓 예매하기

무료 회원은 티켓 옵션 중 'PUBLIC SALES(일반 예매)'의 'BUY NOW'를 클릭하면 좌석 배치도와 함께 구역별 가격 안내가 표시된다. 좌석 배치도상 원하는 구역을 직접 선택하거나 가격 안내를 클릭해도 좋다. 각 구역의 '3D'를 클릭하면 좌석 시야를 확인할 수 있다. 원하는 좌석을 선택했다면 'CHECK OUT' 클릭 후 상세 티켓 가격을 확인한다. 주소와 전화번호 등 개인정보 입력과 티켓 배송 정보(Carrier) 중 E-티켓을 선택한 다음 입력 정보를 확인하면 결제 단계로 넘어간다. 카드 결제 후 구매가 완료되면 이메일로 즉시 PDF 파일 형식의 티켓을 받아볼 수 있다.

4 스타디움 투어

유벤투스의 역사와 승리의 전설적인 순간들을 직접 체험할 수 있는 유벤투스 박물관과 오디오 가이드와 함께 라커룸, 프레스룸 등 스타디움 내부를 둘러보는 알리안츠 스타디움 투어를 결합한 패키지 상품을 제공한다. 스타디움 투어는 제한된 인원으로 운영되어 온라인 사전 예약이 필수다.
더욱 특별한 경험을 원한다면 전담 가이드와 함께 클럽 역사의 귀중한 유물들을 직접 만져보고 스타 선수들의 개인 공간까지 관람할 수 있는 익스클루시브 투어도 이용할 수 있다.

가격 [박물관] 14세 이상 €15 5~13 €12 4세 이하 무료
[박물관&경기장 투어] 14세 이상 €29 5~13 €24 4세 이하 무료 [익스클루시브 투어] €75

5 추천 숙박 지역

경기장 부근에 3~4곳의 숙박시설이 있지만 경기 당일 방을 예약하기가 쉽지 않고 선택의 폭도 좁은 편이라 그다지 추천하지 않는다.
시내 중심부인 토리노 포르타 누오바 역(Stazione Porta Nuova) 주변에는 1~5성급의 많은 숙박시설이 있고 교통편도 좋은 편이므로 이쪽 부근에 있는 숙소를 잡는 것이 좋다.

홈구장 정보 Allianz Stadium Juventus

- **홈구장** 알리안츠 스타디움 유벤투스
- **주소** Corso Gaetano Scirea, 50, 10151 Torino TO
- **완공** 2011년
- **수용 인원** 4만1,507명

현지에서 경기 직관하기

1 경기장 찾아가기

토리노 시내 중심부에서 다소 떨어져 있어 시간 여유를 두고 미리 움직일 것을 권장한다. 토리노의 중앙역 역할을 하는 토리노 포르타 누오바 역(Stazione Porta Nuova)에서 지하철 1호선을 타고 베르니니(Bernini) 역에서 하차해 경기 당일에만 운영하는 임시 셔틀버스 9/번으로 환승하면 경기장 앞까지 쉽게 갈 수 있다. 경기가 없는 평일에 경기장까지 가는 버스는 62·72·75·VE1번이다.

2 경기장 입장하기

경기의 정확한 킥 오프 시간은 경기 2~3주 전에 발표되므로 공식 홈페이지를 통해 수시로 확인할 필요가 있다. 경기장에 입장해 예매한 좌석에 도달하기까지 여러 번의 검사를 실시한다. 우선 스마트폰에 담은 PDF 티켓이나 인쇄한 종이를 보여 주면서 신분증(여권) 검사를 진행한다. 이후 금속 탐지기와 가방 속 확인 등 두 번의 소지품 검사를 거친 후 최종적으로 티켓 QR 코드를 스캔하면 무사히 경기장에 들어갈 수 있다.

3 반입 가능 가방 크기 및 반입 금지 물품

30×40×15cm를 넘지 않는 가방만 허용되며, 작고 뾰족한 부분이 없는 우산만 반입 가능하다. 비디오 카메라 및 DSLR, 쌍안경과 망원경, 드론, 캔, 유리, 플라스틱 병 등 밀폐 용기에 담긴 음료, 칼, 돌, 레이저 포인터, 독극물, 유해 물질, 인화성 물질, 약물, 불꽃놀이, 폭죽 등은 반입 금지이다. 입장 시 물품 검사를 엄격하게 하는 편이기 때문에 최소한의 짐만 챙겨서 가도록 한다.

HECK!

- ☑ 입장 시 반드시 신분증을 소지해야 한다. 여권을 꼭 지참하자.
- ☑ 경기장 부근에 사설 업체가 운영하는 물품 보관소가 있다. 구글맵 검색창에 'Radical Storage Juventus Stadium'을 입력하면 정확한 위치를 확인할 수 있다. 가방 크기, 무게와 상관없이 물품당 €5에 맡길 수 있다.

4 매점 이용하기

경기장 주변에는 다양한 푸드트럭이 즐비하게 늘어서 있다. 경기장 내 각 구역 매점에는 고유한 QR 코드가 설치되어 있어 줄을 서지 않고도 온라인으로 간편하게 주문과 결제를 할 수 있다. 경기 전에는 이메일을 통해 매점 메뉴를 미리 안내 받을 수 있으며, 사전 주문도 가능하다. 사전 주문 시 할인 받을 수 있는 특별 코드도 함께 제공되니 구단측 이메일을 꼼꼼히 확인하자.

5 공식 스토어

토리노 시내 중심가어 공식 스토어가 위치한다. 규모는 작은 편이나 유니폼, 축구용품, 기념품 등을 갖추고 있다. 또한 경기장 105구역 출입구 근처와 경기장 내 매점데도 공식숍이 있으니 참고하자.

유벤투스 스토어 Juventus Store

주소 Via Giuseppe Garibaldi, 4/E, 10122 Torino
영업 10:30~20:00

AS ROMA

AS 로마

이탈리아 수도 로마를 연고로 하는 클럽. 북부 지역 클럽들의 강세에 대항하는 조치로 당시 로마에 있던 클럽 3개를 합병해 출범한 것이 AS 로마의 시작이다. 이때 합병을 거부한 로마의 클럽은 SS 라치오로, 현재 AS 로마와 강력한 라이벌 관계를 형성하고 있다. 2002년 한·일 월드컵 당시 우리나라와의 16강전에서 퇴장당하며 강렬한 인상을 남긴 프란체스코 토티, 1980년대 AS 로마의 황금기를 대표하는 선수였던 명장 카를로 안첼로티, 이탈리아의 유명 수비수 다니엘레 데 로시가 대표적인 AS 로마 출신 선수다.

구단 정보

팀 정식 명칭 AS 로마
Associazione Sportiva Roma S.p.A.

창단 연도 1927년
소속 리그 이탈리아 세리에 A
연고지 로마, 이탈리아
회장 댄 프리드킨(Dan Friedkin, 미국)
감독 잔 피에로 가스페리니
(Gian Piero Gasperini, 이탈리아)
주장 92번 스테판 엘 샤라위
(Stephan El Shaarawy, 이탈리아)
마스코트 로몰로(Romolo)
애칭 Giallorosso(노랑빨강), La Lupa(늑대)
약칭 ASR
더비 데르비 델라 카피탈레
Derby della Capitale(SS 라치오)
팀 컬러 노랑색과 빨강색
유니폼 스폰서 리야드 시즌(Riyadh Season)
공식 웹사이트 www.asroma.com
한국인 선수 소속 이력 없음

최근 3시즌 주요 성적표

시즌	주요 성적
2022/23	◦ 세리에 A 6위 ◦ 코파 이탈리아 8강 ◦ UEFA 유로파리그 조별 리그
2023/24	◦ 세리에 A 6위 ◦ 코파 이탈리아 8강 ◦ UEFA 유로파리그 4강
2024/25	◦ 세리에 A 5위 ◦ 코파 이탈리아 8강 ◦ UEFA 유로파리그 16강

알고 가면 재미있는 클럽 이야기

 AS 로마는 고대 로마 건국 신화 속 쌍둥이 형제 로물루스(Romulus)와 레무스(Remus)의 전설에서 깊은 영감을 받은 축구 클럽이다. 전설에 따르면 이 쌍둥이 형제는 늑대의 젖을 먹고 자랐으며, 훗날 로물루스가 로마를 건국했다고 전해진다. AS 로마의 엠블럼에는 젖을 물리는 늑대와 쌍둥이 형제의 모습이 새겨져 있어 로마의 기원과 유구한 역사를 상징한다. 이는 로마인들의 불굴의 정신력을 보여주는 상징이기도 하다. 로마 팬들은 이러한 상징을 통해 자신들이 살고 있는 도시에 대한 깊은 자부심과 전통을 축구에 투영하고 있다.

 AS 로마의 전설적인 선수 프란체스코 토티(Francesco Totti)는 25년간 오직 로마만을 위해 뛴 원클럽맨이자 클럽의 상징이다. 로마 태생인 토티는 1992년 AS 로마에 입단해 2017년 은퇴할 때까지 팀을 떠나지 않았다. 레알 마드리드 CF 등 빅 클럽들의 영입 제안을 거절하며 로마에 더한 변함없는 충성을 보여 팬들에게 '로마의 황제'로 불렸다. AS 로마 역대 최다 출장(786경기) 기록과 역대 최다 득점(307골) 기록을 보유하고 있다.

한국에서 직관 준비하기

▍경기 티켓 구매하기

공식 홈페이지에 회원가입 후 티켓 예매가 가능하다. 보통 경기 2~3주 전 현지 시간 낮 12시 또는 오후 4시에 예매가 시작된다. AS 로마의 라이벌 팀인 SS 라치오를 비롯해 일부 인기 경기는 시즌 티켓 소지자를 우선시하여 일반 예매 시작 24시간 전에 먼저 예매를 오픈하는 경우가 있다.

원하는 경기의 'MATCH DETAILS'에 티켓 발매일과 가격 등 자세한 정보가 기재되어 있으니 티켓 예매 전 꼭 확인하자. 'BUY TICKETS' 버튼을 클릭하면 본격적으로 티켓 예매 절차가 시작된다. 1인당 최대 4장까지 구매 가능하므로 연석을 구매하고 싶다면 한 사람이 모든 좌석의 구매를 진행하는 것이 좋다. 앉고 싶은 좌석을 선택할 때 ◉ 표시를 누르면 3D로 좌석 위치를 볼 수 있다. 결제 전 개인 정보를 입력하는 절차를 거치는데, 이때 여권 성명과 일치하는 이름을 기입해야 한다. 여러 장을 구매하는 경우 관전할 이들의 개인정보를 전부 기입할 필요가 있다. 마지막으로 비자, 마스터카드, 아메리칸 익스프레스 등 신용카드 또는 체크카드로 결제하면 예매가 완료된다.

홈페이지 www.asroma.com/en/tickets

TIP 티켓 예매 알림

아직 예매가 열리지 않은 경기는 예매 알림을 설정하면 메일로 티켓 오픈을 알려준다. 예매하고 싶은 경기의 'NOTIFY AVAILBILITY'를 클릭하여 메일 주소를 기입하면 된다.

홈구장 정보 Stadio Olimpico

- **홈구장** 스타디오 올림피코
- **주소** Viale dei Gladiatori, 2, 00135 Roma
- **완공** 1953년
- **수용 인원** 7만 634명

2 좌석 선택

AS 로마의 강성 서포터스와 시즌 티켓 소지자가 주로 앉는 쿠르바 수드(Curva Sud) 구역과 반대편 원정석 부근인 쿠르바 노르드(Curva Nord)와 오스피티(Ospiti) 구역을 제외하면 나머지 좌석은 일반 예매 시 선택할 수 있다. 육상 트랙이 있는 경기장이라 경기를 가까이서 지켜보고 싶다면 트리부나 테베레(Tribuna Tevere)와 트리부나 몬테 마리오(Tribuna Monte Mario) 구역의 좌석을 예매하는 것이 좋다.

3 추천 숙박 지역

로마는 누구나 인정하는 세계적인 관광 도시다. 콜로세움, 포로 로마노, 트레비 분수, 판테온 등 주요 관광지가 중심부에 몰려 있어 이 주변에 다양한 숙박 시설이 위치하고 있다. 경기장과 관광 명소 이동에 용이한 곳을 원한다면 중앙역인 로마 테르미니 기차역(Roma Termini) 주변이 좋다. 참고로 버스 환승 지점인 지하철 오타비아노(Ottaviano) 역은 가톨릭의 본산인 '바티칸 시국(Vatican City)'에서 가장 가까운 역이다.

현지에서 경기 직관하기

1 경기장 찾아가기

로마 중앙역인 테르미니 기차역(Roma Termini)에서 지하철 A선을 타고 오타비아노(Ottaviano) 역까지 이동 후 32번 버스로 환승하면 경기장에서 가장 가까운 피아찰레 델라 파르네시나(Piazzale Della Farnesina) 정류장에 도착할 수 있다. 간혹 공사로 인해 전 정류장인 드 보시스/스타디오 테니스(De Bosis/Stadio Tennis)에서 하차해야 하는 경우가 있으나 경기장까지 도보 15분 거리에 있으므로 걸어서도 충분히 도달할 수 있다. 경기장 부근까지 가는 버스는 32번 외에도 69·168·280·301·628번이 있다.

2 경기장 입장하기

킥 오프 시간에 가까워질수록 경기장 주변이 매우 혼잡하므로 구단 측은 경기 시작 1시간 30분 전에는 도착하도록 권장하고 있다. 티켓에 기재된 구역 입구로 입장 시 지참한 신분증과 함께 모바일 티켓을 제시하면 된다. 소지품 검사와 몸 수색이 엄격한 편이므로 참고하자.

3 반입 가능 가방 크기 및 반입 금지 물품

40×20cm 이하 작은 가방만 허용된다. 보조 배터리, 전자담배, 라이터, 샌드위치나 피자 외 음식이나 병·플라스틱 용기 음료는 반입 불가하다. 끝이 뾰족하지 않은 우산, 주머니 크기 작은 카메라는 반입 가능하다.

CHECK!

- ☑ 입장 시 반드시 신분증을 소지해야 한다. 여권을 꼭 지참하자.
- ☑ 경기장에는 물품보관소가 없으니 가급적 짐 없이 방문하도록 하자.
- ☑ 경기장 좌석이 지저분한 경우가 있으므로 닦을 휴지를 가지고 가면 좋다.
- ☑ 경기장 내 매점의 물품 수가 적은 편이므로 로마 시내 공식 스토어에서 기념품 쇼핑을 즐기는 것이 좋다.

SSC Napoli

SSC 나폴리

이탈리아 남부 대표 클럽. 오랜 시간 북부 중심의 축구 구조에 맞서온 상징성과 독립성이 뚜렷하다. 클럽 역사에서 가장 빛나는 시기는 단연 디에고 마라도나가 활약하던 1980년대 중후반이다. 마라도나는 중위권 팀이었던 SSC 나폴리에 두 번의 세리에 A 우승(1986/87, 1989/90시즌)을 안기며 신처럼 추앙받았고, 현재 홈구장은 그의 이름을 딴 스타디오 디에고 아르만도 마라도나(Stadio Diego Armando Maradona)로 불린다. 마라도나의 등번호 10번은 영구 결번 처리됐으며 그의 벽화와 헌정 공간은 나폴리 곳곳에서 찾아볼 수 있다. 최근 김민재가 우승에 기여한 2022/23시즌, 콘테 감독이 이끈 2024/25시즌에 세리에 A 우승을 달성하며 제2의 황금기를 열었다.

구단 정보

팀 정식 명칭 SSC 나폴리
SSC Napoli

창단 연도 1926년
소속 리그 이탈리아 세리에 A
연고지 나폴리, 이탈리아
회장 아우렐리오 데 라우렌티스
(Aurelio De Laurentiis, 이탈리아)
감독 안토니오 콘테(Antonio Conte, 이탈리아)
주장 22번 조반니 디 로렌초(Giovanni Di Lorenzo)
마스코트 추초(Ciuccio, 당나귀)
애칭 Gli Azzurri(리 아주리, 하늘색),
Partenopei (파르테노페이, 나폴리 사람),
Ciucciarelli(추차렐리, 작은 당나귀)
약칭 NAP
더비 데르비 델 솔레 Derby del Sole(VS AS 로마)
팀 컬러 하늘색
유니폼 스폰서 MSC
공식 웹사이트 www.sscnapoli.it
한국인 선수 소속 이력 김민재(2022~2023)

최근 3시즌 주요 성적표

시즌	주요 성적
2022/23	○ 세리에 A 우승 ○ 코파 이탈리아 16강 ○ UEFA 챔피언스리그 8강
2023/24	○ 세리에 A 10위 ○ 코파 이탈리아 16강 ○ UEFA 챔피언스리그 16강
2024/25	○ 세리에 A 우승 ○ 코파 이탈리아 16강

알고 가면 재미있는 클럽 이야기

SSC 나폴리(이하 나폴리)의 영원한 전설, 디에고 마라도나(Diego Maradona)는 1984년 당시 역대 최고 이적료를 기록하며 FC 바르셀로나에서 나폴리로 이적했다. 그의 합류는 구단의 운명을 바꿨다. 환상적인 플레이를 선보인 그는 1986/87시즌 나폴리 역사상 첫 세리에 A 우승과 코파 이탈리아 우승으로 '더블'이란 결과를 안겨줬다. 이후에도 그의 활약은 계속되어 1987/88시즌에는 리그 득점왕, 1989/89시즌 UEFA컵 우승, 1989/90시즌 또다시 리그 우승도 만들어냈다. 그는 나폴리 팬들에게 선수 이상의 상징적인 존재다. 2020년 그가 세상을 떠났을 때 그의 업적을 기리고자 경기장 이름을 그의 이름으로 변경했다. 지금도 나폴리 중심가 곳곳에서는 마라도나의 벽화와 기념품을 쉽게 찾아볼 수 있으며, 그의 활약상을 소개한 마라도나 박물관(Museo Maradona)도 만날 수 있다.

한국에서 직관 준비하기

1 경기 티켓 구매하기

나폴리 공식 홈페이지와는 별개로 티켓 공식 대행 사이트인 '티켓원(TicketOne)'에 회원가입해야 할 필요가 있다. 각 경기별로 예매 개시일자가 공지되어 있으며 일반적으로 시즌권자 선예매, 시즌권자 좌석 변경, 일반 예매순으로 진행된다. 일반 예매는 경기날 1~2주 전에 티켓원 나폴리 페이지를 통해 예매 정보가 공개된다. AS 로마, 유벤투스 FC 등 빅매치이거나 챔피언스리그 경기, 원정 경기 등을 관전하고 싶다면 '피델리티 카드(Fidelity Card)'를 별도로 구매해야 한다. 티켓 사이트에서 €20에 구매할 수 있으며 구입 시 부여된 회원번호를 사용해 예매할 수 있다. 실물 카드는 한국으로 배송된다(배송비 별도).

홈페이지 sscnapoli.ticketone.it/catalog

2 좌석 선택

선수 입장이 이루어지는 메인 스탠드인 트리부나 포실리포(Tribuna Posillipo, 서측 스탠드)를 기준으로 나폴리 선수는 왼쪽에, 원정팀 선수는 오른쪽에 선다. 축구 전용 구장이 아닌 육상 트랙이 있는 종합 구장이므로 피치와 관중석 간의 거리가 멀다. 시야에 영향이 덜한 좌석을 원한다면 롱 사이드인 트리부나 포실리포, 디스틴티(Distinti) 구역의 상단을 노리자. 가장 열정적인 분위기를 느낄 수 있는 서포터스 구역은 쿠르바 A(Curva A)와 쿠르바 B(Curva B)로, 지정석이 아닌 자유석이며 경기 내내 서서 응원하며 관전한다.

3 추천 숙박 지역

나폴리 역사지구(Centro Storico) 또는 산타루치아(Santa Lucia) 항구 주변이 관광과 축구 관람을 모두 즐기기 좋은 지역이다. 나폴리 중앙역(Napoli Centrale)에 근접하여 지역 이동에도 용이하다. 나폴리 역사지구는 유네스코 세계문화유산에 등재된 지역으로 나폴리의 주요 관광지를 도보로 탐방하기에 최적이며 다양한 레스토랑과 바 등이 많다. 산타루치아는 나폴리 역사지구와의 접근성이 좋고, 해안가 인근에 위치하고 있어 항구 도시의 매력을 느끼기에 최적이다.

홈구장 정보 Stadio Diego Armando Maradona

- **홈구장** 스타디오 디에고 아르만도 마라도나
- **주소** Via Giambattista Marino, 80125 Napoli NA
- **완공** 1959년
- **수용 인원** 5만4,726명

현지에서 경기 직관하기

1 경기장 찾아가기

경기장에서 가장 가까운 전철과 지하철역은 캄피 플레그레이(Campi Flegrei Station) 역, 모스트라(Mostra) 역이다. 나폴리 역사지구를 출발해 약 30분이면 경기장에 도달할 수 있다. 두 역에서 하차 후 도보로 약 10분 거리에 경기장이 있다. 나폴리 중앙역에서 151번 버스를 타면 피아찰레 테키오(Piazzale Tecchio) 정류장에서 하차, 도보 약 4분이면 경기장에 도착한다. 경기날엔 어느 교통수단이든 탑승 인원이 많아 붐비거나 교통 체증이 심하지만 소요시간이 길고 탑승 인원이 제한적인 버스보다 전철이나 지하철을 추천한다.

2 경기장 입장하기

킥 오프 90분 전부터 입장할 수 있다. 경기장에 입장하기 전 보안 검사를 거친다. 보안 검사 및 티켓 개찰구를 지나면 티켓에 명시된 출입구(Ingresso)로 입장한다. 좌석 입구는 구역(Settore)별로 구분되어 있으며, 구역 입장 시에도 티켓 확인을 실시한다. 열(Fila)과 좌석 번호(Posto)를 확인한 후 착석하도록 하자.

3 반입 가능 가방 크기 및 반입 금지 물품

명확한 규정은 없으나 부피가 큰 가방, 캐리어, 유아차 등은 반입이 제한되는 경우가 많다.

HECK!

- ☑ 입장 시 반드시 신분증을 소지해야 한다. 여권을 꼭 지참하자.
- ☑ 나폴리 중앙역과 산타루치아 지역, 경기장 인근 쇼핑센터에 공식 스토어가 있다. 'store'를 검색하면 본인 위치에서 가장 가까운 가게를 찾을 수 있다.
- ☑ 지하철은 막차가 일찍 끝나나 축구 경기일에는 종료 시간에 맞춰 연장 운행한다.

FRANC

프랑스

파리 생제르맹 FC
FC 낭트

리그앙은 프랑스를 대표하는 프로축구 1부 리그다. 유럽 최고 수준의 유소년 시스템을 바탕으로 미래의 스타 플레이어를 꾸준히 배출해 왔으며, 이는 프랑스 대표팀의 성공에도 큰 기여를 하고 있다. 기술적이고 속도감 있는 경기 운영은 프랑스 축구 특유의 개성과 다양성을 보여준다. UEFA 대항전에서도 꾸준한 성과를 거두고 있으며, 2024/25시즌 챔피언스리그에서는 우승팀까지 배출하는 성과를 올렸다.

프랑스 국가 정보 및 도시 교통 정보

수도 파리(Paris)
파리 생제르맹은 수도를 연고지로 한다.

언어 프랑스어
관광지에서는 영어로 의사소통 가능하나 간단한 프랑스어로 인사하면 호감을 얻을 수 있다.

시차 한국보다 8시간 느리다
단, 서머타임 기간은 한국보다 7시간 늦어진다. 서머타임은 매년 3월 마지막 일요일부터 10월 마지막 일요일까지 적용된다.

비자
90일 이내 단기 체류 시 무비자 입국
2026년 하반기부터 유럽연합의 전자여행허가제(ETIAS) 시행으로 인해 수수료가 필요하다.

화폐 유로(€)
대부분의 상점과 식당에서 카드 결제 가능하나 소규모 시장이나 노점에서는 현금만 사용 가능하다. 반대로 카드만 사용 가능한 경우도 있다.

전압 230V, 50Hz
대부분의 한국 전자기기 사용 가능. 플러그 모양은 유럽 전역에서 공통적으로 쓰이는 C형이다. 제품에 따라 플러그 두께가 다르므로 어댑터가 필요하다.

주요 통신사
Orange, SFR, Bouygues Telecom
대부분의 관광 도시에 매장이 있어 유심 구매 및 상담이 가능하며, 출국 전 온라인 여행 플랫폼에서 미리 신청해 구매할 수 있다.

주요 공항
파리 샤를 드골 국제공항
Aéroport de Paris-Charles de Gaulle, CDG

인천 직항 14시간 10분 소요

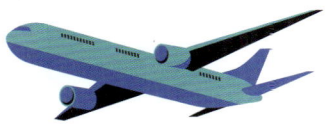

공항에서 시내 이동

도시	이동 수단	소요 시간	요금	비고
파리 (CDG)	RER B 열차	35~40분	€13	파리 북역·리옹역 등 주요 역 연결
	공항버스(Roissybus)	60분	€13.2	오페라까지 직행
	택시	45~60분	€56~65	좌안(센강 기준 남쪽 지역) 우안(센강 기준 북쪽 지역) 구역별 정액제

시내 주요 교통

도시	주요 수단	티켓
파리	지하철 / RER / 버스 / 트램	1회권 €2.50 1일권 €12
낭트	트램 / 버스	1회권 €1.80 24시간 €6.50 (단, 주말은 승차 무료)

도시 간 이동 (파리 ↔ 낭트)

이동 수단	소요 시간	요금	특징
고속열차 (TGV INOUI)	2시간	€25~80	시내 중심 간 이동 시 빠르고 편리, 사전 예매 시 할인
국내선 항공편 (Air France 등)	1시간 5분	€60~200	공항 수속 포함 시 열차 대비 시간 절약 효과 적음
장거리버스 (FlixBus 등)	5~6시간	€15~40	이동 시간 길지만 저렴한 요금, 야간편은 숙박비 절감 가능

Paris Saint-Germain FC

파리 생제르맹 FC

프랑스 리그 최다 우승(12회), 쿠프 드 프랑스 최다 우승(15회) 등 프랑스 주요 축구 대회의 최다 우승 기록을 보유한 부동의 절대 강자 클럽. 2011년 카타르의 국영 기업인 카타르 스포츠 투자청이 파리 생제르맹 FC(이하 PSG)를 인수하면서 막강한 자본력이 갖춰졌다. 즐라탄 이브라히모비치와 티아구 실바의 빅 네임 더블 영입으로 시동을 걸기 시작했다. 이어서 데이비드 베컴, 네이마르와 리오넬 메시라는 최고의 슈퍼 스타가 이적해오기에 이르렀다. 2024년 이강인이 입단하자마자 내한하여 친선 경기를 하면서 한국 내에서도 인지도가 급상승했고 올해 서울에 공식 숍을 오픈하는 등 보다 친근감 있는 행보를 보이고 있다.

구단 정보

팀 정식 명칭 파리 생제르맹 FC
Paris Saint-Germain Football Club

창단 연도 1970년
소속 리그 프랑스 리그앙(Ligue 1)
연고지 파리, 프랑스
구단주 타밈 빈 하마드 알사니
(Sheikh Tamim bin Hamad Al-Thani, 카타르)
감독 루이스 엔리케(Luis Enrique, 스페인)
주장 8번 마르키뇨스(Bruno Fernandes, 브라질)
부주장 2번 아치라프 하키미
(Achraf Hakimi, 모로코)
마스코트 스라소니 제르맹(Germain le Lynx)
애칭 PSG, Les Parisiens (파리지앵),
Les Rouge et Bleu(빨강과 파랑)
약칭 PSG
더비 르 클라시크 Le Classique
(VS 올랭피크 드 마르세유 Olympique de Marseille),
수도 더비 Le Derby de la Capitale
(VS 파리 FC Paris FC)
팀 컬러 파란색, 빨간색, 하얀색
유니폼 스폰서 카타르 항공(Qatar Airways)
공식 웹사이트 en.psg.fr
한국인 선수 소속 이력 이강인(2023~)

최근 3시즌 주요 성적표

시즌	주요 성적
2022/23	○ 리그앙 1위 ○ 쿠프 드 프랑스 4강 ○ UEFA 챔피언스리그 조별리그 탈락
2023/24	○ 리그앙 1위 ○ 쿠프 드 프랑스 우승 ○ UEFA 챔피언스리그 4강
2024/25	○ 리그앙 1위 ○ 쿠프 드 프랑스 우승 ○ UEFA 챔피언스리그 우승

주요 더비

르 클라시크(Le Classique)
VS 올랭피크 드 마르세유
(Olympique de Marseille)

프랑스의 수도인 파리와 제2의 도시이자 남부 최대 항구 도시인 마르세유의 지역적 갈등이 축구에 투영된 더비다. 파리는 부유하고 세련된 수도의 이미지를 대표하며, 마르세유는 거칠고 열정적인 노동자와 이민자 도시의 정체성을 가진다. 두 팀의 대결 구도가 본격적으로 형성된 것은 마르세유가 1992/93시즌 UEFA 챔피언스리그에서 우승하며 리그앙 최초로 유럽 정상에 올랐을 때부터다. 1990년대 PSG의 구단주였던 프랑스 방송국 '카날플러스(Canal+)'는 시청률을 높이기 위해 리그앙 절대 강자인 PSG와 챔피언스리그 우승팀 마르세유의 대결을 적극적으로 부각시키며 라이벌 구도를 의도적으로 형성했고 이로 인해 두 팀 간의 감정적인 골이 더욱 깊어졌다. 양팀 팬들은 뜨거운 응원전을 펼치는 것으로 유명한데 때로는 폭력 사태로 번지면서 여러 차례 원정 팬 입장 금지 조치가 시행되기도 했다.

수도 더비 Le Derby de la Capitale
VS 파리 FC(Paris FC)

복잡한 역사적 배경을 담고 있는 더비. 1970년 스타드 생제르맹과 파리 FC가 합병하여 PSG를 창단했으나 2년 후 파리 시의회와의 갈등으로 분리되었다. 이후 파리 FC는 1부 리그에 남았지만 결국 하부 리그로 밀려났고, PSG는 3부 리그에서 시작해 빠르게 성장하여 현재 리그앙의 강호로 자리 잡았다. 1978/79시즌 이후 46년간의 공백 끝에 2025/26시즌부터 파리 FC의 1부 리그 승격으로 더비가 재개되었다. 막대한 자본력으로 세계적 스타를 영입하는 '신흥 강호' PSG와 파리 축구의 정통성을 유지하며 꾸준히 성장한 '서민 클럽' 파리 FC의 대결은 파리 내 서로 다른 정체성과 계층적 갈등, 축구 역사의 아이러니를 보여주는 의미 있는 경기로 평가된다.

알고 가면 재미있는 클럽 이야기

01 2024/25시즌 PSG는 창단 이래 최고의 시즌을 보냈다. 루이스 엔리케 감독 체제에서 리그앙, 쿠프 드 프랑스, UEFA 챔피언스리그를 모두 제패하며 프랑스 클럽 최초의 트레블을 달성한 것이다. 리그앙에서는 6경기를 남기고 조기 우승을 확정 지었고 시즌 동안 28경기 무패라는 압도적인 성적을 거두었다. 쿠프 드 프랑스 결승에서는 랭스를 3-0으로 완파하며 리그 최다 기록인 통산 16번째 우승을 차지했다. 절정은 UEFA 챔피언스리그 결승이었다. PSG는 인테르를 무려 5-0으로 대파하고 구단 역사상 첫 빅 이어를 들어 올렸며 결승전 사상 최다 점수 차 우승이라는 기록도 세웠다. 이번 성공의 배경에는 슈퍼 스타 의존형 전력에서 벗어나 브래들리 바르콜라, 데지레 두에, 세니 마율루 등 젊은 유망주를 중용하며 팀워크를 강화한 전략적 변화가 있었다. 루이스 엔리케는 바르셀로나에 이어 두 번째로 두 클럽에서 트레블을 달성한 감독이 되었고 PSG는 명실상부한 유럽 최정상 구단 반열에 올랐다.

CLUB QUIZ!

① PSG 엠블럼에 에펠탑과 함께 등장하는 상징은 무엇일까요?

- 가. 독수리
- 나. 백합
- 다. 왕관
- 라. 바게트

② 다음 중 PSG가 우승한 적이 없는 대회는 무엇일까요?

- 가. 리그앙
- 나. 쿠프 드 프랑스
- 다. UEFA 유로파리그
- 라. 쿠프 드 라 리그

③ 리오넬 메시가 PSG에서 달았던 등번호는 무엇일까요?

- 가. 7번
- 나. 10번
- 다. 19번
- 라. 30번

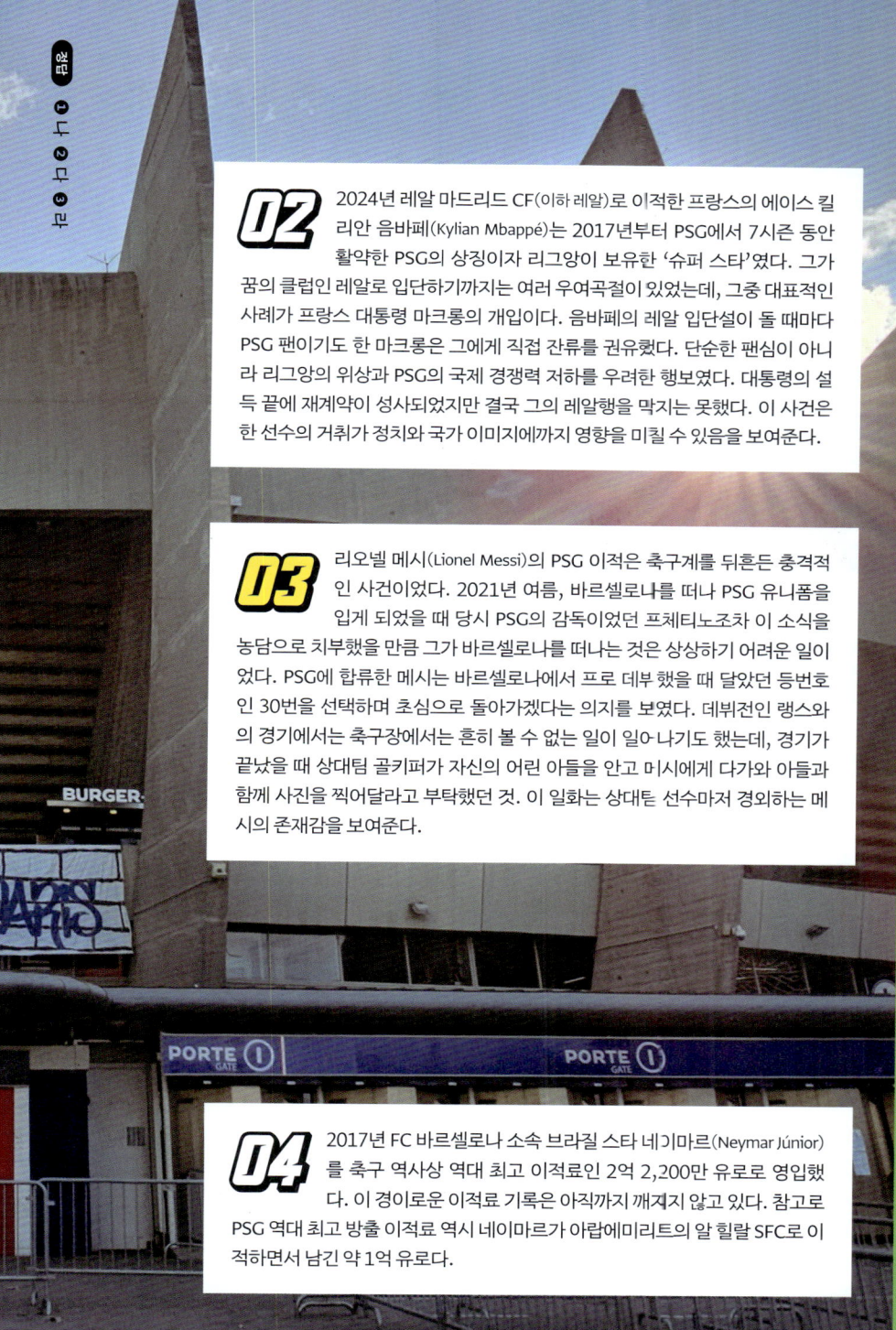

02 2024년 레알 마드리드 CF(이하 레알)로 이적한 프랑스의 에이스 킬리안 음바페(Kylian Mbappé)는 2017년부터 PSG에서 7시즌 동안 활약한 PSG의 상징이자 리그앙이 보유한 '슈퍼 스타'였다. 그가 꿈의 클럽인 레알로 입단하기까지는 여러 우여곡절이 있었는데, 그중 대표적인 사례가 프랑스 대통령 마크롱의 개입이다. 음바페의 레알 입단설이 돌 때마다 PSG 팬이기도 한 마크롱은 그에게 직접 잔류를 권유했다. 단순한 팬심이 아니라 리그앙의 위상과 PSG의 국제 경쟁력 저하를 우려한 행보였다. 대통령의 설득 끝에 재계약이 성사되었지만 결국 그의 레알행을 막지는 못했다. 이 사건은 한 선수의 거취가 정치와 국가 이미지에까지 영향을 미칠 수 있음을 보여준다.

03 리오넬 메시(Lionel Messi)의 PSG 이적은 축구계를 뒤흔든 충격적인 사건이었다. 2021년 여름, 바르셀로나를 떠나 PSG 유니폼을 입게 되었을 때 당시 PSG의 감독이었던 프체티노초차 이 소식을 농담으로 치부했을 만큼 그가 바르셀로나를 떠나는 것은 상상하기 어려운 일이었다. PSG에 합류한 메시는 바르셀로나에서 프로 데뷔 했을 때 달았던 등번호인 30번을 선택하며 초심으로 돌아가겠다는 의지를 보였다. 데뷔전인 랭스와의 경기에서는 축구장에서는 흔히 볼 수 없는 일이 일어나기도 했는데, 경기가 끝났을 때 상대팀 골키퍼가 자신의 어린 아들을 안고 메시에게 다가와 아들과 함께 사진을 찍어달라고 부탁했던 것. 이 일화는 상대팀 선수마저 경외하는 메시의 존재감을 보여준다.

04 2017년 FC 바르셀로나 소속 브라질 스타 네이마르(Neymar Júnior)를 축구 역사상 역대 최고 이적료인 2억 2,200만 유로로 영입했다. 이 경이로운 이적료 기록은 아직까지 깨지지 않고 있다. 참고로 PSG 역대 최고 방출 이적료 역시 네이마르가 아랍에미리트의 알 힐랄 SFC로 이적하면서 남긴 약 1억 유로다.

한국에서 직관 준비하기

1 경기 티켓 구매하기

티켓을 구매하기 위해서는 먼저 공식 홈페이지를 통해 회원가입을 진행해야 한다. 티켓 예매 오픈은 시즌권 회원, 유료 멤버십, 일반 예매순으로 이루어진다. 챔피언스리그의 토너먼트와 같이 인기가 높은 경기나 리그 경기의 원하는 좌석을 확보하려면 우선 예매 권한이 주어지는 유료 멤버십 레드 앤 블루(Red&Blue)에 가입해야 한다. 일반 리그 경기를 관전할 때 특별히 희망하는 좌석이 없거나 좌석 위치에 욕심이 없다면 일반 예매 또는 재판매하는 취소 표 예매로도 충분히 좌석을 확보할 수 있다. 일반 예매의 잔여석이 없다면 취소 표의 공식 재판매 플랫폼인 티켓 플레이스(Ticket Place)를 이용하자. 판매자가 티켓 가격을 책정할 수 있어 일반 예매의 가격보다는 다소 높을 수 있으나 차액은 수수료 수준이라 크게 부담은 되지 않는다. 참고로 티켓 플레이스는 경기 당일 킥 오프 직전까지 판매한다.

2 좌석 선택

PSG 선수는 보렐리(BORELLI) 구역을 기준으로 왼쪽인 오퇴이(AUTEUIL) 그라운드에서, 상대팀 선수는 원정석이 있는 볼로뉴(BOULOGNE) 그라운드에서 워밍업이 이루어진다. 선수단이 에스코트 키즈와 함께 입장할 때도 마찬가지로 PSG 선수는 왼쪽, 원정팀은 오른쪽에 선다는 점을 인지하고 좌석을 선택하도록 하자.

골대 뒤 오퇴이(AUTEUIL)와 볼로뉴(BOULOGNE) 구역 1층 블록은 골대와 관중석 사이의 간격이 넓어 전체적인 경기 흐름을 따라가기에는 앞열보다 뒷열이, 1층보다는 윗층이 낫다.

오퇴이 구역의 111~114·311~314·411·414 블록은 경기 내내 서서 관전하는 관중이 대부분이다. 앉아서 경기를 보고 싶다면 다른 구역을 택하는 것이 좋다. 참고로 킥 오프 전 PSG 서포터스가 오퇴이 구역에서 가끔 홍염을 터트리거나 화려한 카드 섹션인 '티포(Tifo)'를 선보이곤 하는데, 장관을 이루는 퍼포먼스를 반대편인 볼로뉴 구역에서 정면으로 바라볼 수 있다.

홈구장 정보 Parc des Princes

- **홈구장** 파르크 데 프랭스
- **주소** 24 Rue du Commandant Guilbaud, 75016 Paris
- **완공** 1897년
- **수용 인원** 4만8,229명

3 티켓 예매 방법

공식 티켓사이트(https://billetterie.psg.fr/en/offers/single-game-ticket)에서 일반 티켓을 구매하는 법을 소개한다.

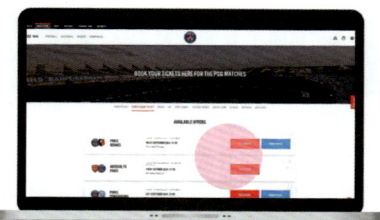

1 공식 티켓사이트에 접속하여 로그인한 후 직관하고자 하는 경기의 **SEE OFFERS** 버튼을 클릭한다.

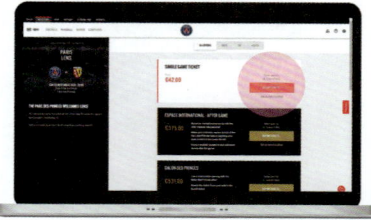

2 'SINGLE GAME TICKET'의 **BUY MY TICKETS** 버튼을 클릭한다.

3 'GRAND PUBLIC'의 **BOOK** 버튼을 클릭한다.

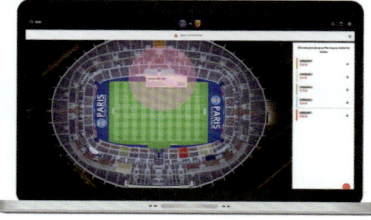

4 잔여석이 남은 구역은 활성화되어 있으므로 마우스 커서를 대면 티켓 가격을 확인할 수 있다. 반대로 오른쪽 리스트의 각 카테고리에 마우스 커서를 대면 해당 구역이 표시된다. 구매하고자 하는 구역 또는 카테고리를 클릭한다.

5 구매할 티켓 장수와 티켓 총액을 확인한 후 **CHOOSE MY SEATS** 버튼을 클릭한다. **STAND 360° VIEW**를 클릭하면 해당 구역의 시야를 확인할 수 있다.

6 초록색의 잔여석 중 원하는 좌석을 클릭하면 빨간색으로 표시된다. 구매를 결정했다면 **SEE MY CART**를 클릭한다.

7 구매할 경기 정보, 수수료가 포함된 총액, 좌석 정보, 티켓 타입(E-티켓 고정) 등 티켓 정보를 확인한 다음 **CONTINUE** 버튼을 클릭한다.

8 결제할 수단(신용카드 혹은 기프트카드)을 선택, 이용약관 동의에 체크한 후 **PAY** 버튼을 클릭한다.

9 체크카드 또는 신용카드 번호와 카드 유효기간, 카드 서명란 오른쪽에 표시된 CVV 정보, 카드 소유자명을 입력한 다음 **PAY** 버튼을 클릭, 한국 신용카드의 인증을 거치면 티켓 구매가 완료된다.

4 티켓 소지하기

티켓은 경기 2일 전 공식 홈페이지의 마이 페이지 'MY TICKETS' 섹션에서 다운로드할 수 있다. PDF 파일 형식으로 다운로드받아 인쇄해서 소지하고 싶다면 E-티켓을, 스마트폰에 모바일 티켓 형식으로 저장하고 싶다면 M-티켓을 선택하자. M-티켓을 골랐다면 아이폰은 패스북(Passbook) 애플리케이션을, 안드로이드는 패스월렛(PassWallet) 애플리케이션을 각각 설치할 필요가 있다. 경기 입장 시 신분증을 요구할 수 있으니 반드시 티켓과 함께 여권을 소지하자.

5 스타디움 투어

1998년 FIFA 프랑스 월드컵, UEFA 유로 2016, 2024년 파리 올림픽을 개최한 곳이자 1974년부터 PSG의 홈구장으로 사용하기 시작한 파르크 데 프랭스. 프랑스 스포츠 역사에서 빼놓을 수 없는 이 경기장을 구석구석 확인할 수 있는 투어를 경험해보자. 1시간 15분간 경기장의 그라운드, 라커룸, 인터뷰룸 등 선수가 실제로 이용하는 시설들을 둘러볼 수 있다. 30분마다 진행되며 온라인 예약 시 €2 할인 혜택이 적용된다.

홈페이지 stadiumtour.psg.fr/en

	성인(16~64세)	65세 이상	13세 이하	3세 미만
가격	€25	€15	€15	무료

6 추천 숙박 지역

경기장은 파리 시내 중심가에서 살짝 벗어난 지역에 위치하고 있다. 파리 여행의 핵심인 에펠탑을 기준으로 경기장까지 버스로 약 30분, 루브르 박물관에서는 지하철로 약 35분이 소요된다. 경기장 인근에도 호텔이 있지만 경기일 전후로 가격이 대폭 상승한다. 파리 관광을 생각한다면 경기장 주변보다 샹젤리제 거리, 루브르 박물관, 몽마르트, 개선문 등 주요 관광지의 접근성이 뛰어나고 호텔 수도 많은 오페라 지역을 추천한다. 오페라 지역에는 지하철 오페라(Opera) 역, 쇼세 당탱-라파예트(Chaussée d'Antin-La Fayette) 역, 카트르 셉텀브르(Quatre-Septembre) 역 등이 있다.

현지에서 경기 직관하기

1 경기장 찾아가기

지하철 9호선 포르트 드 생클루(Porte de Saint-Cloud) 역, 10호선 포르트 도퇴유(Porte d'Auteuil) 역, 버스 22·62·72번 포르트 드 생클루(Porte de Saint-Cloud) 정류장, 32·52번 포르트 도퇴유(Porte d'Auteuil) 정류장에서 걸어서 10분이면 도착한다. 좌석 위치가 도퇴유(DAUTEUIL)와 보렐리(BORELLI) 구역이라면 포르트 도퇴유 역과 버스 22·62·72번 정류장이, 파리(PARIS)와 볼로뉴(BOULOGNE) 구역이라면 포르트 드 생클루 역과 32·52번 정류장이 접근하기 좋다.

개찰구에서 QR 코드를 스캔하면 손바닥 크기의 종이 티켓이 발권된다. 각 구역 출입 시 티켓 검사용으로 종이 티켓이 필요하므로 경기 종료까지 잘 소지하자.

2 경기장 찾아가기

경기장은 킥 오프 120분 전부터 입장할 수 있으나 경기장 사정에 따라 늦어질 수도 있다. 입장 가능한 입구가 정해져 있으므로 티켓에 명시된 입구(PORTE)의 알파벳을 확인한 다음 경기장 좌석 배치도에 기재된 입구 위치로 이동하자. 경기 당일 안전 확보를 위해 경기장 일대에 엄청난 인력을 투입하며 곳곳에 경찰 병력을 배치한다. 도로가 통제되어 있어 입구 이동 시 제한된 길로만 통행해야 하고 종종 모바일 티켓 검사를 실시하는 경우가 있다. 가방 검사와 티켓 확인 등 입장 절차에도 다소 시간이 소요되므로 충분한 시간을 두고 움직이도록 하자.

3 반입 금지 물품

음식물, 음료, 대형 사이즈 가방, 마약, 폭죽.

HECK!

- ☑ 경기장과 경기장 공식 숍 내 무료 와이파이를 제공한다.
- ☑ 각 입구 부근에 물품보관소를 운영 중이다. 작은 가방(25x30cm)이나 장우산 등의 소지품을 맡기는 용도로만 이용할 수 있다.

4 매점 이용하기

경기장 밖에서 구입한 음식물 및 음료는 반입이 금지되어 있어 경기장 내에서 구매한 것만 취식이 가능하다. 경기장 내 매점에서는 햄버거, 핫도그, 감자튀김, 팝콘 등 간편식 위주로 판매한다. 맥주와 샴페인 등 주류를 비롯해 탄산음료, 커피, 코코아 등 음료의 선택지가 다양하다. 모든 음료에는 플라스틱 컵 보증금이 추가된다.

TIP 다회용 컵 보증금 제도

경기장 내 매점에서 음료를 구매하면 음료는 PSG 엠블럼이나 PSG 선수들의 모습이 담긴 플라스틱 다회용 컵에 제공된다. 음료 가격에 보증금 €2가 추가되는데, 경기 종료 후 컵을 반납하면 보증금을 돌려받을 수 있다. 경기장을 자주 찾는 현지인에게는 유용한 제도이나 방문이 쉽지 않은 여행자나 PSG 팬이라면 기념품으로 소장하자.

5 응원가&구호

PSG의 대표적인 응원가는 미국 가수 빌리지 피플(Village People)의 히트곡인 '고 웨스트(Go West)'에 프랑스어 가사를 붙인 '알레 빠히 생제르맹(이기자 파리 생제르맹, Allez Paris Saint-Germain)'이다. PSG에 대한 자부심과 승리를 향한 열망이 담겼다. 응원가 가사 속에도 등장하는 'Ici c'est Paris(이곳이 파리다)'는 PSG를 상징하는 구호로 경기장 여기저기서 발견할 수 있다.

6 공식 스토어

경기장에 메가스토어 한 곳과 규모가 작은 매점을 다수 운영하고 있다. 메가스토어는 경기 당일 구역 통제가 이루어져 매장 접근이 어려울 수도 있다. 종류와 사이즈는 다양하지 않지만 마킹된 유니폼, 머플러, 모자 등은 매점에서 구매할 수 있다. 파리 중심가인 샹젤리제 거리에도 큰 규모의 매장이 있다. 메가스토어만큼 다양한 제품을 판매하고 있다. 메가스토어와 샹젤리제 거리 지점에서 면세 혜택을 받을 수 있으므로 계산 시 여권 제시와 함께 요청하도록 하자.

경기장 메가스토어
Boutique officielle-Paris Saint-Germain MEGASTORE

주소 14 Rue Claude Farrère, 75016 Paris
영업 경기가 있는 날 10:00~02:00,
경기가 없는 날 토~목요일 11:00~19:00,
금요일 10:00~00:00, 연중무휴

샹젤리제 거리 Boutique Paris Saint-Germain

주소 92 Av. des Champs-Élysées, 75008 Paris
영업 월~토요일 10:00~20:00, 일요일 11:00~19:00

FC Nantes

FC 낭트

1943년에 창단된 프랑스 프로 축구 클럽. 리그앙 우승 8회, 쿠프 드 프랑스 4회 우승을 기록했으며, 1994/95시즌에는 리그 역사상 처음으로 리그앙 32경기 무패라는 대기록을 세웠다. 황금기였던 1960~90년대 낭트를 거쳐간 감독들이 구축한 낭트만의 축구 스타일을 일컬어 '낭트 스타일 플레이(Jeu à la Nantaise)'라는 용어가 탄생하기도 했다. 2025/26 시즌에 권혁규가 이적하고 홍현석이 임대되면서 한국인이 주목해야 할 클럽으로 급부상했다.

구단 정보

팀 정식 명칭 FC 낭트
Football Club de Nantes

창단 연도 1943년
소속 리그 프랑스 리그앙(Ligue 1)
연고지 낭트, 프랑스
감독 루이스 페헤이라 카스트루
(Luís Ferreira Castro, 포르투갈)
구단주 발데마 키타(Waldemar Kita, 폴란드)
주장 98번 켈빈 아미앙(Kelvin Amian, 프랑스)
마스코트 히히(Riri), 릴리(Lili)
애칭 Les Canaris(레 까나리, 카나리아),
La Maison Jaune(라 메종 죤, 노란 집),
Les jaunes et verts(레 죤 에 베르, 노랑과 초록)
약칭 FCN
팀 컬러 노란색과 초록색
더비 데르비 브르통 Derby Breton
VS 스타드 렌 FC Stade Rennais FC
유니폼 스폰서 시네르지(Synergie)
공식 웹사이트 www.fcnantes.com
한국인 선수 소속 이력 이용재(2009~2013),
권혁규(2025~), 홍현석(2025~)

최근 3시즌 주요 성적표

시즌	주요 성적
2022/23	◦ 리그앙 16위
2023/24	◦ 리그앙 14위 ◦ 쿠프 드 프랑스 32강
2024/25	◦ 리그앙 13위 ◦ 쿠프 드 프랑스 32강

알고 가면 재미있는 클럽 이야기

에밀리아노 살라(Emiliano Sala)는 아르헨티나 출신의 스트라이커로서 낭트의 핵심 공격수 역할을 담당했다. 2015년부터 2019년까지 낭트에서 활약하며 리그 120경기에서 42골을 기록했다. 그는 성실하고 헌신적인 경기 태도로 많은 사랑을 받았다. 2019년 1월 잉글랜드 프리미어리그 카디프 시티로의 이적이 확정된 후 카디프로 향하던 중 탑승한 경비행기가 영국 해협 상공에서 실종되는 비극이 발생했다. 수일간의 수색 작업 끝에 사고기와 그의 시신이 발견되었으며, 이는 프랑스와 영국 축구계에 큰 충격과 슬픔을 안겼다. 낭트는 그의 헌신과 공헌을 기리기 위해 그의 등번호였던 9번을 영구 결번으로 지정했다. 현재도 매년 1월 그의 이름을 부르며 추모 행사를 지속하고 있어 그의 정신과 유산이 계속 이어지고 있다.

한국에서 직관 준비하기

1 경기 티켓 구매하기

티켓 구매를 위해서는 공식 홈페이지를 통한 회원가입이 필수적이다. 일반 티켓 판매 일정은 각 경기별로 사전 공지되며, 가격 카테고리에 따른 좌석표를 통해 원하는 좌석을 직접 선택하여 구매할 수 있다. 각 좌석의 시야 정보가 제공되어 최적의 좌석 선택을 지원한다. 티켓 예매 완료 후 경기일 수일 전 티켓 다운로드 기능이 활성화되며 구글 월렛 저장 또는 PDF 파일 형태로 보관이 가능하다.

홈페이지 billetterie.fcnantes.com

2 좌석 선택

메인 스탠드인 트리뷘 프레지덩시엘(Tribune Présidentielle)을 기준으로 낭트 선수는 오른쪽에, 원정팀 선수는 왼쪽에 선다. 트리뷘 루와르(Tribune Loire)는 서포터스 좌석으로 열정적인 응원 열기로 진풍경을 자아내지만 아쉽게도 멤버십 소지자만 예매할 수 있다. 가까이서 지켜보려면 주변 구역으로 예매하자.

3 추천 숙박 지역

관광과 축구 직관을 모두 고려한다면 교통과 숙소 선택 폭이 넓은 낭트 기차역(Gare de Nates) 주변이 가장 효율적이다. 낭트 기차역에서 주요 관광 명소인 구시가지와 브르타뉴 공작 성까지 도보 10분 거리이므로 낮에는 주요 관광지를 편하게 둘러볼 수 있다. 또한 기차역 앞에서 트램을 타면 환승 없이 약 20분 만에 경기장에 도달하여 경기 관람 이동도 수월하다. 기차역 주변은 다양한 호텔이 밀집해 있어 예산과 취향에 맞는 선택이 가능하며, 축구 관전 후 늦은 시간 귀가 시에도 안전하고 편리하다.

홈구장 정보 Stade de La Beaujoire

홈구장 스타드 드 라 보주아르
주소 333 Route de Saint-Joseph, 44300 Nantes
완공 1984년
수용 인원 3만 5,318명

현지에서 경기 직관하기

1 경기장 찾아가기

경기장은 낭트 기차역 출발 기준 트램으로 약 20분 소요되며, 헝제(Ranzay), 알베크(Halvèque), 보주아르(Beaujoire) 등 1호선의 세 정류장에서 도보 5분 거리에 위치한다. 경기 시작 3시간 전부터 경기 종료 2시간 후까지 입장권을 제시하면 무료로 승차할 수 있다.

2 경기장 입장하기

킥 오프 2시간 전부터 입장할 수 있다. 경기장 입장 시 남녀가 각기 다른 줄에서 보안 검사를 받는다. 보안 검사 및 티켓 개찰구를 지나면 티켓에 명시된 출입구(Acces)로 입장한다. 좌석 입구는 구역(Tribune)별로 구분되어 있으며, 구역 입장 시에도 티켓 확인을 실시한다. 열(Rang)과 좌석 번호(Place)를 확인한 후 착석하도록 하자.

3 반입 가능 가방 크기 및 반입 금지 물품

보안 규정에 따라 25×25×25cm 이하의 소형 가방 또는 투명 소재 가방만 반입이 허용된다. 대형 가방 및 여행용 캐리어는 반입이 금지된다. 유리병, 캔류, 폭죽, 무기류, 셀카봉, 레이저 포인터 등의 위험 물품과 외부 음식 및 알코올을 포함한 음료의 반입은 엄격히 제한되므로 경기장 내 매점을 이용한다. 경기장 밖에서 무료 물품 보관소를 운영한다. 경기 시작 2시간 전부터 전반 30분까지 물품을 맡길 수 있으며, 경기 종료 후 1시간까지 보관 서비스를 제공한다.

CHECK!

- ☑ 킥 오프 90분 전 경기장 공식 숍 오른편 주차장에서 팀 버스 출근길을 지켜볼 수 있다.
- ☑ **스타디움 투어 정보**
  90분 소요, 온라인 예약 필수
  홈페이지 www.fcnantes.com/supporters/visites
  가격 성인 €15, 미성년자 및 65세 이상·학생 €12, 5세 이하 무료
- ☑ 구매한 티켓의 좌석 시야를 확인하고 싶으면 공식 홈페이지를 참고하자.
  홈페이지 billetterie.fcnantes.com/fr/infos-pratiques/la-beaujoire/plan-du-stade

OTHER EUROPE COUNTRIES

기타 유럽 국가

FC 미트윌란 (덴마크)
페예노르트 로테르담 (네덜란드)
KRC 헹크 (벨기에)
FK 츠르베나 즈베즈다 (세르비아)

덴마크, 네덜란드, 벨기에, 세르비아 등은 전통적인 유럽 축구 강호보다는 상대적으로 주목도가 낮았으나 최근 한국인 선수들의 활약이 이어지면서 새로운 무대로 주목받고 있다. 한국인 선수들이 뛰고 있는 벨기에 주필러 프로 리그의 KRC 헹크, 덴마크의 수페르리가를 대표하는 FC 미트윌란, 네덜란드 에레디비시의 명문 페예노르트 로테르담, 세르비아 수페르리가의 자부심 FK 츠르베나 즈베즈다 등은 유럽 무대에서도 경쟁력 있는 팀으로 자리 잡아 한국 팬들에게는 더욱 특별한 의미를 가진다.

FC Midtjylland

FC 미트윌란

지난 시즌 리그 네 번째 우승을 달성한 덴마크 1부 리그의 클럽. 비교적 짧은 역사임에도 덴마크를 대표하는 클럽으로 자리매김했다. 조규성과 이한범은 입단한 해 우승을 경험했다. 클럽 애칭, 엠블럼, 마스코트에 등장하는 늑대는 약 200년 전 연고지인 헤르닝에 늑대가 서식하고 있었다는 설에서 유래하였다.

구단 정보

팀 정식 명칭 FC 미트윌란
Football Club Midtjylland

창단 연도 1999년
소속 리그 덴마크 수페르리가
연고지 헤르닝, 덴마크
감독 토마스 토마스베르
(Thomas Thomasberg, 덴마크)
주장 22번 마스 베흐 쇠렌센
(Mads Bech Sørensen, 덴마크)
부주장 43번 케빈 음바부(Kevin Mbabu, 스위스)
마스코트 루푸스(Lupus)
애칭 Ulvene(늑대들)
약칭 FCM
주요 더비 미트윌란 더비
Midtjylland Derby(VS 비보르 FF)
팀 컬러 검정색과 빨간색

유니폼 스폰서 베스티스크 은행(Vestjysk Bank)
공식 웹사이트 www.fcm.dk
한국인 선수 소속 이력
조규성(2023~), 이한범(2023~)

최근 3시즌 주요 성적표

시즌	주요 성적
2022/23	◦ 덴마크 수페르리가 7위 ◦ 덴다크컵 16강
2023/24	◦ 덴다크 수페르리가 1위 ◦ 덴마크컵 16강
2024/25	◦ 덴마크 수페르리가 2위 ◦ 덴마크컵 16강

덴마크 국가 정보 및 도시 교통 정보

수도 코펜하겐(Copenhagen)
언어 덴마크어
시차 한국보다 8시간 느리다.
여름에는 7시간 느림
비자 180일 기준 최대 90일 무비자 여행 가능
2026년 하반기부터 ETIAS 사전 허가 필요
화폐 덴마크 크로네(DKK)
전압 230V, 50Hz
C, E, F, K 타입 플러그 사용

주요 공항 코펜하겐 공항
Copenhagen Airport, CPH

코펜하겐에서 헤르닝으로 이동하기

코펜하겐 공항을 출발해 크펜하겐 중앙역을 거쳐가는 열차를 이용해 헤르닝으로 이동할 수 있다. 바일레(Vejle)에서 1호 환승 필요. 3시간 30분 소요.

한국에서 직관 준비하기

1 경기 티켓 구매하기

공식 홈페이지에 회원가입 후 등록된 메일 주소로 전송된 계정 활성화 링크를 클릭하면 티켓을 구매할 수 있다. 약 14일 전부터 예매가 시작되지만 일부 강팀(브뢴뷔 IF, FC 코펜하겐 등)과의 경기는 다른 경기의 구매 이력이 있어야 예매할 수 있다. 특별히 외국에서 경기 관전을 위해 방문하는 팬에게는 구단측 메일(billetsalg@fcm.dk)로 예매 의사를 밝히면 제한을 풀어주는 경우도 있다. 잔여석이 남은 경기라면 경기 당일 티켓 오피스(INFOHUS/BILLET-SALG)에서 킥 오프 2시간 전부터 티켓을 구매할 수 있다.

홈페이지 www.fcm.dk/billetter

2 좌석 선택

미트윌란 선수는 스캔 글로벌 스탠드(SCAN GLOBAL TRIBUNEN)를 기준으로 오른쪽인 C.C. 컨트랙터 스탠드(C.C. CONTRACTOR TRIBUNEN) 그라운드에서, 상대팀 선수는 원정석이 있는 알 뱅크 스탠드(AL-BANK TRIBUNEN) 그라운드에서 워밍업이 이루어진다. 선수단이 에스코트 키즈와 함께 입장할 때도 마찬가지로 미트윌란 선수는 오른쪽, 원정팀은 왼쪽에 선다는 점을 인지하고 좌석을 선택하자. C.C. 컨트랙터 스탠드의 전 구역(C)은 서포터스 입석으로, 지정석 없이 경기 당일 선착순으로 좌석이 배정된다. 현지 팬의 열성적인 응원이 이루어지는 구역이라 인기가 높다. 앞 열을 선점하고 싶다면 되도록 경기장 개장 시간에 맞춰 입장하는 것을 추천한다. 팩스 콘디 스탠드(FAXE KONDI TRIBUNEN) 우측에는 아이를 동반한 가족 단위 방문객을 위한 패밀리 블록(Familie Afsnit)이 마련되어 있다.

3 티켓 예매 방법

회원가입 및 로그인 후 직관하고 싶은 경기의 예매 페이지(KØB BIL-LET)에 접속해 좌석표상 원하는 구역을 지정하여 구체적인 좌석을 선택하면 된다. 티켓 예매를 완료하면 회원가입 시 등록한 이메일로 모바일 티켓이 전송되며, PDF 파일을 스마트폰에 저장하거나 미트윌란 애플리케이션으로도 티켓을 다운로드할 수 있다.

4 추천 숙박 지역

경기장 주변에 호텔이 전무하다시피 하고 헤르닝(Herning) 기차역 부근에 호텔이 있으나 많지는 않다. 에어비앤비 등 공유 숙박 플랫폼을 이용하면 숙박 옵션이 늘어난다. 코펜하겐에서 당일치기도 가능하지만 경기가 끝나고 쫓기듯 기차역으로 이동해야 하거나 늦은 저녁이라 교통편이 없을 수도 있다. 헤르닝에서 1박을 한다면 코펜하겐 이동에 용이한 헤르닝 기차역에서 가까운 곳에 숙박을 잡는 것을 추천한다.

홈구장 정보 MCH Arena

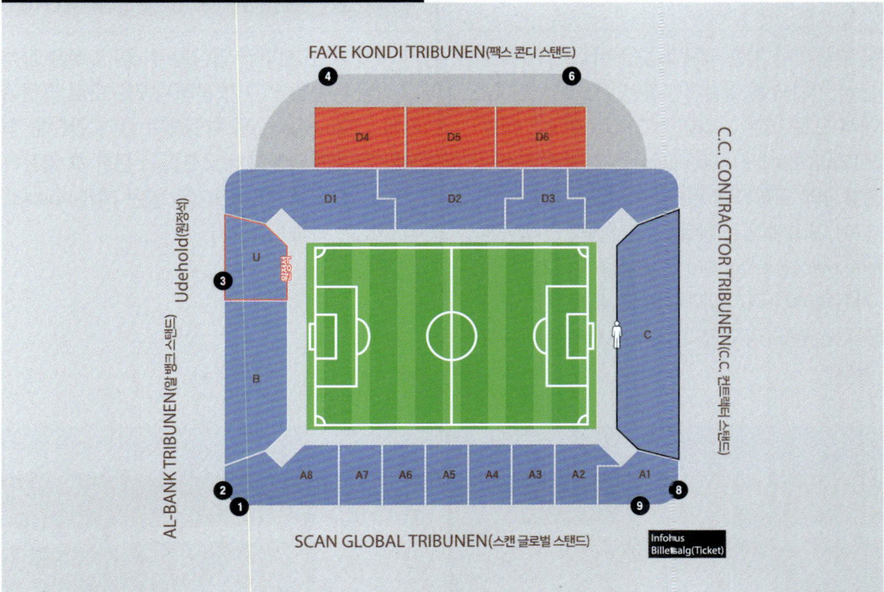

홈구장	주소	완공	수용 인원
MCH 아레나	Kaj Zartows Vej 5, 7400 Herning	2004년	1만 1,432명

DENMARK

FC Midtjylland

현지에서 경기 직관하기

1 경기장 찾아가기

경기장 부근까지 가는 대중교통은 버스로, 헤르닝(Herning) 기차역을 출발하는 6번 버스를 타면 경기장에서 도보 15분 거리인 MCH 메세첸터 헤르닝/바르데바이(MCH Messecenter Herning/Vardevej) 정류장에 도착하게 된다. 30·32번 버스 또한 도보 17분 거리에 있는 헤르닝 메세첸터 스테이션(Herning Messecenter St.) 정류장을 지나간다. 헤르닝 기차역에서 경기장까지는 약 45분을 걸어야 하지만 걷는 팬도 적지 않다. 일부는 택시로 이동하기도 한다.

2 경기장 입장하기

경기 시작 70분 전부터 입장할 수 있다. 우선 좌석마다 입장 가능한 입구가 정해져 있으므로 티켓에 명시된 입구(Indgang)를 확인해야 한다. 간단한 짐 검사가 끝나면 티켓의 바코드를 스캔한 후 입장하면 된다. 참고로 티켓에 표기된 열은 레케(Række), 좌석 번호는 세데(Sæde)다.

3 반입 금지 물품

대형 백팩 및 여행용 캐리어 가방, 유리병, 캔류.

HECK!

- [x] 구단 측에서 구체적인 물품 규정에 관해 안내하고 있지는 않으나 가급적이면 짐을 최소화해 곤란한 상황을 미연에 방지하는 것이 좋다. 물품보관소가 없으므로 더욱 주의가 필요하다.

- [x] 경기 종료 후 스캔 글로벌 스탠드 정문에서 미트윌란 선수와 원정팀 선수의 퇴근길을 지켜볼 수 있다. 경기 종료 후 원정팀은 구단 버스로 빠르게 퇴근하고 미트윌란 선수는 2시간 내로 퇴근한다. 기다리는 팬들을 위해 사인과 사진 촬영 등의 팬 서비스를 한다. 코리안 리거 조규성과 이한범 또한 팬 서비스 좋기로 유명하다. 멀리서 찾아온 대다수의 한국 팬들은 두 선수를 만나며 기분 좋게 직관 일정을 마무리한다.

4 매점 이용하기

경기장 안 매점에서는 핫도그와 소시지 등 간단한 먹거리와 맥주를 비롯한 각종 음료를 판매하고 있으며 핫도그와 음료가 세트인 콤보 메뉴도 있다. 덴마크의 살벌한 물가를 생각하면 비교적 저렴한 가격대로 형성되어 있다.

5 공식 스토어

경기장 앞에 위치한 공식 스토어는 경기일에만 운영한다. 킥 오프 2시간 전부터 영업이 시작되는데 경기시간이 다가올수록 매우 붐비므로 유니폼 구입과 마킹을 할 계획이라면 이른 시간에 방문하자. 유니폼 마킹은 유니폼을 구입한 후 스토어 밖 노점 형태의 'TRYKHUSET'에서 요청할 수 있다.

공식 스토어 Ulveshoppen

주소 Kaj Zartows Vej 5, 7400 Herning

Feyenoord Rotterdam

페예노르트 로테르담

2002년 한·일월드컵에서의 대활약으로 이적하게 된 송종국을 시작으로 김남일, 이천수 등 한국을 대표하는 스타 선수들이 몸담았던 네덜란드의 대표적인 명문 구단이다. 최근 황인범의 이적으로 한국 팬들에게 다시금 주목받기 시작했다. 박지성, 이영표, 히딩크 감독과의 인연으로 우리에게 친숙한 PSV 에인트호번, 네덜란드의 레전드 요한 크루이프로 대표되는 AFC 아약스와 함께 네덜란드 리그 3강 체제를 구축하고 있다.

구단 정보

팀 정식 명칭 페예노르트 로테르담
Feyenoord Rotterdam

창단 연도 1908년
소속 리그 네덜란드 에레디비시
연고지 로테르담, 네덜란드
회장 툰 판 보데홈(Toon van Bodegom, 네덜란드)
감독 로빈 반 페르시(Robin van Persie, 네덜란드)
주장 14번 셈 스테인(Sem Steijn, 네덜란드)
부주장 23번 아니스 하지 무사
(Anis Hadj Moussa, 알제리)
마스코트 콘제(Coentje)
경기장 애칭 De Kuip(더 카위프)
약칭 FEY
팀 컬러 빨간색, 흰색, 검정색
더비 더 크라커 De Kraker(PSV 에인트호번),
더 클라시케르 De Klassieker(AFC 아약스)
유니폼 스폰서 메디아 마르크트(Media Markt)
공식 웹사이트 www.feyenoord.com

한국인 선수 소속 이력 송종국(2002~2005),
김남일(2003), 이천수(2007~2009),
황인범(2024~),
배승균(2025~FC 도르드레흐트 임대)

최근 3시즌 주요 성적표

시즌	주요 성적
2022/23	◦ 에레디비시 우승 ◦ KNVB 베이커 4강 ◦ UEFA 유로파 리그 8강
2023/24	◦ 에레디비시 2위 ◦ KNVB 베이커 우승 ◦ UEFA 챔피언스리그 조별 리그
2024/25	◦ 에레디비시 3위 ◦ KNVB 베이커 8강 ◦ UEFA 챔피언스리그 16강

네덜란드 국가 정보 및 도시 교통 정보

수도 암스테르담(Amsterdamn)
언어 네덜란드어
시차 한국보다 8시간 느리다.
여름에는 7시간 느림
비자 180일 기준 최대 90일 무비자 여행 가능
2026년 하반기부터 ETIAS 사전 허가 필요
화폐 유로(€)
전압 230V, 50Hz
C, SE 타입 플러그 사용

주요 공항 암스테르담 스키폴 공항
Amsterdam Airport Schiphol, AMS

암스테르담에서 로테르담 이동하기

암스테르담 스키폴 공항과 암스테르담 중앙역에서 출발하는 기차를 이용해 로테르담으로 이동할 수 있다. 26분(스키폴 공항),
1시간 13분(암스테르담 중영역 출발 기준) 소요.

한국에서 직관 준비하기

1 경기 티켓 구매하기

구단 주주, 멤버십, 시즌 티켓, 일반 판매 순으로 시간차를 두고 판매를 시작한다. PSV 에인트호번, AFC 아약스와의 빅 매치나 챔피언스리그 경기는 일반 판매를 하지 않기 때문에 티켓 구하기가 쉽지 않다는 점을 참고하자. 예매 일정은 공식 홈페이지의 티켓 판매 정보 페이지(TICKETS 메뉴의 Kaart-verkoopinformatie)에서 확인할 수 있다. 일반적으로 전반기와 후반기에 나눠서 진행되며, 12월까지의 전반 경기 티켓은 8월에 일제히 오픈한다. 후반 경기는 경기일이 다가올수록 순차적으로 열리므로 수시로 체크하는 것이 좋다. 티켓이 매진되는 경우라도 경기 직전까지 구할 수 있는 가능성이 있다. 바로 시즌 티켓 소지자의 재판매 시스템인 '티켓 익스체인지(Ticket Exchange)'가 일반 판매 매진 후 오픈되기 때문이다. 일반 판매와 티켓 익스체인지로 예매할 경우 공식 홈페이지 회원가입이 필요하므로 미리 절차를 마무리한 다음 대기하도록 하자. 경기 당일 3시간 30분 전부터 경기 시작 직전까지 경기장 티켓 카운터에서도 남은 티켓을 판매하고 있으니 참고하자.

홈페이지 tickets.feyenoord.nl

2 좌석 선택

서포터스 좌석은 Q~U, 원정팀은 E~J에 배치된다. 다른 곳과 차별화되는 부분은 대다수 경기장은 라커룸과 필드를 오가는 통로와 감독, 선수가 경기 중 대기하는 벤치가 같은 라인에 붙어 있는 데 반해 스타디온 페예노르트의 경우 대기석 벤치는 올림피아트리뷔네(Olympiatribune) 구역, 통로는 마스트리뷔네(Maastribune) 구역으로 나뉘어 있다는 점이다. 전반전이 끝난 후 선수들은 벤치 방향으로 걸어가는 것이 아닌 정반대 방향으로 향하는 진풍경을 지켜볼 수 있다. 2층 좌석은 1층 좌석과 달리 지붕으로 덮여 있어 비를 피할 수는 있으나 하늘과 경기장이 맞닿은 탁 트인 시야는 기대할 수 없다. 물론 경기를 지켜볼 때 시야가 방해되지는 않는다.

3 추천 숙박 지역

페예노르트 경기장은 로테르담 중앙역(Rotterdam Centraal)에서 트램으로 22분이 소요될 만큼 접근성이 좋은 편이다. 숙박 시설과 관광 명소가 한데 모인 중심가에서 가까운 편이므로 중앙역 주변에 숙소를 잡고 대중교통을 이용해 이동하도록 하자.

현지에서 경기 직관하기

1 경기장 찾아가기

경기 티켓 소지자는 경기 3시간 전과 종료 후 3시간까지 트램과 버스를 무료로 이용할 수 있다. 12·23·125번 트램과 75번 버스가 경기장 부근 정류장에 정차하는 대중교통이다. 경기장에서 가장 가까운 페예노르트 기차역(Rotterdam Stadion)은 경기 당일은 정차하지 않으므로 다른 교통수단을 이용하도록 하자.

2 경기장 입장하기

경기장은 킥 오프 1시간 30분 전부터 열린다. 티켓에 명시된 게이트 번호로만 입장 가능하며, 좌석 배치도에서 출입구 위치를 확인할 수 있다. 페예노르트 공식 애플리케이션에 로그인하여 발권된 모바일 티켓을 제시하면 된다. 티켓 예매 단계에서 모바일 티켓과 배송되는 종이 티켓 중 고를 수 있는데, 종이 티켓은 유료이자 배송되기까지 시간이 다소 소요되니 배송을 원치 않는다면 무료인 모바일 티켓(Mobile ticket in App)을 선택하도록 한다.

3 반입 가능 가방 크기 및 반입 금지 물품

A4 용지(21×29.7cm) 크기를 넘지 않는 가방만 반입할 수 있다. 스마트폰보다 작은 크기의 보조 배터리는 반입 가능하디. 물품보관소가 없으므로 가급적 짐을 최소화하여 방문하도록 하자.

반입 금지 물품으로 길이 1m가 넘는 깃발, 70mm 크기의 렌즈가 장착된 카메라와 비디오, 오디오 장치, 삼각대, 장우산, 음식물 및 알코올 포함 액체류 등이 있다.

CHECK!

- ☑ 경기장 내 매점에서는 체크카드나 신용카드로만 결제할 수 있으며, 현금은 사용할 수 없다.
- ☑ 경기장 내 매점에서 판매되는 음료 중 주류는 하이네켄 ズ 알코올(2.5%) 맥주 한 종류다.

KRC Genk

KRC 헹크

벨기에 동부 지역의 소도시 헹크에 연고지를 둔 축구 클럽. 구단의 유스 아카데미(Jos Vaessen Talent Academy)는 유소년 육성과 스카우팅 발굴로 정평이 나 있는데, SSC 나폴리의 케빈 더 브라위너와 레알 마드리드의 티보 쿠르투아를 필두로 재능 있는 선수들을 배출했다. 최근 스코틀랜드에서 뛰던 오현규가 전격 이적하고 유스팀에 김명준과 강민우가 합류하면서 한국에도 알려지게 되었다.

구단 정보

팀 정식 명칭 KRC 헹크
Koninklijke Racing Club Genk

창단 연도 1988년
소속 리그 벨기에 주필러 프로 리그
연고지 헹크, 벨기에
회장 페테르 크로넌(Peter Croonen, 벨기에)
감독 토르슈텐 핑크(Thorsten Fink, 독일)
주장 `8번` 브라이언 헤이넨(Bryan Heynen, 벨기에)
마스코트 헹키(Genkie)
애칭 블라우 위트(Blauw Wit, 파랑과 하양),
데 스멀펜(De Smurfen, 스머프)
약칭 GNK
팀 컬러 파랑색과 흰색
더비 림부르흐 더비 Limburg Derby
(VS 신트트라위던 VV)
유니폼 스폰서 베오방크(Beobank)
공식 웹사이트 www.krcgenk.be
한국인 선수 소속 이력 오현규(2024~)

최근 3시즌 주요 성적표

시즌	주요 성적
2022/23	◦ 주필러 프로 리그 1위 ◦ 벨기에컵 8강
2023/24	◦ 주딜러 프로 리그 6위 ◦ 벨기에컵 16강 ◦ 챔디언스리그 예선 2차전
2024/25	◦ 주필러 프로 리그 1위 ◦ 벨기에컵 4강

벨기에 국가 정보 및 도시 교통 정보

수도 브뤼셀(Brussels)
언어 네덜란드어, 프랑스어, 독일어
시차 한국보다 8시간 느리다.
여름에는 7시간 느림
비자 180일 기준 최대 90일 무비자 여행 가능
2026년 하반기부터 ETIAS 사전 허가 필요
화폐 덴마크 크로네(DKK)
전압 230V, 50Hz
C, SE 타입 플러그 사용

주요 공항 브뤼셀 공항
Brussels Airport, BRU

브뤼셀에서 헹크 이동하기

브뤼셀 공항을 출발하는 결차를 이용해 헹크로 이동할 수 있다. 하셀트(Hasselt)에서 1회 환승 필요. 1시간 30분 소요.
브뤼셀 중앙역에서도 직뼝 열차를 운행한다.
1시간 37~50분 소요.

한국에서 직관 준비하기

1 경기 티켓 구매하기

공식 홈페이지 티켓 페이지에 회원가입 후 등록된 메일 주소로 전송된 계정 활성화 링크를 클릭하면 티켓을 구매할 수 있다. 경기 2주 전 예매가 시작되며, 한 계정당 4장까지 구매할 수 있다. 2장 이상 예매 시 'Autogenerated' 부분에 동반인의 성명과 생년월일을 입력하도록 하자. 보고 싶은 경기의 장바구니를 클릭하여 구역과 좌석을 고른 다음 비자(VISA) 또는 마스터카드(MASTERCARD)로 결제를 진행하면 예매가 완료된다. 좌석 위치에 따라 18세 미만 또는 21세 미만 청소년 할인 요금이 적용되니 참고하자. 잔여석이 있는 경우 경기 당일 킥오프 2시간 전부터 정문 티켓 부스에서 현장 판매도 실시한다.

홈페이지 tickets.krcgenk.be

2 좌석 선택

헹크 선수들은 원정석 A구역이 있는 골대 부근에서 워밍업이 이루어지며, 원정팀 선수들은 반대편에서 진행한다. W6과 V6 구역 사이에 중앙 통로가 있으며, 헹크 선수들은 W6 구역 쪽 그라운드로, 원정팀 선수들은 V6 구역 쪽 그라운드로 입장한다. 헹크 서포터스는 P~U 구역에서 서서 응원하므로 이 점을 참고해 좌석을 지정하도록 하자.

3 추천 숙박 지역

경기장 주변에 숙박 시설이 전무하다. 시내 도심 중앙역인 헹크 기차역(Genk station)에 2~4성급 호텔이 10여 곳이 자리하고 있어 이 근방에 숙소를 두는 것이 좋다.

홈구장 정보 Cegeka Arena

홈구장: 세헤카 아레나
주소: Stadionplein 4, 3600 Genk
완공: 1999년
수용 인원: 2만3,718명

현지에서 경기 직관하기

1 경기장 찾아가기

헹크 중앙역(Genk station) 앞 1번 버스 정류장에서 1번 버스를 타면 20분 만에 경기장 부근 정류장인 헹크 스타디온플레인(Genk Stadionplein)에 도착한다. 버스 배차 간격이 평일은 30분, 주말은 1시간으로 꽤 긴 편이라 택시를 타고 가는 이들도 많다.

2 경기장 입장하기

경기장은 킥 오프 2시간 전부터 입장 가능하다. 메일로 전송된 PDF 티켓을 인쇄하거나 스마트폰 애플 월렛에 저장해 지참하도록 한다. 구역마다 정해진 입구(INGANG)를 통해 입장해야 하며, 직접 티켓 바코드를 스캔하여 통과한다.

3 반입 가능 가방 크기 및 반입 금지 물품

A4 용지(21×29.7cm) 크기 이하의 가방만 반입 가능하다. 끝이 철제인 우산은 반입 금지다. 크기가 큰 가방을 소지한 경우 경기장 물품보관소에 맡긴다. 상주하는 도우미에게 도움을 요청하자.

CHECK!

- ☑ 경기장 내 현금 사용 불가, 카드 발급 전용 부스에서 공식 클럽 카드를 발급받아 금액을 신용카드로 충전한 다음 결제할 수 있다. 카드 발급 비용은 무료다.

- ☑ 경기 시작 전과 후 경기장 팬샵 부근에는 각종 음식과 음료를 판매하는 스탠드가 설치되며, 무대 위에서 예술가들의 공연이 펼쳐지는 팬존(fanzone)을 운영한다.

- ☑ KRC 헹크(Genk)와 홍현석의 전 소속팀인 KAA 헨트(Gent)를 헷갈려 하는 사례가 종종 있다. 실제로 '헹크'에서 열린 리버풀과의 챔피언스리그 경기를 관전하고자 벨기에를 찾은 영국의 리버풀 팬들이 실수로 '헨트'로 가버린 웃지 못할 에피소드가 화제되기도 했다.

FK Crvena Zvezda

FK 츠르베나 즈베즈다

붉은 별을 의미하는 이 클럽의 이름은 영문명인 '레드 스타(Red Star)'로 널리 알려져 있다. 지난 시즌까지 리그 7회 연속 우승과 세르비아컵 4회 연속 우승을 기록하며 세르비아의 절대 강자로 군림하고 있다. 구 유고슬라비아 시절 1990/91시즌 UEFA 챔피언스리그의 전신인 유러피언컵에서 우승을 차지해 유럽 최강 클럽으로 올라섰으나 유고슬라비아 전쟁이 터지면서 화려한 전성기의 막이 내렸다. 아쉽게도 그때부터 지금까지 조별리그를 돌파한 적은 단 한 번도 없다.

구단 정보

팀 정식 명칭 FK 크르베나 즈베즈다
Fudbalski Klub
Crvena Zvezda Beograd

창단 연도 1945년
소속 리그 세르비아 수페르리가
연고지 베오그라드, 세르비아
감독 블라단 밀로예비치(Vladan Milojević, 세르비아)
주장 4번 미르코 이바니치
(Mirko Ivanić, 몬테네그로)
부주장 10번 알렉산다르 카타이
(Aleksandar Katai, 세르비아)
마스코트 헹키(Genkie)
애칭 Crveno-beli(빨강과 하양), Zvezda(별)
경기장 애칭 Marakana(마라카나)
팬 애칭 Delije(델리예)
약칭 CZV, ZVE
팀 컬러 빨간색과 흰색
더비 베치티 데르비 Večiti Derbi(VS FK 파르티잔)
유니폼 스폰서 가스프롬(Gazprom)

공식 웹사이트 www.crvenazvezdafk.com
한국인 선수 소속 이력 황인범(2023~2024),
설영우(2024~)

최근 3시즌 주요 성적표

시즌	주요 성적
2022/23	◦ 세르비아 수페르리가 1위 ◦ 세르비아컵 우승 ◦ 챔피언스리그 3차 예선
2023/24	◦ 세르비아 수페르리가 1위 ◦ 세르비아컵 우승 ◦ 챔피언스리그 조별리그
2024/25	◦ 세르비아 수페르리가 1위 ◦ 세르비아컵 우승 ◦ 챔디언스리그 녹아웃 플레이오프 탈락

세르비아 국가 정보 및 도시 교통 정보

수도 베오그라드(Belgrade)
언어 세르비아어
시차 한국보다 8시간 느리다.
여름에는 7시간 느림
비자 180일 기준 최대 90일 무비자 여행 가능
화폐 세르비아 디나르(RSD)
전압 230V, 50Hz
C, F 타입 플러그 사용

주요 공항 베오그라드 니콜라 테슬라 공항
Аеродром „Никола Тесла"
Београд, BEG

공항에서 베오그라드 시내로 이동하기
A1 셔틀버스를 타면 시나 중심가인 슬라비야 광장(Трг Славија)까지 한 번에 갈 수 있다.

한국에서 직관 준비하기

1 경기 티켓 구매하기

회원가입 및 로그인 후 직관하고 싶은 경기의 'BUY TICKETS' 버튼을 클릭하여 좌석표상 원하는 구역을 지정, 구체적인 좌석을 선택하면 된다. 예매 시 여권 정보 입력이 필수다. 티켓 구매를 완료하면 회원가입 시 등록한 이메일로 모바일 티켓이 전송되며 PDF 파일을 스마트폰에 저장하면 된다.

홈페이지 crvenazvezda.iticket.rs

2 좌석 선택

FK 츠르베나 즈베즈다(이하 즈베즈다) 선수들은 서측(West) 스탠드를 기준으로 왼쪽인 북측(North) 스탠드 그라운드에서, 상대팀 선수는 원정석이 있는 남측(South) 스탠드 그라운드에서 워밍업이 이루어진다. 킥 오프 직전 선수들은 독특하게 남측 스탠드에서 등장하는데 원정팀은 왼쪽, 즈베즈다는 오른쪽에서 입장한다.

숏 사이드 골대 뒤 구역은 경기 내내 거친 응원으로 시선을 빼앗는 열혈 서포터스의 붙박이 구역이다. 북측 스탠드는 즈베즈다 서포터스의 응원석이며 반대편 남측 스탠드는 원정석이다. 폭죽과 홍염 사용으로 위험할 수도 있으니 되도록 롱 사이드 구역을 추천한다.

3 추천 숙박 지역

경기장 주변에 숙박 시설이 전무하다. 칼레메그단(Kalemegdan) 공원, 크네즈 미하일로바(Knez Mihailova) 거리, 성 미카엘 성당(Saborna Crkva) 등 관광 명소가 모여 있는 시내에 엄청난 수의 호텔이 밀집해 있다. 베오그라드 관광과 경기 관전 두 마리 토끼를 잡으려면 호텔 선택지가 많은 시내에 묵는 것이 좋다.

홈구장 정보 Stadion Rajko Mitić

- **홈구장** 스타디온 라이코 미티치
- **주소** Ljutice Bogdana Ia, Beograd 11040
- **완공** 1963년
- **수용 인원** 5만 3,000명

현지에서 경기 직관하기

1 경기장 찾아가기

베오그라드 센터 기차역에서 36번 버스로 약 10분을 타고 가면 경기장에서 도보 10분 거리에 위치한 정류장 'Dinarska'에 도달하며, 숙박업소가 모여 있는 시내의 중심인 공화국 광장(Trg Republike)에서 E9번 버스를 타면 경기장에서 도보 10분 거리에 위치한 정류장 'Trg oslobođenja'에 약 10분 만에 이르게 된다. 베오그라드 주요 관광지인 성 사바 대성당 부근에서 42·59·78·E7번 버스를 타면 약 6분 만에 경기장 바로 앞 정류장인 '스타디온 라이코 미티치(Stadion Rajko Mitić)'에 도착한다. 성 사바 대성당(Hram svetog save)에서 경기장까지는 도보 약 30분 정도로 대중교통을 이용하지 않아도 갈 수 있는 도보권이므로 경기 종료 후 교통이 번잡할 시엔 도보 이동을 고려해도 좋다.

2 경기장 입장하기

경기장은 킥 오프 2시간 전부터 입장 가능하다. 메일로 전송된 PDF 티켓을 인쇄하거나 스마트폰 애플 월렛에 저장해 지참하자. 구역마다 정해진 입구(Ulaz/Gate)를 통해 입장해야 하며, 직접 티켓 바코드를 스캔하여 통과한다. 지정된 구역(Sever/Sektor)으로 들어가면 좌석까지 빠르게 이동할 수 있다. 참고로 티켓에 표기된 열은 Red/Row, 좌석 번호는 Sedište/Seat이다.

3 반입 가능 가방 크기 및 반입 금지 물품

작은 크기의 가방 및 백팩, 막대기 없는 현수막과 깃발만 반입 가능하다. 물품보관소가 없으므로 가벼운 차림으로 방문하자.

CHECK!

- ☑ 경기를 관람하는 모든 관중은 반드시 신분증을 지참해야 한다. 부모 또는 보호자와 동반하지 않는 16세 미만은 경기장에 입장할 수 없다.

- ☑ 스타디움 투어는 45분간 자유롭게 경기장과 박물관을 둘러볼 수 있는 셀프 형식이다. 1일 10:00·12:00·14:00 3회 진행한다.
  요금 성인 2,000디나르(RSD), 18세 이하 1,000디나르(RSD)
  홈페이지 www.crvenazvezdafk.com/en/klub/stadionska-tura

- ☑ 경기가 없는 날에는 경기장 내 카페 겸 레스토랑 '스타 라운지(Star Lounge)'에 방문하면 경기장 뷰를 즐기며 차 한 잔을 즐길 수 있다.
  영업 월~토요일 09:00~21:00, 일요일 휴무

- ☑ 경기장에 있는 공식 스토어 'RED STAR SHOP'에서 유니폼 구입과 마킹이 가능하다. 리그용 마킹은 키릴 문자로, 챔피언스리그용 마킹은 로마자(영어 알파벳)로 표기된다.
  영업 월~금요일 09:00~19:00, 토요일 10:00~17:00, 일요일 10:00~16:00

유럽 축구 여행 준비하기

여권과 비자 준비하기

여권 만들기

① **여권 종류** | 단수여권과 복수여권 두 종류가 있다. 말 그대로 단수여권은 1회성이고, 복수여권은 기간 만료일 이내에 무제한 사용 가능한 여권이다.

② **준비물** | 여권 발급 신청서(접수처에 비치), 여권용 사진 1장(가로 3.5cm, 세로 4.5cm 흰색 바탕에 상반신 정면 사진, 정수리부터 턱까지 3.2~3.6cm, 여권 발급 신청일 6개월 이내 촬영한 사진), 신분증, 병역 관계 서류(미필자에 한함).

③ **여권 발급 절차** | 발급기관인 전국의 도·시·군청과 광역시의 구청을 방문(서울시청은 제외) ▶ 접수처에 비치된 신청서 작성 ▶ 접수 ▶ 수수료 납부 ▶ 여권 수령

비자 준비하기

영국(2025년~)과 솅겐조약(2026년 하반기~)에 가입된 유럽 국가를 여행할 때 반드시 출국 전 전자여행 허가제도를 신청하여 사전 승인을 받아야 한다. 솅겐조약이란 유럽연합(EU)에 속한 스페인, 독일, 이탈리아, 프랑스, 벨기에, 네덜란드, 덴마크 등 27개 국가가 국경 없이 자유롭게 이동할 수 있도록 맺어진 협정이다. 솅겐조약 가입국은 사전 여행 허가제인 '에티아스(ETIAS)'를, 더 이상 EU가 아닌 영국 역시 마찬가지로 '이티에이(eTA)'라는 이름의 허가제를 신청할 필요가 있다. 어느 곳에도 속하지 않는 세르비아는 대한민국 국민이라면 90일 무비자로 체류할 수 있다.

 PLUS

달라진 여권 사진 규정

까다로웠던 여권 사진 규정이 완화되었다. 기존 규정 중 뿔테 안경 지양, 양쪽 귀 노출 필수, 가발 및 장신구 착용 지양, 눈썹 가림 불가, 제복·군복 착용 불가, 어깨 수평 유지 등의 항목이 삭제되었다. 개정된 여권 사진 규정은 반드시 외교부 여권 안내 홈페이지(www.passport.go.kr/issue/photo.php)를 통해 확인해야 한다.

유럽 EES
(네덜란드, 덴마크, 독일, 벨기에, 스페인, 이탈리아, 프랑스)

2025년 10월 12일부터 시범적으로 시행되는 유럽 29개 국가의 출입국 시스템으로, 상기 유럽 국가를 180일 동안 최대 90일 동안 체류할 경우 입국 시 얼굴인식 및 지문과 함께 성명, 생년월일, 국적, 여권번호, 출입국 기록 등이 자동으로 등록된다. 단계적으로 시스템을 구축하여 2026년 4월 10일까지 전면 시행될 예정이다.

홈페이지 travel-europe.europa.eu/en/ees

유럽 축구 여행 준비하기

여행 준비물

기본 준비물

- [ ] 여권
- [ ] 여권 사본
  (여권 분실에 대비해 따로 보관할 것)
- [ ] 항공권 E-티켓
- [ ] 여행자보험
- [ ] 현금(유로화, 파운드) 및 신용카드
- [ ] 국제학생증 또는 국제운전면허증
  (학생 할인 및 렌터카 이용 시)
- [ ] 레일패스 및 바우처
  (한국에서 예약한 경우)
- [ ] 숙소 바우처

생활용품

- [ ] 세면도구 및 수건
- [ ] 컨디셔너
- [ ] 스포츠 타월
- [ ] 화장품
- [ ] 여성용품
- [ ] 소독 물티슈
- [ ] 비상약
- [ ] 자물쇠(도난 방지용)
- [ ] 고리형 스프링 줄
- [ ] 와이어 자물쇠
- [ ] 접이식 폴딩백

전자 용품

- [ ] 멀티 플러그
- [ ] 스마트폰
- [ ] 카메라
- [ ] 카메라/스마트폰 충전기

의류 및 잡화 외

- [ ] 상의 및 하의
- [ ] 속옷
- [ ] 양말
- [ ] 잠옷
- [ ] 겉옷
- [ ] 방한용품
- [ ] 운동화
- [ ] 실내 슬리퍼
- [ ] 보조가방
- [ ] 우산
- [ ] 물병

여행 관련

- [ ] 유럽 축구 여행 가이드북
- [ ] 여행 일정표
- [ ] 필기도구 및 노트

항공권 예약하기

당신의 여행은 목적지에 도착한 시점부터 시작되는 것이 아니라 여행을 준비하기 시작할 때부터 이미 시작되었다. 여행의 첫 스타트인 항공권 예약이 순조롭게 진행될수록 설렘은 배가 되고 기분 좋게 한국을 떠날 수 있다. 가고 싶은 날짜에 맞춰 미리미리 예약하는 것이 가장 좋겠지만 사람의 일은 어찌 될 지 모르는 법. 여행하기로 마음먹었다면 그 순간부터는 항공권 예약에 전의를 불태워버리자.

가격 비교 사이트 활용하기

준비물은 항공권 가격 비교 사이트다. 대표적인 곳으로는 네이버 항공권이 있다. 원하는 날짜를 검색하면 저렴한 가격 순으로 항공권을 확인할 수 있다. 검색부터 예매까지 편리하게 이용할 수 있다는 장점이 있다. 최근 해외 업체의 가격 비교 사이트도 큰 인기를 누리고 있으며 스카이 스캐너와 카약이 대표적이다. 두 사이트는 전 세계 400여 개 항공사의 항공권 가격 비교가 가능한 곳으로, 유류할증료가 더해진 요금을 저렴한 순서대로 확인할 수 있다. 두 사이트 모두 한국어를 지원하고 있다. 수시로 홈페이지를 검색해야 하는 부지런함이 필요하지만 놀라운 가격대의 항공권을 발견한다면 그동안의 피로가 눈 녹듯이 사라질 것이다.

TIP 가격 비교 사이트

네이버 항공권
flight.naver.com

스카이스캐너(Sky Scanner)
www.skyscanner.co.kr

카약(Kayak)
www.kayak.co.kr

컴퓨터나 스마트폰 인터넷으로 검색할 경우 검색 기록이 남지 않게 웹 브라우저의 '시크릿 모드'로 접속하면 검색 횟수가 늘어나도 가격 변동이 크지 않아 저렴한 항공권을 찾을 수 있다.

항공권 구매 시 확인해야 할 사항

- **세금 및 유류할증료** | 세금과 유류할증료가 포함된 최종 가격인지 반드시 확인하고 구입하자.
- **직항 혹은 경유(경유 횟수)** | 목적지까지 바로 가는 직항이 경유보다 비싼 것은 당연하다. 경유편도 항공사에 따라 아시아, 유럽 등지에서 1회 혹은 2회 경유한다.
- **경유 시 환승 대기 시간** | 경유지와 함께 중요한 부분이 환승 대기시간이다. 다른 비행기로의 환승 시 나라마다 절차가 다르므로 두 구간 사이 여유 시간이 적어도 2시간 이상인 비행편을 추천한다.
- **수하물** | 인천 ↔ 유럽 간은 장기 비행이라 보통 23kg의 수하물을 무료로 부칠 수 있다. 저가 항공의 경우 대부분 무게 제한이 있거나 수하물 비용이 따로 부가된다.
- **변경 및 환불 규정** | 항공권마다 변경과 환불에 따른 규정이 제각각이니 구매하기 전에 반드시 확인하자.
- **예매 시 주의사항** | 항공권 티켓의 영문 이름과 여권 영문 이름이 반드시 일치해야 한다. 성과 이름이 뒤바뀌어도 탑승이 어려우므로 구매 시 신중하게 기입하자.

유럽 축구 여행 준비하기

경기 일정과 항공권의 상관 관계

① 빅 매치 전후 항공권 급등 현상
EPL 맨체스터 유나이티드 대 리버풀, 라리가 엘 클라시코 등 리그의 빅 매치나 챔피언스리그 토너먼트 경기 기간에는 해당 도시로 향하는 항공권 수요가 급증한다. 특히 결승전 개최지 직항편(유럽 내 항공편)은 경기 2주일 전부터 가격이 오르는 경우가 많다.

② 경기 일정 발표 직후 계획
EPL, 라리가, 세리에 A 등은 시즌 개막 1~2개월 전에 전체 일정을 공개한다. 일정이 발표되면 빅 매치와 인기 구단 홈경기 날짜가 확정되기 때문에 이때부터 일정을 계획하는 것이 좋다.

③ 주말 경기 일정과 항공권 요금 변동
유럽 주요 리그 경기는 금요일 저녁부터 일요일 사이에 집중 편성되므로 목요일 출발과 월요일 귀국편의 유럽 내 항공권 가격이 주중보다 10~20% 높게 형성된다. 반면 화·수요일 출발편은 상대적으로 저렴하며, 경기 관람 시 경기 하루 전보다 이틀 전 도착하는 일정이 비용 절감과 컨디션 관리에 모두 유리하다.

한국 인천국제공항과 유럽 간 직항 취항 항공사

목적지		항공사			
영국	런던	대한항공	아시아나항공	-	-
스페인	마드리드	대한항공	-	-	-
	바르셀로나	대한항공	아시아나항공	티웨이항공 (트리니티항공)	-
독일	프랑크푸르트	대한항공	아시아나항공	티웨이항공 (트리니티항공)	루프트한자
	뮌헨	루프트한자	-	-	-
이탈리아	로마	대한항공	아시아나항공	티웨이항공 (트리니티항공)	-
	밀라노	대한항공	-	-	-
프랑스	파리	대한항공	아시아나항공	티웨이항공 (트리니티항공)	에어프랑스
네덜란드	암스테르담	대한항공	KLM	-	-

숙소 예약하기

여행을 준비하는 과정 중 하나인 숙소 선정은 여행의 만족도를 좌우하는 중요한 요소가 되기도 한다. 누구나 합리적인 가격에 깔끔한 시설, 관광하기 좋은 위치를 겸비한 숙소를 찾고 싶어 한다. 하지만 유럽은 세계적으로 숙박비가 가장 비싼 축에 속한다. 숙소에 투자해야 할 예산이 여타 다른 대륙보다 비교적 높아지므로 가격, 시설, 위치 등 자신이 중요시하는 부분을 잘 고려해서 고르도록 하자.

숙소를 어느 위치에 예약할까?

대부분의 경기장은 시내 중심가에서 다소 떨어진 곳에 위치하고 있다. 숙박 시설이 밀집한 중심부와 경기장 주변은 호텔이 적거나 아예 없는 경우가 있다. 숙박 시설의 선택지가 좁은 점, 주변 상권이 발달하지 않아 슈퍼마켓, 음식점 등이 적은 점, 관광 명소와의 접근성이 떨어지는 점 등을 고려하면 경기장 근처보다는 교통수단과 상권이 발달한 도시 중심부에 위치한 숙소를 추천한다. 이동이 편리하다는 점 외에는 경기장 부근의 숙소는 큰 장점이 없기 때문에 오로지 경기 관전만을 목적으로 방문했다 하더라도 중심부에 있는 숙소를 잡는 것이 좋다.

경기 일정과 숙소 요금의 상관 관계

리그 빅 매치 및 컵 대회 결승전 개최 주간에는 경기장 인근 숙소는 물론이고 도시 전역의 숙박 요금이 평소 대비 1.5~3배까지 상승한다. 일정 발표 직후 예약이 최적기이며, 특히 경기장 도보권이나 주요 교통 요충지 인근은 조기 매진이 잦다. 일정이 확정되지 않았다면 무료 취소 예약을 활용하면 일정 변경 시 손해 없이 조정할 수 있다. 경기 당일 이동 시간을 줄이려면 경기장 근처 숙박이 좋으나 가격이 과도하게 올랐다면 지하철 2~3정거장 외곽으로 범위를 넓히면 절감 효과가 크다. 이동을 우선시한다면 열차 중앙역 주변 숙박이 효율적이다.

숙소 예약 플랫폼

숙소 예약은 해당 숙소의 공식 홈페이지를 이용할 수 있으나 호텔 예약 전문 플랫폼 또는 여행사를 통하면 더욱 저렴한 요금으로 예약할 수도 있다. 특히 호텔 예약 홈페이지를 이용하면 성급, 가격대, 위치, 조식 포함/불포함 여부 등 원하는 조건에 맞게 숙소를 찾을 수 있어 편리하다.

TIP 대표 숙소 예약 플랫폼

호텔스컴바인
www.hotelscombined.co.kr

부킹닷컴
www.booking.com

아고다
www.agoda.com/ko-kr

익스피디아
www.expedia.co.kr

호텔스닷컴
kr.hotels.com

유럽 축구 여행 준비하기

환전 및 카드 사용하기

최근 유럽 사회 전반적으로 현금 사용이 현저히 줄어들고 카드 사용 비율이 높아짐에 따라 카드 한 장으로 모든 것을 결제하는 이들이 늘고 있다. 일부 노점과 시장을 제외하곤 현금만 가능한 곳을 찾기 힘들 정도로 카드 사용이 당연시되고 있는 것. 따라서 한국에서 현지 화폐를 환전해가는 방식이 이제는 옛말이 되었다.

유럽 여행의 필수품, 선불식 충전카드

트래블로그(하나카드), 쏠트래블(신한카드), 트래블월렛(트래블월렛), 트래블러스(KB국민카드), 위비트래블(우리카드)과 같은 선불식 충전카드가 인기를 끌고 있다. 여행을 떠나기 전 여행지에서 필요한 금액만큼만 카드에 충전해 가는 방식이다. 당장 필요할 때 사용할 수 있는 비상금 정도의 소액만 은행 애플리케이션을 통해 환전을 신청한 후 가까운 은행 영업점이나 인천공항 내 은행 환전소에서 수령하면 좋다.

TIP ATM기에서 현금 인출하는 방법

ATM 기계마다 이용 방법이 조금씩 다를 수 있으므로 유의하자.

❶ 유로화, 파운드가 충전된 카드를 준비한다
❷ 구글 맵으로 키워드 'ATM'을 넣고 검색하여 기기를 찾는다.
❸ 기기에 카드를 삽입한다.
❹ 언어 설정에서 'ENGLISH'를 클릭한다.
❺ 'WITHDRAWAL'을 클릭한다.
❻ 출금할 금액을 선택한 후 진행 버튼을 클릭한다.
❼ 카드 비밀번호 4자리를 입력한다.

CHECK!
ATM 인출 시 요구되는 비밀번호가 4자리라면 카드 발급 시 등록한 4자리를 입력하고, 6자리를 요구하는 경우에는 4자리 비밀번호 뒤에 00을 입력하면 된다.

POINT 1 선불식 충전카드가 편리한 건 환전 수수료가 없고 충전 시 매매기준율로 환전되어 비용을 아낄 수 있기 때문이다. 또한 큰 금액의 현금을 직접 소유할 필요가 없어 여행자의 부담도 줄어든다. 그러므로 여행지에서 사용 예정인 금액은 대부분 선불식 충전카드에 넣어두거나 충전할 수 있도록 빼두는 것이 좋다.

POINT 2 사용법도 간단한데, 온라인으로 카드를 발급받은 다음 전용 애플리케이션을 통해 현지 통화를 선택해 충전하면 유럽에서 일반 체크카드 개념으로 사용할 수 있다.

POINT 3 현지 ATM에서 현금 인출도 가능해 필요할 때 뽑아 쓸 수 있다는 것도 장점이다.

POINT 4 열차 예매나 입장권 예약 등 온라인 결제 시 발생하는 수수료 역시 면제이므로 여러모로 일반 신용카드보다 이득이라 할 수 있다.

POINT 5 콘택트리스 결제 기능이 탑재된 신용카드 또는 체크카드는 단말기에 카드를 갖다 대기만 해도 결제가 이루어진다. 유럽 대부분의 국가에서는 콘택트리스 결제 기능을 적극적으로 채용하고 있다. 한국의 선불식 충전카드는 모두 콘택트리스 결제 기능을 갖추고 있다. 카드 후면에 콘택트리스 로고가 그려져 있다면 해당 기능을 이용할 수 있다.

CHECK!
고액 결제로 인해 카드 서명이 필요한 경우, 카드 뒷면에 반드시 서명이 있어야 하며 실제 전표에 사인을 할 때 뒷면과 동일한 서명을 기입해야 한다. 서명과 다르게 사인한다면 결제를 거부당할 수도 있다.

통신 수단 이용하기

유럽 전용 유심칩

첫 번째, 유럽 전용 유심칩(심카드 SIM Card)을 구입하는 것이다. 기존의 한국 유심칩이 끼워진 자리에 해외 전용 유심칩을 끼우고 사용설명서대로 설정하면 손쉽게 데이터를 이용할 수 있는 시스템이다. 온라인에서 판매하는 심카드는 보통 5~8일간 기준 1GB·2GB의 데이터는 5G·4G 속도로, 나머지는 3G 속도로 무제한 이용할 수 있는 것이 일반적이다.

최근에는 유심칩을 별도로 끼우지 않아도 데이터 이용이 가능한 eSIM도 새롭게 등장했다. 온라인에서 상품을 구매한 다음 판매사에서 발송된 QR코드 또는 입력정보를 통해 설치 후 바로 개통되는 시스템이다. 판매사에 기재된 방법대로 연결해야 하지만 그다지 어렵지는 않다. 단, 설치 시 인터넷이 연결된 환경에서만 개통 가능한 점을 명심하자. eSIM 사용이 가능한 단말기 기종이 한정적인 점도 아쉬운 부분. 유심과 eSIM은 유럽 현지에서도 구입 가능하나 여행 전 온라인(국내 여행사 사이트 또는 여행 플랫폼)에서 미리 구입하면 더욱 저렴하게 살 수 있다.

포켓와이파이

두 번째는 포켓와이파이를 대여하는 것이다. 포켓와이파이는 1일 대여비 약 4,000~7,000원대로 별도의 기기를 소지하여 와이파이를 무제한 사용할 수 있는 서비스다. 저렴한 가격에 여러 명 혹은 여러 대의 기기가 하나의 포켓와이파이에 동시 접속이 가능하다는 것이 강점으로 꼽힌다. 하지만 여행 최소 1주일 전에 예약해야 하고 임대 기기를 수령하고 반납해야 하는 단점이 있다. 또 기기를 항시 소지해야 하며, 배터리 문제도 신경 써야 하는 점도 포켓와이파이를 대여하기 전 유의해야 할 사항이다. 유럽은 다른 지역과 달리 도난 사건이 빈번하게 일어나는 곳이므로 기기가 사라지는 불상사가 일어날 수 있다는 점도 유의해야 한다.

데이터 로밍

로밍 서비스는 현재 SK텔레콤, KT, LGU+, 일부 알뜰폰 통신사에서 운영하고 있다. 유럽 현지에 도착한 순간부터 데이터를 무제한으로 이용할 수 있는 서비스로, 자신의 스마트폰 번호 그대로 음성 통화, 문자메시지를 사용할 수 있다. 현지 통신사의 데이터망을 이용하기 때문에 속도가 빠르고 대부분의 지역에서 연결이 원활하다는 장점이 있다. 다소 비싼 요금이 흠이므로 가격을 고려하면 일주일 내지 10일 이내의 단기 여행자에게 좋다.

유럽 축구 여행 준비하기

여행에 유용한 애플리케이션

구글 맵스 Google Maps

현재 위치에서 목적지까지 가는 방법을 차량, 대중교통, 도보 등 다양한 방식으로 알려주는 지도 애플리케이션이다.

스마트 패스 SMARTPASS

여권, 간면정보, 탑승권을 사전 등록하면 인천국제공항 출국장에서 얼굴 인증만으로 통과 가능한 패스트 트랙 애플리 케이션이다.

시티매퍼 Citymapper

지하철, 버스, 트램 등 세계 주요 도시의 대중교통을 이용한 추천 경로를 보다 정확하게 안내해주는 애플리케이션이다.

면세점 Duty Free

출국 시 줄을 서지 않고 면세품 인도장의 대기표를 발권 받을 수 있는 애플리커 이션이다. 롯데/신세계/신라면세점 등 이용하는 면세점 애플리케이션을 다운로드받아 두면 편리하다.

구글 번역 Google Translate

구글이 개발한 번역 애플리케이션. 파파고와 마찬가지로 음성 번역과 이미지 번역을 제공한다.

차량 배차 서비스

카카오택시와 우티 등 스마트폰 애플리케0 션으로 택시를 부를 수 있는 서비스는 유럽에서도 보편적으로 이용되고 있다.

네이버 파파고 Papago

네이버가 개발한 번역 애플리케이션. 번역 정확도가 구글보다는 낮다. 음성 번역과 이미지 번역 등을 제공한다.

환율 계산기

현지 통화를 한국 원화로 환산하면 얼마인지 바로 계산해주는 애플리케이션. 금전 감각에 익숙하지 않을 때 편리하다.

사건, 사고 대처하기

여권을 분실한 경우

❶ 분실된 여권의 불법 이용 방지를 위해 근처 경찰서를 방문하여 분실 신고서를 작성한다.
❷ 신고서, 6개월 이내에 촬영한 여권용 사진, 여권사본, 신분증을 들고 한국 대사관 또는 영사관 등 재외 공관을 방문한다.
❸ 수수료를 내고 긴급여권 발급(금액은 국가마다 다르며, 대사관의 지정 환율로 계산된다)

신용카드를 분실한 경우

카드 분실을 안 순간 즉시 카드회사로 연락하여 분실 신고를 해야 한다. 신용카드사에 전화하거나 인터넷을 통해 신고할 수 있다(24시간 대응). 여러 개의 신용카드를 분실했을 경우 신용카드사 중 한 곳의 고객센터에 연락해 신용카드 분실 일괄 신고를 하면 타사 카드까지 분실 등록된다.
사고 신고 접수일로부터 60일 전 이후에 결제된 금액에 대해 본인에게 과실이 있는 경우를 제외하고는 신용카드사가 보상해준다. 단, 서명이 없는 카드는 제3자가 부정 사용하더라도 손해배상을 받을 수 없으므로 카드 뒷면 서명란에 반드시 서명해두도록 하자.

TIP 유럽 각국의 긴급전화

영국 999
독일 경찰신고 110, 구급신고 112
스페인 · 이탈리아 · 프랑스 ·
덴마크 · 네덜란드 · 벨기에 · 세르비아 112

불볕더위에 직관하는 경우

온도가 높은 환경에 오랜 시간 노출되었을 때 수분을 적절히 보충하지 않으면 두통, 어지러움, 메스꺼움, 피로감 등 일사병이나 열사병의 온열 질환 증상이 나타난다. 항상 물을 가지고 다니면서 갈증이 나지 않더라도 충분히 물을 섭취해 탈수되지 않도록 한다. 부득이하게 낮 시간대에 활동해야 할 경우에는 챙 넓은 모자, 양산, 선글라스 등으로 뜨거운 햇빛을 차단하고, 몸에 꽉 끼지 않고 통풍이 잘되는 옷을 입어 체온이 발산되도록 한다.

여행자보험

해외여행 시 뜻하지 않은 사건·사고를 당하게 된다면 여행자보험의 실효성이 여실히 드러난다. 사고나 질병으로 인해 병원 신세를 졌거나 도난으로 손해를 입었을 경우 가입 내용에 따라 어느 정도 보상을 받을 수 있다. 보험사마다 종류와 보장 한도가 다르므로 꼼꼼히 확인해보고 결정하는 것이 좋다. 실제로 사건·사고를 겪었다면 그 사실을 입증할 수 있는 서류는 기본적으로 준비해두어야 한다. 병원에 다녀왔다면 의사의 소견서와 영수증, 사고증명서 등이 필요하고, 도난을 당했다면 경찰서를 방문하여 도난신고서를 발급받아야 한다. 비행기 출발 지연이나 연결 항공편의 결항, 수하물 지연 손해인 경우에도 보상을 받을 수 있는 보험이 있으니 참고하자. 이 경우에 증명서 발급을 잊지말자.

유럽 축구 여행 준비하기

세금 및 관세 환급

정문에 'TAX FREE' 스티커가 부착된 매장에서 물건 구매 시 일정 금액 이상을 넘겼다면 면세 혜택을 받을 수 있다. 최소 구매 금액은 국가마다 다르다는 점을 명심하자. 브랜드마다 글로벌 블루(Global Blue), 플래닛(Planet), 이페이(epay) 등 세금 환급을 담당하는 기업이 다른데, 환급 절차는 비슷하나 환급까지 소요되는 시간은 다르다. 또 한국과 자유무역협정을 맺은 국가는 관세도 면제받을 수 있다. 환급 절차가 다소 까다롭긴 하나 고액의 물건을 구매했을 때 돌려받을 수 있는 금액이 크기 때문에 꼭 진행하는 것이 좋다. 협정을 맺은 유럽 국가로는 영국, 스페인, 프랑스, 독일, 이탈리아, 네덜란드, 덴마크 등이 있다.

세금 환급 방법

대다수의 유럽 국가에서는 제품에 부가가치세가 붙지만 외국인에 한해서 별도로 신청하면 세금 일부를 환급해준다. 때문에 고가의 제품을 구매했다면 번거롭더라도 세금 환급 신청을 하는 것이 이득이다. 단, 식품류나 어린이가 사용하는 물건 등 기본적으로 세금이 붙지 않는 제품은 환급되지 않는 점을 명심하자. 환급되는 금액은 국가별로 다르며, 현금보다 카드를 통한 계좌로 환급 받을 경우 더 많은 금액이 돌아온다.

세금 환급 절차

상품 구매 시 직원에게 'Tax refund, Please'라고 의사를 전달한 다음 소지한 여권을 제시하도록 한다. 서류 작성은 성명, 여권 번호, 한국 주소, 생년월일, 메일 주소를 영문으로 기재하고 서명을 하면 완료된다. 이때 세금 환급 방법은 현금(Cash) 또는 카드(Card)를 정할 수 있다. 현금으로 돌려받을 경우 출국 시 공항에서 바로 돌려받을 수 있으나 수수료가 높아 돌려받는 금액이 카드보다 적다. 카드는 환급되기까지 출국 후 약 1~2달이 소요되나 수수료가 낮아 돌려받는 금액이 현금보다 많다. 환급은 여기서 끝나는 게 아니다. 최종적으로 출국하는 EU 국가 공항에서 마지막 절차를 마무리해야 비로소 완료된다.

❶ 한 곳에서 하루에 일정 금액 이상(국가마다 기준이 다르니 확인 필요) 구매

❷ 매장 직원에게 'Tax refund, please' 요청, 여권을 제시하고 환급서류(Tax Refund Form)를 작성한다.

❸ 제품 구매 후 3개월 이내에 출국할 때 공항 내에 위치한 'VAT Refunds' 카운터에 방문한다.

❹ 여권, 항공권 구입한 제품(사용하지 않은 것을 원칙으로 함), 환급서류, 영수증을 제시한다.

❺ 확인 후 직원에게 서류에 스탬프를 받는다.

❻ 즉시 현금으로 환급 받을 경우 서류를 카운터에 제출한다. 카드를 통해 계좌로 받을 경우 서류를 봉투에 넣어 근처 우체통에 넣는다.

EUROPEAN FOOTBALL TOUR

간단 여행 영어

레스토랑

내일 저녁 시간으로 예약할 수 있을까요?	Could I make a reservation for tomorrow night?
내일 저녁 7시 두 명으로 부탁해요.	It's 7pm tomorrow for two people, please.
메뉴를 볼 수 있을까요?	May I have a menu, please?
어린이 메뉴를 제공하나요?	Do you offer a kids menu?
추천 메뉴는 무엇인가요?	What do you recommend?
(종업원) 주문하시겠습니까?	May I take your order?
계산서 주세요.	Check, Please.
카드 결제 가능한가요?	Do you accept credit cards?

호텔

체크인하고 싶어요.	Can I check in?
(종업원) 예약하셨나요?	Do you have a reservation?
(종업원) 여권을 보여주시겠어요?	Could I see your passport?
(종업원) 이 용지에 기입 부탁드립니다.	Could you fill in this form, please?
오늘 저녁 묵을 방이 있나요?	Do you have any rooms available for tonight?
택시 좀 불러주시겠어요?	Would you please call a taxi for me?
몇 시에 체크아웃인가요?	What time do I need to check out?
체크아웃하고 싶어요.	I'd like to check out.

유럽 축구 여행 준비하기

쇼핑할 때	
(종업원) 도와 드릴까요?	May I help you?
그냥 구경하고 있어요.	I'm just browsing, thanks.
입어 봐도 되나요?	Can I try this on?
좀 더 큰(작은) 사이즈는 있나요?	Do you have this in a larger(a smaller) size?
이 아이템의 다른 색은 있나요?	Do you have different colours for this item?
이걸로 구매할게요.	I'll take it.
얼마인가요?	How much is it?
영수증 주세요.	Could I have a receipt, please?
관광할 때	
○○역은 어디인가요?	Excuse me, where's the ○○ station?
○○로 가는 방법을 알려줄래요?	Could you give me directions to ○○?
주변에 은행이 있나요?	Is there a bank near here?
돈을 환전하고 싶어요.	I'd like to change some money.
입장료는 얼마인가요?	How much is it to get in?
티켓 두 장 주세요.	I'd like two tickets, please.
사진 촬영은 가능한가요?	Can I take photos?
(종업원) 오디오 가이드를 이용하시겠습니까?	Would you like an audio-guide?
화장실은 어디인가요?	Where is the bathroom?

프렌즈 테마여행 시리즈 01

유럽 축구 여행

발행일 | 초판 1쇄 2025년 10월 6일

지은이 | 정꽃보라 · 정꽃나래

발행인 | 박장희
대표이사 · 제작총괄 | 신용호
본부장 | 이정아
편집장 | 문주미
기획위원 | 박정호
마케팅 | 김주희, 한륜아, 이현지
표지 디자인 | 데일리루틴
내지 디자인 | 정원경
좌석배치도 일러스트 | 라쿠카
표지 사진 | Photo by James Kirkup on Unsplash

발행처 | 중앙일보에스(주)
주소 | (03909) 서울시 마포구 상암산로 48-6
등록 | 2008년 1월 25일 제2014-000178호
문의 | jbooks@joongang.co.kr
홈페이지 | jbooks.joins.com
인스타그램 | @friends_travelmate

ⓒ 정꽃보라 · 정꽃나래, 2025

ISBN 978-89-278-8120-9 14980
ISBN 978-89-278-8119-3(세트)

- 이 책은 저작권법에 따라 보호받는 저작물이므로 무단 전재와 무단 복제를 금하며 책 내용의 전부 또는 일부를 이용하려면 반드시 저작권자와 중앙일보에스(주)의 서면 동의를 받아야 합니다.
- 책값은 뒤표지에 있습니다.
- 잘못된 책은 구입처에서 바꿔 드립니다.

중앙books는 중앙일보에스(주)의 단행본 출판 브랜드입니다.